사회책임의 시대
ISO 26000
이해와 활용

ISO26000 Social Responsibility

사회책임의 시대
ISO 26000
이해와 활용

황상규 지음
ISO26000 한국전문가포럼 감수

티움

추천의 글

지금은 '권리'와 함께 '책임'이 강조되는 시대입니다. '사회책임' 기반의 '지속가능한 발전'의 시대이기도 합니다. 세계의 거의 모든 국가와 국제기구가 함께 참여하여 7년여의 대장정 끝에 모든 사회 구성원의 경제적, 사회적, 환경적 책임의 국제표준인 ISO26000이 제정되었습니다. 이 제정 과정에 깊숙이 참여하여 그 내용을 훤히 꿰뚫고 있는 저자의 열정과 혜안이 이 책의 구석구석에서 빛나고 있습니다. 아무쪼록 이 책이 널리 읽히어 한국의 사회책임 경쟁력을 부쩍 키울 수 있기를 바랍니다.

김영호(전 산업자원부 장관, 단국대학교 석좌교수)

우리 인류가 추구하는 미래의 비전을 한마디로 한다면, '지속가능한 발전'을 이루는 것입니다. 환경과 경제와 사회가 조화롭고 균형있게 발전하고, 선순환 구조를 이루도록 해야 합니다. 저자는 환경문제에 대한 관심에서 출발하여 인권, 노동, 투명성, 윤리경영 분야로 관심과 참여의 폭을 넓혀갈 것을 제시하고 있습니다. 이제 환경문제도 사회적 맥락에서 종합적으로 바라볼 필요가 있습니다. 2011년 제정된 ISO26000(사회책임)의 정신을 살려 다양한 이해관계자들이 더 많이 소통하고 참여하여 '환경의 시대', '사회책임의 시대'를 만들어 나가길 기대합니다.

김정욱(서울대학교 환경대학원 명예교수)

공공부문에서 일하다 보면, 사회정의에 기초하여 정책의 우선순위를 정하고, 공정한 룰에 따라 사회 각 부분이 움직이도록 하는 것이 매우 중요하다는 것을 느낍니다. 의회에서 만든 법이 그 역할을 다해주면 좋겠지만 법은 최소한의 규범일 뿐입니다. ISO26000은 국제사회가 지속가능하게 가기 위하여 우리 인류 사회와 각 조직이 준수해야 하는 규범을 다양한 이해관계자들이 직접 만든 국제표준입니다. 앞으로 ISO26000이 널리 보급되고, 우리 사회가 좀 더 따뜻하고 정의롭게 되기를 바랍니다.

박원순(서울특별시장)

기업을 포함한 조직들의 관심이 환경문제에서 사회 제반 분야로 넓어지고 있습니다. 사회와 소통을 잘하고 지속가능한 대안을 만들어낸 기업이 성공하는 시대가 되었습니다. 국제표준화기구^{ISO}에서 품질표준과 환경표준에 이어 ISO26000 사회책임표준을 만들어 보급하는 것은 미래의 새로운 경쟁력이 바로 '사회책임경영'에 있기 때문입니다. 이 책은 사회책임의 주체로 기업은 물론 공공기관, 대학교, 금융기관, 종교기관, 소비자운동, 노동조합, 시민단체 등 거의 모든 조직의 역할을 강조하고 있습니다.

최선(한국환경경영학회장, 한양사이버대 경영학과 교수)

차례

프롤로그   사회책임의 시대를 열자

I   애플과 삼성의 사회적 책임   _13
- 애플 제조업체 폭스콘의 살인적 노동환경
- 나쁜 기업 3위에 선정된 삼성
- 참치 캔 속의 진실
- 인권 침해 기업은 투자에서 배제
- '비정규직 보호' 대법원 판결과 현대자동차
- 대기업 순환출자로 계열지배 더욱 심화
- 우리나라, 국제노동기구 협약 비준 건수 세계 128위
- 기업의 사회적 책임, 모든 기업의 화두
- 부상하는 사회책임 이론

II   '환경·인권·노동'에서 '사회책임'으로   _49
- 환경위기와 인권문제
- ISO26000과 환경문제
- 지속가능한 발전 논의
- 기업 인권보호를 위한 유엔 프레임워크
- 환경과 개발에 관한 리우선언
- 유엔 글로벌 콤팩트
- 새천년개발계획
- GRI 지속가능성 보고서 가이드라인

III   **기업사회책임에서 사회책임으로**   _83

-기업사회책임이란?

-사회적 책임 표준, ISO26000

-CSR에서 SR로 확장

-ISO26000의 7대 핵심 주제

IV   **ISO26000 요약**   _99

-개발 경과

-사회적 책임의 목적은 지속가능발전

-사회적 책임의 역사적 배경과 발전 방향

V   **사회책임 7대 원칙**   _121

-일곱 가지 원칙

-이해관계자 참여의 중요성

-일곱 가지 핵심 주제와 상호 관계

VI   **사회책임 자가진단법**   _143

-우리 기업의 사회책임지수는 몇 점일까?

-자가진단체계 개요

-진단사례: 국내 대기업 35곳 사회책임지수 공개

1. 조직 거버넌스organizational governance

2. 인권human rights

3. 노동관행labour practices

4. 환경environment

5. 공정운영관행fair operating practices

6. 소비자 이슈consumer issues

7. 지역사회 참여와 발전community involvement and development
8. 통합 1: 중대성 평가와 우선순위 결정
9. 통합 2: 의사소통과 사회보고
10. 통합 3: 검토 및 개선

VII	**각 분야의 사회책임 적용 사례**	_245

 -사회책임의 시대를 열자!
 1. 대통령 · 국회의원의 사회적 책임
 2. 경찰 · 검찰 · 법원의 사회적 책임
 3. 관료 · 공무원의 사회적 책임
 4. 기업의 사회적 책임
 5. 공기업, 공공기관의 사회적 책임
 6. 언론(신문 · 방송)의 사회적 책임
 7. 금융기관 · 연기금의 사회적 책임
 8. 대학의 사회적 책임
 9. 종교기관(교회 · 절)의 사회적 책임
 10. 의료기관(병원 · 의원)의 사회적 책임
 11. 노동조합의 사회적 책임
 12. 평가 · 검증기관의 사회적 책임
 13. 원조기관의 사회적 책임
 14. 스포츠의 사회적 책임
 15. 소비자 · 소비자단체의 사회적 책임
 16. 시민단체(NGO · NPO · 재단)의 사회적 책임

VIII.	**기업생태계 패러다임의 전환**	_279

- 우리의 미래 어디로 갈 것인가?
- 환경위기와 사회위기의 2050년
- 2050년 지구 경제는 지속될 것인가?
- 새로운 도전과 응전
- 사회·문화표준 : ISO26000의 시대
- 2050년을 향한 새로운 패러다임

참고문헌

프롤로그

사회책임의 시대를 열자

지금 세계는 사회책임SR의 시대로 가고 있다. 산업분야, 노동분야, 소비자분야 대표들과 함께 한국 전문가 대표로 ISO26000 제정 총회에 참석하면서 느낀 나의 결론이다. 사회책임에 대한 논의는 2005년 국제표준화기구ISO에서 본격적으로 시작되었다. 이 논의는 기업뿐 아니라 모든 조직이 사회적 책임을 준수해야 한다는 인식에서 출발하고 있으며, 인류 사회의 지속가능한 발전을 목표로 한다. 세계 각국의 기업, 정부, 소비자, 노동계, NGO 등 이해관계자가 참여하여 사회적 책임에 대한 국제표준(ISO26000) 제정 작업을 시작한 것이다. 당시 나는 환경단체에서 일하면서 NGO 전문가로 ISO26000 제정 과정에 참여하게 되었고, 앞으로 ISO26000이 우리 세대는 물론 미래세대를 위한 중요한 유산이 될 것이라는 확신을 가지게 되었다.

2010년 11월은 역사적인 날이다. ISO26000이 오랫동안 폭넓은 의견 수렴과 투표를 거쳐 93%의 찬성으로 국제표준으로 제정, 공포되었기 때문이다. 이 표준은 2012년 8월 국내표준으로도 번역되어 보급 중이다.

SR(사회책임)이 CSR(기업사회책임)에서 비롯되기는 했지만, 이 표준은 기업뿐 아니라 정부, 공공기관, 학교, 종교, 노동조합, 소비자, 시민단체 등에도 적용 가능하다.

자본주의 사회에서 기업 존재의 의미와 가치를 판단하는 철학적 근거는 두 갈래로 발전해 왔다. 기업은 이윤창출을 위한 조직이므로 제품과 서비스를 생산하여 판매하고, 더 많은 이윤을 남기는 것이 최고의 가치라는 주장이 하나 있고, 기업의 가치와 이윤은 사회적 관계 속에서 형성되는 것이므로 기업의 이윤 추구 노력은 사회의 건전한 발전을 전제로 하지 않으면 안 된다는 입장이 있다. 최근 사회책임 국제표준화와 관련된 논의를 들여다보면, 정상적인 사회관계가 무너진 곳에서는 기업이 존재할 수 없고, 반대로 기업이 실패한 곳에서는 사회의 건전한 발전이 가능하지 않다는 두 개의 상반된 인식과 주장이 팽팽하게 맞서왔다.

이러한 여건 속에서 기업의 사회적 책임 강화와 지속가능 경영을 요구하는 사회 분위기는 위기인 동시에 기회를 함께 제공하고 있다. 지속가능한 경영을 통하여 사회적 책임을 다하는 기업은 글로벌 규범의 적합성을 증명할 뿐 아니라, 관련된 사회로부터 높은 수준의 인정과 신뢰를 동시에 확보할 수 있다. 이를 통하여 기업의 사회적 경제적 가치는 더욱 높아질 것이다. 두말할 필요도 없이 지역 사회와 소비자, 그리고 투자자 등은 이런 기업을 선택할 것이다. 금융권에서도 사회적 책임을 다하는 기업에 투자를 더욱 확대하고, 그렇지 않은 기업에 대해서는 투자를 억제함으로써, 전체 사회가 건강하게 유지되고 지속가능한 단계로 발전할 것이다. 우리 사회가 사회책임에 대한 국제표준화에 관심을 가지고 적극 대처하며, 기업의 사회책임CSR과 모든 조직의 사회책임SR을 널리 보급해나가야 하는 이유는 바로 여기에 있다.

이 책은 그동안 사회책임과 관련하여 필자가 연구하고 발표한 내용을 바탕으로 구성되었으며, 우리 사회 각 분야에서 ISO26000을 실제 도입하고 응용하는 데 도움이 되도록 자가진단 방법론도 제시하고 있다. 아무쪼록 이 책이 우리 사회의 사회책임을 널리 보급하는 데 일조하기를 기대한다.

이 책이 나오기까지 많은 분의 도움이 있었다. ISO26000 한국전문가포럼(KEF)을 함께 이끌고 있는 김종열 대표님, 김성천 박사님, 강충호 박사님, 문은숙 원장님, 안치용 소장님, 송준일 대표님, 이상현 편집장님, 양춘승 이사님, 이종오 국장님께 감사드리며, 여러 가지 어려움 속에서도 선뜻 출판을 결심하고 멋진 책으로 세상과 소통할 수 있도록 배려해 주신 틔움출판의 장인형 대표님께도 감사의 말씀을 전한다.

우리 사회에는 '사회책임'이라는 용어가 나오기 이전부터 이를 체득하고 몸소 실천해 오신 분들이 많다. 이 분들로부터 추천의 글을 받게 된 것은 또 하나의 큰 보람이자 영광이었다. 바쁘신 와중에도 원고를 꼼꼼히 읽어 주시고 추천의 글을 주신 김영호 전 산업자원부 장관님, 김정욱 서울대 환경대학원 명예교수님, 박원순 서울시장님, 최선 한국환경경영학회장님께 감사의 말씀을 드린다.

2013년 봄
북한산 자락에서
황상규

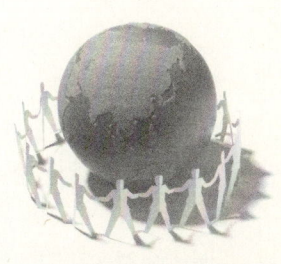

I 애플과 삼성의 사회적 책임

이솝우화로 읽는 SR 이야기 1

사슴의 뿔

사슴이 연못가에서 물을 마시고 있었다. 연못에 비친 자신의 모습을 본 사슴은 왕관처럼 멋지게 뻗은 뿔을 보고 자랑스러웠다. 하지만 멋진 뿔에 비해 가느다란 다리는 영 마음에 들지 않았다. "왜 내 다리는 보잘것없이 얇고 길기만 할까?" 이때 먹이를 찾던 사자가 물을 먹고 있는 사슴을 보고 빠른 속도로 달려들었다. 눈치를 챈 사슴은 도망을 쳤다. 나무뿌리가 많은 복잡한 산길에서는 사슴의 빠른 발을 사자가 따라잡을 수 없었다. 사자를 거의 따돌릴 즈음 사슴은 좀 더 깊은 숲으로 들어갔다. 그런데 멋진 사슴의 뿔이 나뭇가지에 걸려 옴짝달싹 못하게 되자, 사자에게 잡혀 죽고 말았다. 이 때 사슴의 한마디. "아! 보잘것없는 다리는 나를 살렸는데, 자랑스러운 뿔이 나를 죽게 만들었구나."

> 지금의 장점이 단점이 될 수 있고, 단점이라고 생각했던 것이 장점이 될 수 있다. 이해관계자들과 대화하면서 자신의 장단점을 잘 살펴보자. 우리 주위에 어느 것 하나 중요하지 않은 것은 없다.

애플 제조업체 폭스콘의 살인적 노동환경

아이폰을 생산하는 미국 애플의 제조업체 폭스콘의 중국 공장에서 대규모 폭력사태가 일어났다. 2012년 9월 23일 중국 북부 산시성에 있는 공장에서 일어난 시위에 많게는 2000명이 연루됐으며 40여 명이 다쳤다. 이어 10월 6일, 아이폰5를 생산하는 폭스콘 정저우鄭州 공장에서 발생한 파업에는 3000~4000명의 근로자가 참여했다. 최근 아이폰5 커버의 도색이 벗겨지는 일이 발생하자 회사는 애플 측의 요구에 따라 엄격한 품질 기준을 적용했고, 아이폰5의 납기일을 맞추려고 8일간의 국경절 연휴 기간에 일부 라인을 가동한 것도 분규의 원인이 됐다. 폭스콘 타이위안太原 공장에서도 사고가 있었다. 경비원이 한 직원을 구타하자 평소 직원들을 거칠게 대해왔던 경비원에 대한 분노가 폭발하여 수천 명의 근로자가 경비원들을 폭행했고 일부 공장 기물을 파손하기도 했다.

폭스콘의 이 같은 문제는 이미 오래전부터 누적되어 왔다. 2006년 6월 영국의 한 신문 보도에 의하면, 약 20만 명의 근로자가 장시간 노동, 저임금, 일방적인 시간 외 근무, 체벌 등이 상시화된 열악한 근로조건에서 아이팟을 비롯한 다수의 첨단 전자제품들이 생산하고 있었다고 폭로한 바 있다. 이들 근로자는 중국 국내법에 따른 노동조합 결성 금지에 따라 자신들의 기본적인 요구조차 주장하지 못하고 있었다. 이들의 저임금은 아이팟의 가격 경쟁력을 지탱하는 주요한 수단이 되었으며, 이는 애플과 폭스콘에 막대한 이득을 가져다주고 있다고 보도한 바 있다.

광저우廣州에서 발행되는 〈남방도시보南方都市報〉 2012년 12월 22일 보도에 따르면 12월 10일, 폭스콘 선전深圳공장에서 18살된 직원 리李모씨가 자신의 숙소에서 투신해 사망했다고 보도했다. 이는 폭스콘에서 일어나 20번째 투신자살 사건이며, 2012년 들어 세 번째 투신자살 사건이다. 회사는 자살 방지 대책으로 투신 방지 그물망을 회사 곳곳에 설치하겠다고 밝혔다.

한동안 지역경제에서 차지하는 엄청난 고용효과와 수출 공헌도 때문에 중국은 폭스콘에서 벌어지는 연쇄 투신사건에 침묵해 왔다. 하지만 젊은 노동자들의 죽음이 끊이지 않자 중국 언론도 폭스콘에 우려의 눈길을 보내고 있다. 도대체 폭스콘에서는 무슨 일이 벌어지기에 노동자들이 잇달아 자살의 구렁텅이로 내몰리고 있는 것일까?

폭스콘의 고객은 일반 소비자가 아닌 글로벌 전자통신기업들이 대부분이다. 컴퓨터에서는 델 · HP · 레노버 · 소니 등이고, 이동통신은 애플 · 노키아 · 모토로라 · LG 등이며, 소비 전자제품은 소니 · 닌텐도 · MS · 애플 등이 폭스콘의 주요 고객이다. 2009년 미국 〈포브스〉가 선정한 세계 500대 기업 순위 중 109위로, 세계 IT산업의 막후 강자 중 하나다.

폭스콘의 모태는 대만이었으나, 오늘날 이 회사 매출 대부분은 중국에 진출한 투자기업에서 나온다. 미국, 유럽, 아시아 곳곳에 60만 명의 직원이 있지만, 그 중 90%가 중국 공장에서 일한다. 2009년 매출액 640억 달러(한화 약 75조 8400억 원)와 당기순이익 5억 6000만 달러(약 6636억 원) 대부분도 중국 공장에서 달성했다.

지난 30여 년간 거침없이 성장해온 폭스콘을 이끈 주역은 궈타이밍郭台銘 회장이다. 궈 회장은 샐러리맨으로 사회생활을 시작해 오늘날 13개의 계열사를 거느린 EMS 왕국을 키워냈다. 개인 재산만 33억 달러(약 3조 9105억 원)에 달해 대만에서 세 번째 갑부다.

궈타이밍 회장이 강력한 리더십으로 폭스콘을 성장시킨 공로를 부인할 수 없지만, 그에 따른 부작용과 문제점도 만만치 않다. 궈 회장의 경영이념은 '기업을 위한 독재獨裁爲公'로 규정된다. '회사를 군대처럼' 독재적 리더십 아래 초고속으로 성장시켰다. 궈 회장은 토론이나 의사수렴 과정을 비효율적인 에너지와 시간의 낭비로 인식한다. 기업은 오직 리더의 결단과 용기만으로 운영되고, 직원에게는 이유를 설명한 뒤 이끌어 가면 된다는 것이다.

이를 위해 궈 회장은 군대식 관리체계를 도입해 운영하고 있다. 폭스콘 직원들은 강도 높은 군사훈련을 거쳐야 입사가 확정된다. 실적이 우수한 직원은 칭찬과 인센티브로 장려하지만, 임무를 완성하지 못한 직원은 엄격히 처벌한다. 노동자가 나태하거나 태업을 일으키면 엄청난 배상금을 물게 한다.

사내 보안은 더욱 철저해, 기밀이 누설될 경우 해당 직원뿐만 아니라 같은 부서 내 모든 팀원까지 처벌을 받는다. 직원과 노동자에 대한 통제와 감시는 일상생활에까지 이뤄지고 있다. 노예계약과 살인적 노동시간과 노동 강도, 그리고 낮은 임금 문제가 다반사처럼 일어나고 있다 한다.

우리가 사용하는 아이팟, 아이폰, 아이패드의 생산과정에서 이런 문제가 발생하고 있다는 것은 심각한 문제가 아닐 수 없다. 애플사는 인권과 노동권 침해의 책임이 없는가? ISO26000의 기준에 의하면, 모기업은 하청기업의 인권, 노동권 준수에도 가치사슬value chain로서 책임이 있다고 규정하고 있다. 전문가들의 진단에 의하면, 현재 애플

사는 지속가능성 보고를 하지 않고 있고, 기후보호를 위하여 세계적으로 진행하고 있는 탄소정보공개^{CDP} 프로그램에도 참여하지 않고 있는 등 사회적 책임에서 낙제점 수준을 기록하고 있는 것으로 평가되고 있다.

나쁜 기업 3위에 선정된 삼성

전 세계에서 가장 나쁜 기업을 뽑는 '퍼블릭 아이 어워드$^{Public\ Eye\ Awards}$'에서 국내 기업 삼성이 3위에 올라 사회적 논란이 일고 있다. 지난 2012년 1월 27일, 그린피스 스위스 지부와 시민단체 베른선언$^{Berne\ Declaration}$ 발표에 따르면, 연인원 8만 8천여 명이 참여한 투표에서 브라질의 광산·건설업체 발레(1위), 후쿠시마 원전 사태의 주범 텝코(구, 도쿄전력)(2위)에 이어 나쁜 기업 3위에 삼성의 이름이 올랐다는 것이다.

이번 투표는 스위스 다보스에서 진행 중인 세계경제포럼$^{World\ Economic\ Forum}$(일명, 다보스포럼)에 반대하는 시민단체들의 행사 중 하나로 진행되었는데. 선정 결과와 사유는 이 단체가 운영하는 홈페이지(www.publiceye.ch)에서 확인할 수 있다.

1위를 차지한 발레는 아마존에 벨루몬테 댐을 지으면서 4만 명을 쫓아내며 지역사회와 자연환경을 파괴했고, 2위를 차지한 텝코는 비용을 절감하기 위해 구조적 안전장치를 무시하고 핵발전소를 가동해

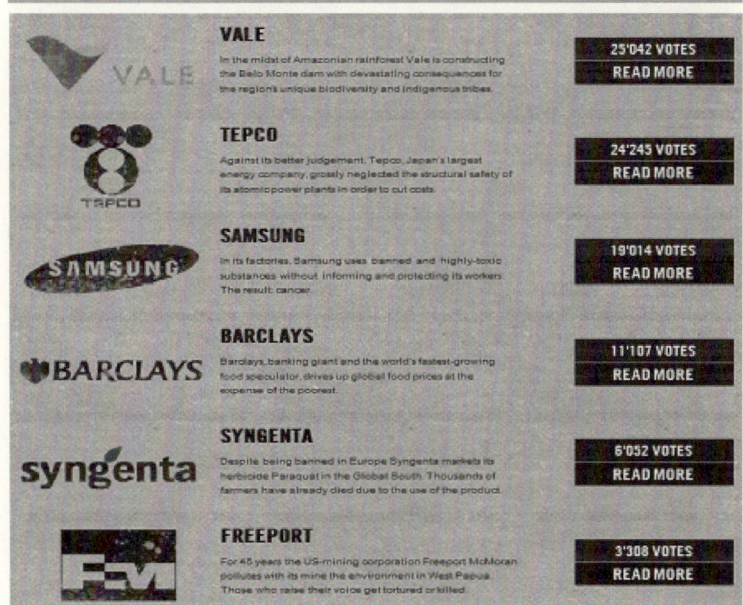

I. 애플과 삼성의 사회적 책임　19

후쿠시마 원전 참사를 초래한 이유가 순위에 반영됐다.

　삼성이 3위에 선정된 주된 이유는 작업 중 백혈병으로 죽은 노동자들을 책임지지 않았다는 것이다. 이로 인해 140명의 노동자가 암으로 진단받았고, 50명이 사망했다고 한다. 그리고 지난 50년 간 환경오염과 노동조합 탄압의 역사가 있으며, 부패와 탈세 등의 문제가 있다는 이유다. 퍼브릭 아이 어워드 홈페이지에 올라와 있는 기사를 옮겨 보면 다음과 같다.

"노동자 등골 위에 지어진 하이테크 장비 : 한국의 최고 재벌 기업이 자신들의 공장에서 일하는 노동자들에게 아무런 사전 정보 제공이나 보호 장치 없이 금지된 고독성 물질을 사용하고 있다. 그 결과 최소 140명의 노동자가 암 진단을 받았고, 그들 중 최소 50명이 죽었다. 확실한 증거가 있지만, 삼성은 책임을 부인하면서 관련 직간접 피해자들과 그들의 친인척들로부터 공적 불신을 자초하고 있다. 삼성은 지난 50년 동안 환경오염과 노동조합 금지, 부패와 탈세 등의 역사를 갖고 있다. 한국에서 삼성의 권력은 너무 지대하기 때문에 많은 국민은 '삼성공화국'이라고 부르고 있다."

Public Eye Awards에 게재된 삼성 관련 이미지

백혈병과 암 발병을 둘러싼 노사 간 논쟁

이번 이슈를 제기한 '반도체 노동자의 건강과 인권 지킴이 반올림'에 의하면, 삼성이 운영하는 공장에서 일한 뒤 백혈병이나 암에 걸린 사례는 작년 기준 140여 건에 달하며, 2011년 6월에는 이 백혈병을 산업재해로 인정한 첫 판결이 나오기도 했다고 한다.

이에 대해 삼성은 2012년 1월 13일, 후보 선정부터 잘못됐다며 주최 측에 항의서한을 보낸 것으로 알려졌다. 반올림은 26일 삼성이 보낸 항의서한 전문을 공개하며 조목 조목 반박하는 글을 언론에 공개했다.

삼성이 보낸 항의서한에 따르면 '삼성은 종업원의 복지를 매우 중요시하며, 세계 수준의 안전보건 환경을 유지하고 있고, 이 분야에 대해 특별히 공개적이고 투명하게 문제들을 검토해왔다'며 그 근거로 2011년에 발표된 인바이런Environ사의 연구를 인용하여 '암 사례들과 작업장 노출 사이의 연관성은 과학적 근거로 뒷받침되지 않는다'고 주장했다. 아울러 한국산업안전보건공단과 '노동부가 추천한 민간컨설팅팀'의 조사에서도 작업환경과 직원의 질병 사이에 연관성은 발견되지 않았다고 덧붙였다.

삼성의 이러한 주장에 대해 반올림은 '실제 자료는 삼성의 주장과 전혀 다른 현실을 보여주고 있다'며, 삼성이 주장한 것과 달리 산업안전보건공단의 역학조사 결과에서는 반도체 생산 여성 노동자들의 비호지킨림프종non-Hodgkin's lymphoma 위험이 일반인보다 5배 이상이었으며, 백혈병 위험 역시 일반인구보다 높게 나타났다고 설명했다.

또한, 반올림은 삼성에서 언급한 '민간컨설팅팀'의 조사란 서울대학교 등의 연구진들이 공동으로 수행한 조사를 말하는 것으로, 이를 통해 삼성 반도체 공장에서 사용되는 수많은 화학물질의 노출관리에 허점이 드러났다고 밝혔다. 2010년 익명의 제보자에 의해 일부 내용이 공개되었을 뿐, 정작 삼성은 보고서 공개를 거부해왔다는 점도 지적했다.

인바이런사의 연구 결과에 대해서도 보고서가 공개되지 않아 과학적으로 분석할 수 없으나, 이 회사가 환경오염을 일으킨 기업들이 규제나 소송에 맞서기 위해 고용하는 대표적인 컨설팅 회사라는 점을 염두에 두어야 한다고 주장했다.

사회적 커뮤니케이션의 중요성

이번에 가장 나쁜 기업 3위에 삼성이 선정된 과정과 이 이슈를 제기한 반올림과 삼성의 대응을 보면 '사회적 이슈'와 '커뮤니케이션' 방법의 중요성을 생각하게 된다. 지난 2010년 11월 세계표준화기구 ISO가 제정 공표한 ISO26000은 모든 조직이 준수하여야 할 사회책임과 관련한 이슈 정립과 커뮤니케이션 방법, 사회적 보고 방법론 등에 대하여 기술하고 있다.

ISO26000의 원칙에 따르면, 삼성의 대응 방식에는 몇 가지 문제가 있다.

첫째, ISO26000은 이해관계자 식별과 참여를 가장 중요하게 보고 있다. 사안의 옳고 그름을 떠나 삼성은 반도체 공장에서 일하다 피해를 본 노동자들을 주요한 이해관계자로 인정하고 있는지 의문이 든다. 이해관계자 식별과 참여가 제대로 되지 못했다면 그 이후의 여러 가지 노력이 무용지물이 될 수 있다.

둘째, 설명책임Accountability 측면이다. 공해문제, 환경문제에서 일반적으로 적용되는 것은 '개연성설'이다. 오염사고가 발생했을 때, 피해자가 오염 원인을 밝히는 것이 아니라, 가해자가 반대 입증을 하지 못하면 책임이 있다고 보는 관점이다. ISO26000에서는 제기된 이슈에 대하여 조직의 '설명책임'을 가장 중시하고 있다.

셋째, 투명성Transparency의 원칙이다. 산업재해 및 직업병 관련 조사를 했는데, 그 자료를 이해관계자들에게 충분히 공개하지 않았다는 것은 ISO26000 원칙에 어긋난다. 사회적 쟁점과 관련된 정보와 자료를 투명하게 공개하지 않고서는 상대방의 이해를 구하기 어려운 것은 물론, 또 다른 의혹과 불신을 야기하게 된다.

ISO26000은 기업을 포함하여 모든 조직의 지배구조, 인권, 노동, 환경, 공정운영관행, 소비자, 지역사회참여발전 등 7개 핵심 주제별로 운영 가이드라인을 제시하고 있다. 이번에 국제적으로 문제가 된 것은 노동자들의 산업재해와 직업병 문제이지만, 앞으로 무노조 경

ISO26000 로고 (지속가능한 지구촌을 위해 각 분야의 연대와 협력이 강조되고 있음)

영 원칙을 고수하고 있는 삼성의 경우, 노동 관행과 부패방지 및 협력업체와 관련한 공정운영 관행 등에서 새로운 이슈가 제기될 수 있다. 이미 세계의 소비자들은 싸고 좋은 물건을 사는 수준을 넘어 기업의 사회적 책임과 윤리적 의무를 다하고 있는지를 구매의 가장 중요한 잣대로 보고 있기 때문이다. 다양한 이해관계자들의 요구를 적극 수용하면서 위기를 기회로 만드는 혜안이 필요한 때다.

참치 캔 속의 진실

최근 사조그룹, 동원산업, 인성실업 등 국내 원양 산업계의 불법 어획과 인권유린 사례가 도를 넘어서고, 정부가 이를 비호하고 있다는 국제적 질타가 잇따르고 있다. 뉴질랜드 〈선데이스타타임스〉 마이클 필드 기자는 2월 5일 "남태평양에서 메로(이빨고기) 불법조업으로 60만 달러(약 7억 원)의 불법 이득을 취한 인성실업에 대하여 한국정부가 1800달러(약 200만 원)의 솜방망이 toothless 처벌을 했다."고 보도했다.

인성실업 사건은 2010년 12월 13일로 거슬러간다. 이날 새벽, 남극 바다에서 조업 중이던 인성실업의 선박 하나가 갑자기 침몰했다. 당시 배에는 한국인 8명, 중국인 8명, 인도네시아인 11명, 베트남인 11명, 필리핀인 3명, 러시아인 1명 등 42명이 타고 있었는데 이 중 20명만 생존했다. 남

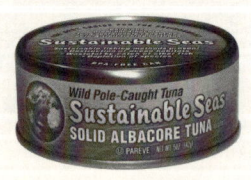

극 바다를 관리하는 '남극해양생물자원위원회CCAMLR'는 큰 인명 손실에 주목하여 특별조사를 진행했다. 그 결과 안전 매뉴얼이 한국어 외에는 제공되지 않았으며, 필요한 안전대비시스템이 전혀 구비되어 있지 않았다.

인성실업은 2011년에는 '남극해양생물자원위원회'에서 정해놓은 메로 조업 허용치를 무시하고 4배 가까이 남획해 불법조업선IUU으로 낙인찍힌 기업이다. IUU란 불법Illegal, 비보고Unreported, 비규제Unregulated의 줄임말로서 말 그대로 국제협약을 준수하지 않고 불법을 행하는 조업선을 뜻한다.

사조참치로 유명한 사조그룹의 원양어선 오양 70호와 오양 75호

불법 원양 업체에 대한 한국 정부의 솜방망이 처벌을 비판하는 선데이스타타임스 기사(2012.2.5)

에서 일어난 사건은 인권 유린의 극단을 보여준다. 2010년 8월 뉴질랜드 앞바다에서 조업 중이던 오양 70호가 갑자기 침몰했다. 침몰 사고에서 극적으로 살아남은 선원들의 증언과 2011년 6월 오양 75호에서 일하다 탈출한 인도네시아 선원 32명은 노동착취와 각종 폭력, 임금 체납 사실을 뉴질랜드 당국에 고발하기도 했다.

불법과 인권 유린의 참치 원양산업계

사조그룹 오양호 인권유린 사건은 한국 언론에서는 거의 다뤄지지 않았지만, 뉴질랜드와 오스트레일리아에서는 매우 중요한 문제로 보도되고 있다. 뉴질랜드 당국은 2011년 8월 한국의 원양어선 내 인권탄압과 노동착취 실태를 파악하기 위해 진상조사위원회를 구성했고, 오클랜드대학은 지난해 9월 '오양 75호' 보고서를 작성했다. 이 보고서를 보면 이미 2005년부터 각종 폭력과 학대에 시달리다 못해 한국 원양어선을 탈주한 외국인 선원들의 신고가 접수돼 있다.

이 보고서에 따르면, 인도네시아 선원들은 2011년 8월 작성된 증언록에서 한국인 간부들에게 상습적으로 폭행과 성추행을 받아왔다고 밝혔다. 선원 A씨는 "주먹으로 때리거나 발로 차고 미는 식의 육체적 폭행은 일상적이었다"면서 "이 같은 (한국인들의) 폭력행위는 바다에서건 뉴질랜드 육지에서건 늘 일어났다"고 말했다.

다른 선원 B씨는 "바다로 밧줄을 던지고 있었는데 줄이 풀려버리자 한국인 간부는 내 머리를 치고 귀를 잡아당겼다. 그리고는 나를 개나 동물 이름으로 불렀다. 한번은 한국인 직원이 자신의 기름진 장갑으로 내 얼굴을 문지르기도 했다."라고 증언했다.

폭력행위와 함께 한국인 간부들의 성추행을 고발하는 발언도 잇따랐다. 당시 오양 75호에는 인도네시아 선원 32명 외에 선장과 항해사, 갑판장 등 한국인 간부가 7~8명 정도 있었던 것으로 파악된다.

선원 C씨는 "주방에서 일하는데 거의 매일 뒷머리를 얻어맞는 것뿐 아니라 '새끼야, XX놈아'와 같은 언어폭력도 당했다"며 "한번은 한국인 직원이 내 앞에서 자신의 바지를 내리고 엉덩이를 흔드는가 하면, 갑판장은 내 은밀한 부위를 잡고 마구 비틀었다"고 전하기도 했다.

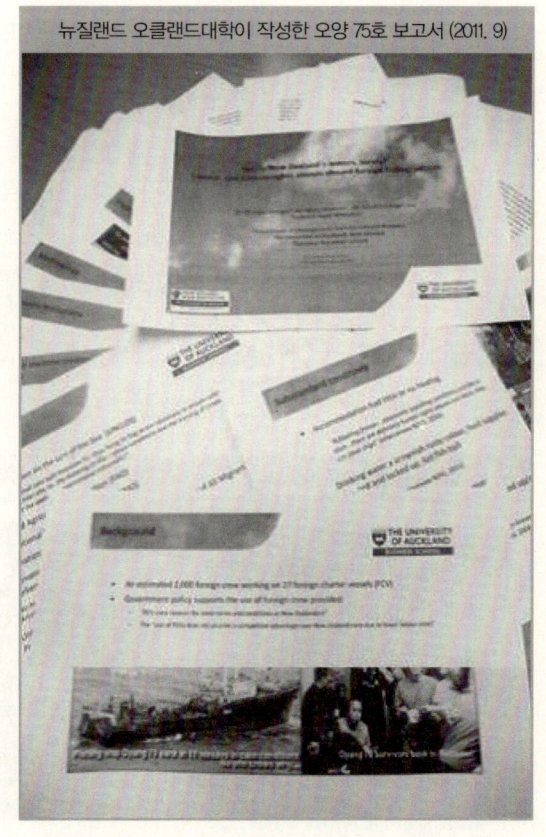

뉴질랜드 오클랜드대학이 작성한 오양 75호 보고서 (2011. 9)

사조오양은 1969년 6월 9일 오양수산으로 출범한 뒤, 1972년 9월 제70 오양호를 진수하여 북태평양 출어를 시작했으며, 2007년 6월 사조그룹으로 편입된 기업이다.

연 매출 6000억 원(2010년)에 이르고, 한국 참치캔 시장의 3분의 2를 점유하고 있는 동원산업도 최근 태평양에서 비도덕적 조업 행태로 국제사회의 비난을 받고 있다. 동원산업은 태평양에서 사조그룹과 더불어 참치 조업의 선두업체다. 그런데 2011년 11월 말 동원산업의 원양어선에서 일한 어느 외국인 헬기 조종사가 양심선언을 했다. 그가 하는 일은 헬기를 타고 참치떼를 찾아내 어선이 쳐놓은 그물 안으로 모는 일이었다. 그는 동원의 원양어선이 FAD^{Fish Aggregation Devices}라고 불리는 집어장치를 이용해 참치를 무작위로 잡고 있다고 폭로했다.

이 집어장치는 물고기를 유인하기 위해 인공적으로 만든 부유 장치인데, 이 장치는 참치뿐 아니라 가오리, 새치, 돌고래, 바다거북 같은 다른 종들도 무작위로 잡아들인다는데 문제가 있다. 특히, 집어장치에 걸려든 어린 물고기 떼는 바로 죽기 때문에 그 자리에서 그물째

해양생태계를 송두리째 파괴하는 FAD(집어장치)

바다로 버려진다. 동원 원양어선이 지나가는 자리에는 이렇게 혼획混獲된 물고기들의 피가 흥건하며, 바다 생태계의 씨를 말린다는 게 전문가의 진단이다.

[참고] 해양 생태계 보호를 위한 MSC 인증마크

한국 어선은 지속가능한 방식으로 수산물을 어획하는 국제적인 프로그램인 FOS Friends of the Sea (바다의 벗) 인증을 아직 받지 못한 것으로 알려졌다. 한국 어선들은 선상 옵저버 프로그램(선주나 업체, 정부 등 다른 관계자의 영향을 받지 않고 독립적, 객관적으로 조업을 관찰, 감시하는)을 운영하지 않고 있으며, 총 어획량 한도를 유지하기 위해 상업적으로 가치가 없는 물고기를 다시 바다에 버리기도 하고, 비싼 값에 거래되는 상어의 지느러미만 잘라내고 몸통을 바다에 버리는 '샤크 피닝 shark finning'을 일삼기도 한다.

이 제도는 참치를 비롯해 대서양 대구, 메로, 상어 등 남획으로 개체 수가 줄어든 어종을 보호하기 위해, 미국 비영리단체 '해양관리기구 MSC, Marine Stewardship Council'가 어종, 어획 방법, 유통 경로 등을 평

MSC 인증 마크 부착 사례

가해 '지속가능한 해산물'을 인증해 주는 프로그램이다.

1999년 시작된 지속가능한 해산물 인증제에는 2011년 기준으로 미국·영국·일본 등 66개국 187개 수산업체가 참여하고 있다. 인증을 받은 해산물은 '친환경 표지'를 달고 해산물 도·소매점, 대형마트, 식당 등에서 일반 해산물보다 비싼 가격에 팔린다.

한국 원양어선들의 사회적 책임 점검해야

한국 원양어선들의 인권유린과 노동착취, 국제협약 위반과 해양생물자원 남획 등 생명 경시 풍조와 비도덕적 조업 행태 등을 보면 사회적 책임 관점에서 제반 사항을 점검해야 할 때가 되었다. 국토해양부와 농림수산식품부 등 정부 관계 기관이 나서야 할 일임에도 방관자적 태도로 일관하고 있어, 우리나라의 국가 위신이 땅에 추락하고 있다.

뉴질랜드 등 외국에서 우리나라 기업의 불법과 만행을 조사하고 있는 동안 우리 정부는 무엇을 했는지 묻지 않을 수 없다. 유럽연합 집행위원회는 문제가 된 한국 어선들에 대해 남극해양생물자원위원회CCAMLR 제30차 연례회의에서 불법조업선 목록에 등재할 것을 제안하고 있다고 한다.

2010년 11월 제정된 사회적 책임에 관한 국제표준인 ISO26000의 원칙과 규정을 살펴보면, 사조, 동원, 인성실업 등은 지배구조 측면에서 심각한 문제가 있는 기업으로 판단된다. 인권보호, 노동권 보호에서는 말할 것도 없고, 해양생태계 보호 등 환경분야에서도 심각한 문제를 안고 있다.

글로벌 기업들은 품질경영, 환경경영에서 출발하여 이제 인권경영, 윤리경영, 사회책임경영으로 나아가고 있다. 한국의 원양업체들이 구태와 악행을 벗어나지 못한다면 소비자와 우리 시민의 외면은 물론 국제사회에서의 냉대와 고립을 면하기 어려울 것이다. 지금 국내외 인권단체, 환경단체, 소비자단체들은 원양업체들의 자기반성과 책임 있는 모습을 엄중히 요구하고 있다.

인권 침해 기업은 투자에서 배제

네덜란드 공무원 연기금이 운용하고 있는 APG 자산운용이 한국 기업 중 한화와 풍산을 무기제조와 관련, 투자 포트폴리오에서 제외했다. 대우인터내셔널과 한국가스공사는 버마에서의 유전 운영과 관련 투자배제의 가능성을 경고했고, 한국타이어와 포스코는 관여 Engagement 대상 기업으로 분류했다. 이 같은 사실은 APG자산운용이 발간한 〈2009 책임투자보고서〉에서 공개되었다.

지난 2007년 세계 2대 연기금인 노르웨이 정부연기금NGPG도 한화와 풍산을 같은 이유로 투자에서 배제한 바 있다. APG는 네덜란드와 국제법이 금지한 제품(예를 들어 대량살상 무기 등)을 제조하거나 유통, 판매하는 기업을 관여 후 개선되지 않은 경우 투자에서 완전히 배제하고 있다.

또한, 대우인터내셔널과 관련 미얀마에서의 가스전이 개발되는 방식과 군부 정권에 의한 인권침해에 연루되지 않았다는 걸 보증하기 위해 무슨 조치를 취하고 있는지 확인이 필요하다고 밝혔다. 이 프로젝트의 파트너인 한국가스공사와도 이 문제에 대해 토론했다고 밝혔다.

한국타이어는 15명의 노동자가 사망한 사건과 관련, 관여 대상으로 분류되었다. APG는 한국타이어에 노동자의 정기 건강검진을 포함해 작업환경 개선에 대한 몇 가지 조치를 소개했으며, 또 다른 관여 대상인 포스코에는 오리사Orissa에서의 채광 활동과 관련 지역사회의 이익을 보호하기 위해 협력하도록 독려하고 있다고 보고서는 밝히고 있다. 한편 2500억 유로에 달하는 자산을 운용하고 있는 APG는 2010년에 각 자산군에 대한 환경(E), 사회(S), 지배구조(G) 요소와 관련된 공식적인 정책을 개발하고 있다.

이와 같이 기업의 사회적 책임을 확산하기 위해서는 '사회책임투자'가 매우 중요하다.

우리나라 연기금도 나름의 기준으로 '사회책임투자'를 진행하고 있지만, 국민의 공감을 얻고 있는지 살펴볼 필요가 있다. 일반적으로 연기금의 주인은 연기금을 납부한 국민이다. 그래서 연기금은 사회 전체의 공익성을 실현하면서 수익성을 도모하는 것이 바람직하다. 2010년 11월 ISO26000이 국제표준으로 정해지면서 사회책임투자의 기준으로 ISO26000의 7대 핵심주제를 중심으로 투자대상 기업을 선정하는 노력이 더욱 요구되고 있다.

'비정규직 보호' 대법원 판결과 현대자동차

현대자동차 비정규직 근로자 최모 씨는 현대차 울산 1공장에서 2002년 3월부터 사내 하청 근로자로 일했다. 2004년 당시 노동부가 현대차의 파견 근로자 불법 고용 사실을 밝혀내자, 최씨는 현대차 측에 자신을 비롯한 비정규직 근로자들의 정규직 전환을 요구했다. 결국, 그는 2005년 2월 해고됐다. 최씨는 2006년 현대차에 직접 고용을 인정해달라는 소송을 냈고, 이때부터 본격적인 법정 공방이 시작됐다. 당시 사법부는 현대차의 손을 들어줬다. 2007년 7월 서울행정법원에서 열린 1심과 2008년 2월 서울고등법원 항소심 모두 최씨의 소를 기각했다. 그러나 2010년 법정 분위기는 크게 달라졌다. 2010년 7월 열린 항소심에서 대법원은 '불법 파견 근로라고 해도 2년 이상 동일 직장(현대차)에서 일했기 때문에, 최씨는 현대차의 정규직 근로자'라며 원고 승소 판결을 내렸다.

대법원에서 현대차가 패하자, 비정규직 근로자들이 무더기 단체소송을 냈다. 2011년 2월 열린 부당해고 및 부당노동행위 판정 취소 청구소송 2심 공판에서 서울고등법원은 최씨와 비정규직 근로자들의 손을 들어줬다. 이에 현대차는 또다시 대법원에 상고했다. 그러나 대법원은 2012년 2월 현대차가 낸 소를 기각하고 원고 최씨에 승소 판결을 한 원심을 확정하면서 법정 공방은 마무리됐다.

두 번의 패소 이후 현대차는 "사법부의 판단을 존중한다"며 "회사의 경영 환경을 고려하여 적절한 조치를 하겠다"는 반응을 보였다. 이후 현대차는 노조와 비정규직 근로자 특별 협의를 지속했다. 협의 결과 사측이 사내 하청 근로자 6800여 명 중 3000명을 정규직으로 신규 채용하겠다는 대안을 제시했다.

그러나 최씨는 전체적인 비정규직 문제의 해결을 요구하며 2012년 10월 17일부터 현대차 울산공장 내 철탑에 올라가 농성을 벌였다. 이에 현대차는 법정 공방의 당사자였던 최씨를 정규직으로 즉각 채용하겠다는 뜻을 밝혔다. 하지만 최씨는 "근로자 불법 파견 및 불법 해고 문제는 개인의 문제가 아니라 전체 비정규직 근로자들의 문제"라며 현대차의 정규직 채용안을 거부하고 철탑 농성을 이어갔다.

이러한 와중에 국내 법학 전공 교수들이 정몽구 회장을 실정법(파견근로자보호법) 위반 혐의로 검찰에 고발하면서, 현대차 사내 하청 근로자 관련 법적 공방이 새 국면을 맞고 있다. 현대차 측은 "근로자 불법 파견은 명확한 법적 근거가 없으므로 법원 내부에서도 판결에 대한 논란이 큰 사안"이라며 "법정에서 논할 문제가 아니라 노사 간의 협의를 통해 풀어야 할 사안"이라는 반응을 보이고 있다.

비정규직 문제 등 노동 관련 문제 해결에 있어서 우리나라 글로벌 기업들은 이제 ISO26000의 원칙과 규정을 참고할 필요가 있다. 전 세계에 흩어져 있는 협력업체와 소비자와 고객들이 ISO26000을 기준으로 기업들을 평가하기 때문이다. 많은 기업들이 '돈'으로 기부하는 '사회공헌'활동을 하면 사회책임을 다한 것으로 오해를 하는데, 기업의 사회에 대한 책임의 1단계는 '법규 준수'다. 비정규직 문제에 있어서도 법규준수를 1차적 책임으로 인식해야 하고, 다음으로 윤리적 행동 등 사회책임을 이행해야 한다. 사회공헌 활동은 법규 준수와 사회책임 단계를 완수한 후 고려해 볼 수 있는, 그리고 하면 더욱 좋은 일이라는 인식이 필요하다.

대기업 순환출자로 계열지배 더욱 심화

ISO26000의 7대 핵심 주제 가운데 조직의 지배구조와 관련한 우리나라 기업들의 과제는 무엇일까? 일반적으로 지배구조라 하면, 조직의 의사결정구조인데 일반적으로 기업에서는 자본의 구성과 의결권의 형태를 중심으로 살펴보면 접근하기 쉽다.

우리나라 대기업들의 지배구조 이슈는 순환출자 문제와 출자총액제한제도에서 많은 논란이 있다. 이와 관련하여 시민단체인 경제정의실천시민연합(경실련)은 2012년 11월 1일 보고서에서 "재벌총수 일가 지분 대비 계열사 지분의 배수는 지난 2007년 12배에서 올해 19배로 늘었다"며 "재벌의 무분별한 계열사 확대 방지를 위해 출자총액제도를 도입하고 순환출자를 전면 금지해야 한다"고 주장했다. 경실련에 따르면 재벌일가(동일인 또는 동일인 일가)의 지분

기업집단명	연도	동일인(a)	동일인친족합계(b)	동일인 및 동일인 일가(c=a+b)	비영리법인(d)	임원(e)	자기주식(f)	계열회사(g)	동일인 일가 대비 계열회사 지분 배수(h=g/c)	동일인측 합계(i=c+d+e+f+g)	기타합계(j)	총계(k=i+j)
삼성	2007	0.31	0.5	0.81	0.27	0.24	2.14	40.91	50.5	44.37	55.63	100
	2012	0.52	0.43	0.95	0.17	0.05	2.3	58.75	61.8	62.21	37.79	100
에스케이	2007	0.82	0.68	1.5	0.13	0.23	3.1	61.42	40.9	66.38	33.62	100
	2012	0.24	0.56	0.8	0.05	0.02	0.71	48.6	60.8	50.18	49.82	100
현대중공업	2007	4.97	0.58	5.55	1.21	0.01	8.73	44.47	8.0	59.97	40.03	100
	2012	1.08	0.13	1.21	0.35	0.26	2.12	69.42	57.4	73.38	26.62	100
한화	2007	1.86	0.68	2.54	0.15	0.01	0.83	41.11	16.2	44.63	55.37	100
	2012	1.15	0.81	1.96	0.11	0.04	2.39	53.97	27.5	58.47	41.52	100
롯데	2007	0.28	2.53	2.81	0.09	0	0	52.32	18.6	55.22	44.78	100
	2012	0.05	2.17	2.22	0.08	0.03	0.2	58.08	26.2	60.6	39.4	100
현대자동차	2007	2.75	1.05	3.8	0	0.02	1.28	40.58	10.7	45.68	54.32	100
	2012	2.08	1.6	3.68	0.01	0.02	0.95	45.79	12.4	50.43	49.57	100
엘지	2007	1.22	3.62	4.84	0.29	0.03	0.52	32.36	6.7	38.03	61.97	100
	2012	1.26	2.65	3.91	0.28	0.04	5.43	33.25	8.5	42.91	57.09	100
한진	2007	4.02	2.76	6.78	3.26	0	3.89	30.5	4.5	44.43	55.57	100
	2012	2.71	2.56	5.27	2.88	0.01	1.96	38.47	7.3	48.6	51.4	100
지에스	2007	3	17.04	20.04	0.03	0.06	0.41	37.13	1.9	57.67	42.33	100
	2012	1.99	11.7	13.69	0.06	0.02	0.36	50.25	3.7	64.39	35.61	100
합계	2007	1.43	2.11	3.54	0.26	0.1	1.57	42.23	11.9	47.71	52.29	100
	2012	1.02	1.66	2.68	0.2	0.05	1.96	50.65	18.9	55.54	44.46	100

은 지난 2007년 3.54%에서 올해 2.68%로 0.85% 감소했다. 같은 기간 계열사 지분은 42.23%에서 50.65%로 8.42% 늘어났다. 재벌총수 일가 지분 대비 계열사 지분 배수를 살펴보면 2007년 12배(3.54/42.23)에서 올해 19배(2.68/50.65)로 증가했다. 이는 순환출자 때문이다. 순환출자란 재벌그룹들이 계열사를 늘리고, 그룹 총수들의 계열사 지배력을 공고히 하고자 이용하는 주요 수단이다. 특히 대기업이 최근 5년간 신규 편입한 계열사를 대상으로 범위를 좁히면 총수 일가의 지배력 강화가 더욱 두드러진 것으로 나타났다. 9개 재벌 총수가 신규편입한 계열사 334개에 대해 출자한 지분은 0.6%이지만 계열사를 통해 출자한 지분은 62.52%로 집계됐다. 재벌 총수 일가 대비 신규계열사 지분 배수는 104.2배(0.6/62.52)로 전체 계열사(19배)보다 5배 이상 많은 것으로 나타났다.

   이는 순환출자를 통해 자본 부풀리기를 하고, 이 이익을 재벌 그룹이 다시 독점하는 경제시스템임을 증명하는 것이다. 이와 관련하여 2004년 12월 공정위가 발표한 대기업집단 순환출자 현황을 살펴보면 다음의 표와 같다.

   자본주의 사회의 특징은 '돈(자본)'이 돈을 번다는 것이다. 그러나 이것은 공정한 경쟁과 경영 활동을 통해서 이루어질 때 정당성을 가진다. 순환출자를 통하여 주주 일반의 이익을 왜곡하고, 계열사 일감 몰아주기 등을 통하여 불공정한 관행이 번져나간다면 결국 국민 경제의 위기를 가져올 수 있고, 경제의 지속가능성을 해칠 우려가 크다. 경제민주화 담론과 상생경영, 공생발전, 동반성장의 목소리가 높은 이유는 바로 여기에 있다.

◆순환출자사례

(2004.4.1 보통주 기준)

기업집단명	순환출자사례(출자총액기업집단)
삼성	•삼성에버랜드(19.34%)→삼성생명(4.81%)→삼성물산(1.48%)→삼성에버랜드 •삼성에버랜드(19.34%)→삼성생명(7.08%)→삼성전자(19.97%)→삼성에스디아이(4.00%)→삼성에버랜드 •삼성에버랜드(19.34%)→삼성생명(4.81%)→삼성물산(3.94%)→삼성전자(19.97%)→삼성에스디아이(4.00%)→삼성에버랜드 •삼성물산(3.94%)→삼성전자(19.97%)→삼성에스디아이(4.66%)→삼성물산 •삼성생명(7.08%)→삼성전자(23.69%)→삼성전기(0.60%)→삼성생명
현대자동차	•현대차(37.33%)→기아차(18.3%)→현대모비스(14.53%)→현대차 •현대차(37.33%)→기아차(18.36%)→INI스틸(4.86%)→현대차
에스케이	•SKC&C(8.63%)→SK(21.47%)→SK텔레콤(30%)→SKC&C •SK(72.13%)→SK해운(30.99%)→SK건설(3.39%)→SK •SK(47.66%)→SKC(6.2%)→SK케미칼(3.28%)→SK •SK(47.66%)→SKC(14.62%)→SK생명(0.48%)→SK
한진	•한진(7.82%)→대한항공(6.86%)→한진중공업(3.41%)→한진 •한진(7.82%)→대한항공(2.11%)→정석기업(10.94%)→한진 •한진(7.82%)→대한항공(58.95%)→한국공항(0.74%)→한진
한화	•한화(25.64%)→한화석유화학(100%)→한화종합화학(6.44%)→한화증권(2.94%)→한화
현대중공업	•현대중공업(94.02%)→현대삼호중공업(34.89%)→현대미포조선(5.00%)→현대중공업
금호아시아나	•아시아나항공(50%)→아시아나씨씨(49.99%)→금호개발(1.76%)→아시아나항공
두산	•두산건설(25.34%)→두산(44.67%)→삼화왕관(13.22%)→두산건설 •두산건설(25.34%)→두산(41.47%)→두산중공업(16.27%)→두산건설
동부	•동부건설(11.79%)→동부제강(19.83%)→동부생명(9.46%)→동부건설 •동부건설(20.27%)→동부한농화학(4.82%)→동부화재(13.73%)→동부건설 •동부건설(20.27%)→동부한농화학(21.58%)→동부정밀화학(6.88%)→동부건설
현대	•현대상선(12.79%)→현대증권(5%)→현대엘리베이터(15.16%)→현대상선
롯데	•롯데건설(6.97%)→롯데산업(1.19%)→롯데리아(0.26%)→롯데건설
동양	•동양생명(1.63%)→동양메이저(46.43%)→동양매직(0.27%)→동양캐피탈(49.93%)→동양생명 •동양생명(1.63%)→동양메이저(16.93%)→동양종합금융증권(28.07%)→동양파이낸셜(23.13%)→동양생명
대림	•대림산업(100%)→오라관광(9.1%)→대림코퍼레이션(19.07%)→대림산업
현대백화점	•현대백화점(100%)→현대쇼핑(9.13%)→현대백화점에이치앤에스(12.62%)→현대백화점
한솔	•한솔제지(77.33%)→한솔이엠이(4.73%)→한솔씨에스엔(7.39%)→한솔제지 •한솔개발(9.65%)→한솔디엔씨(33.63%)→한솔파텍(0.19%)→한솔개발
영풍	•영풍(25.53%)→고려아연(19%)→코리아니켈(5.38%)→영풍 •영풍(34%)→영풍문고(34%)→영풍개발(14.17%)→영풍

우리나라, 국제노동기구 협약 비준 건수 세계 128위

우리나라의 국제노동기구[ILO] 협약비준 현황이 국제수준에 턱없이 미치지 못하는 것으로 드러났다. 노동부 자료에 의하면, 우리나라는 ILO 전체 협약 188개 중 비준한 협약개수는 24개에 불과한 것으로 밝혀졌다. ILO 회원국 평균 비준건수 38개에 비해 크게 떨어지는 숫자로 우리나라는 ILO 183개 회원국 중 최하위권인 128위를 기록하고 있다.

경제협력개발기구OECD 소속 선진국의 평균 비준 협약 수는 63개로 한국의 2배를 훨씬 넘는다. 한국은 OECD 30개 회원국 가운데 27위를 기록하고 있다. 브릭스BRICs 국가의 경우 브라질 81개, 러시아 53개, 인도 40개, 중국 22개로 중국을 뺀 모두가 한국보다 많다. 우리나라와 경제력이 비슷한 멕시코도 70개, 호주는 47개를 비준하여 한국보다 많은 것으로 밝혀졌다. 특히 우리나라의 협약비준은 질적인 측면에서 더욱 심각하다.

우리나라는 ILO가 비준의 최우선 순위로 삼는 핵심협약 8개 가운데 '강제근로 폐지에 관한 협약', '결사의 자유에 관한 협약' 등 4개 협약은 비준조차 하지 않고 있다. 이는 우리나라의 노사관계 법 제도가 그만큼 후진적이라는 뜻이며, 정부가 ILO에 형식적으로 가입만 하고 국제 수준의 노사관계 정립을 위해 실질적인 노력을 하지 않고 있다는 것을 의미한다.

ISO26000에서 규정하는 노동권 보호 분야 관련하여, ISO는 ILO와의 양해각서MOU를 통해 ILO가 추구하는 정신과 정책을 적극 수용하고 협력하기로 약속한 바 있다. 앞으로 국제사회는 노동권 보호의 방향으로 빠르게 발전해 갈 것으로 보이는바, 우리나라 국회가 ILO의 권고사항과 협약을 비준하고 있지 않다는 것은 실망스러운 일이다.

한국노총, 민주노총 등 노동계는 물론 노동 관련 학회, 국회, 시민단체들이 ILO 협약 비준에 대한 사회적 논의를 활성화하고 노동 분야에 대한 사회적 합의도 국제적 수준으로 끌어올리는 노력이 절실히 요구된다.

기업의 사회적 책임, 모든 기업의 화두

2013년 들어 주요 대기업들의 경영 화두로 '기업의 사회적 책임 CSR'이 강조되고 있다. 삼성, 현대기아차, LG, SK 등 주요 대기업 그룹 총수들은 신년하례식에서 경제위기 극복을 위해 도전적으로 대응하겠다는 의지와 함께, 사회적 책임을 특히 강조하여 눈길을 끈다. 경제 위기와 사회 각 분야의 어려움에 맞서면서 '기업 시민'으로서의 역할도 강화하겠다는 의지로 읽히는 대목이다.

이건희 삼성 회장은 "작년의 성공을 잊고, 도전하고 또 도전해 새로운 성장의 길을 개척하자."라고 말하면서 "경제가 어려울수록 기업의 책임은 더 무겁다."며 "협력업체와 동반성장에 적극 앞장서겠다."라고 했다. 특히, 이 회장은 신년 하례식을 마치고 나오는 자리에서 기업의 사회적 책임을 묻는 기자들의 질문에 "사회적 책임이란 항상 따르는 것이죠. 기업을 하는 이상…." 이라며 다시 사회적 책임을 강조했다.

정몽구 현대기아차 회장은 '품질을 통한 브랜드 혁신'을 강조하면서, 다른 한편 '국민 행복과 국가 경제 발전에 공헌하는 모범적인 기업'이 될 것임을 약속했다. 구본무 LG 회장은 '함께 성장하는 기업'

을 강조했고, 신격호 롯데 회장은 "지역상권과의 동반성장 노력을 배가하자."라고 했으며, 조양호 한진 회장은 "동행으로 결실을 나누자."라고 했다. 박삼구 금호아시아나 회장은 "국민에게 지탄받지 않는 기업을 만드는 게 올해의 목표"라고 말했다.

이렇듯 대기업 총수들이 사회적 책임을 강조한 것은 반가운 일이다. 다소 늦은 감이 있지만, 글로벌 경제 시대에 어느 한 기업이 성공적으로 경영을 펼치기 위해서는 건강한 기업생태계가 필수적이다. 기업 경영 방식도 주주중심의 경영에서 주주를 포함한 다양한 이해관계자 경영으로 그 패러다임이 변하고 있다. 특히, 우리나라는 2013년 새 정부가 들어서면서 사회 각 분야의 균형 있는 발전 없이는 국가경영은 물론, 기업의 지속가능한 경영도 어려워질 수 있다는 공감대가 확산하고 있는 때여서 대기업 총수들의 이 같은 신년사는 더욱 의미가 있다.

대기업을 둘러싼 협력업체와 임직원, 소비자, 환경과 지역사회를 두루 살피며 소통하고, 합리적인 지배구조를 갖추고, 윤리적이고, 공정한 관행을 정착시키는 것은 새 정부의 경제민주화 정책을 넘어 국제표준인 ISO26000의 관점에서 볼 때도 필수불가결한 요소다.

2013년 새 정부 출범과 함께 경제민주화 담론과 상생경영, 공생발전, 동반성장의 목소리가 높은 이 때, 대기업 그룹 총수들은 사회적 책임을 선언과 같은 말로만 끝내지 말고, 사회 각 분야와 소통하면서 우리 사회에 유익한 선순환 요소로 발전시켜야 할 것이다.

부상하는 사회책임 이론

우리나라 시민사회에서 2005년은 기업사회책임^{CSR}과 지속가능경영^{SM} 논의가 새로운 국면을 맞은 한 해였다. 국제표준화기구에서는 사회책임^{SR} 국제표준을 만들기 위한 국제회의를 가동하기 시작했고, 국내에서는 각 분야의 사회책임을 강화하기 위한 사회책임 표준화 포럼이 결성되었다.

재계를 대표하는 전경련에서도 기업의 사회적 책임을 강조하는 국제 심포지엄을 몇 차례 개최하면서 기업들의 관심을 촉구하고 나섰고, 대한상공회의소도 산하기관으로 지속가능경영원을 설립하고 본격적인 활동에 나섰다.

시민운동 분야에서도 '기업책임을 위한 시민연대'가 2003년 결성되고, 2007년에는 한국사회책임투자포럼이 창립되어 사회책임투자^{SRI} 운동이 꾸준히 확산되어 왔다.

민주노총과 한국노총은 노조의 사회적 책임에 대한 논의를 시작하고, 근로자가 주인인 연기금의 운용이 사회책임투자가 되도록 하기 위한 제도개선도 활발하게 이뤄지기 시작했다.

경실련 산하 경제정의연구소에서도 기업의 경제정의지수를 10여 년 동안 꾸준히 발표해 오고 있는데, 경제 정의상 프로그램도 기업의 사회적 책임을 강조하는 운동의 한 형태로 볼 수 있다.

필자가 활동하고 있던 환경운동연합도 2005년 기업사회책임위원회를 구성하여 '지속가능한 경영과 투자를 위한 가이드라인(SMILE-1)'을 개발, 발표하고 지속가능경영지수^{SMI} 평가 사업을 진행하였다. 이러한 활동들은 기업의 사회적 책임에 대한 국내외의 흐름을 반영하고 있다.

'환경'에서 '지속가능성'으로

그렇다면, '사회적 책임'과 '지속가능성'에 대한 세간의 관심은 도대체 어디에서 온 것인가? 전통적으로 정부나 기업이나 시민사회의 공동 가치는 '경제적 성과'에 대한 관심에서 '환경보호'로 옮아왔다. 1990년대 초까지만 하더라도 환경문제를 둘러싼 우리 사회의 관심은 수질오염, 대기오염, 식품오염, 토양오염, 핵오염과 같이 '공해문제' 차원으로만 인식되었다. 이러한 인식 전환을 불러 온 것은 1992년 6월, 브라질 리우에서 열린 유엔환경발전회의UNCED였다. 특히, 리우환경선언을 통해 등장한 '환경적으로 건전하고 지속가능한 발전 Environmentally Sound and Sustainable Development'이라는 개념은 여러 가지 논란에도 불구하고, 선진국 후진국을 망라하는 발전 전략으로 자리 잡는 계기가 되었다.

최근 환경운동계 일부에서는 '지속가능한 발전'과 '지속가능성'이라는 개념을 다시금 되새겨 보고 사회운동의 비전으로 재정립해야 한다는 주장이 일고 있다.

사실, 환경문제의 본질을 따져 보면, 수질, 대기, 폐기물만의 문제가 아니다. 환경문제에 관하여 세계적 약속이라 할 수 있는, '리우선언'이 표방하는 27개 원칙에서 보는 바와 같이, 환경문제의 본질은, 자연과 인간의 관계에 대한 철학의 문제, 자연을 둘러싼 사회 형평의 문제, 개발가치와 보전가치를 둘러싼 공공정책의 문제, 공익과 사익

간의 상충문제, 선진국과 후진국의 문제, 부자와 빈자 사이의 사회정의 문제가 그 본질이다.

환경문제에 대한 관심을 '지속가능한 발전'이라는 비전으로 확장시켜 주고 있는 '의제Agenda 21'의 분야도 사회경제부문, 자원의 보존 및 관리부문, 주요그룹의 역할 강화부문, 이행수단부문 등으로 나누어져 있다. 주제별 담당 부처도 환경부만이 아니다.

지속가능한 발전을 이루기 위해서는 기획재정부, 산업자원부, 외교통상부, 노동부, 보건복지부, 과학기술부, 환경부 등이 연결되어 있어 범정부차원, 범 사회단체 차원의 연대와 협력이 필수적이다. 우리가 의제21의 문제의식을 고려한다면, 환경문제를 중심으로 한 인식에 머물러서는 지속가능한 발전을 이루기 어렵다는 것을 잘 알 수 있다.

미국이나 유럽에서는 기업의 사회적 책임에 대한 논의와 사회책임투자, 윤리적 투자를 위한 사회운동 등이 일찍부터 진행되어 왔다. 기업의 인권, 노동권, 환경, 부패방지를 위한 책임성을 강조한 유엔의 '글로벌 컴팩트Global Compacts'는 이러한 지구촌의 인식을 반영하고 있으며, GRI Global Reporting Initiative의 지속가능성 보고서 가이드라인은 환경, 사회, 경제 등 사회 각 분야에 대한 기업의 책임을 규정하고, 이와 관련한 정보를 공개하는 지침을 수록하고 있다. '다국적 기업에 대한 OECD 가이드라인' 또한 기업의 정보공개, 인권, 노동권, 환경, 뇌물방지, 소비자보호, 공정경쟁 등에 대한 원칙을 제시하고 있다. 이미 국제화된 이들 규범을 종합적으로 참고하고, 이를 각 기업의 사정에 맞게 효율적으로 적용한다면, 기업의 지속가능경영을 위한 훌륭한 지침이 될 수 있을 것이다.

기업의 지속가능경영을 위한 다양한 지표들의 공통점은 기업과 시민사회 또는 지역사회와의 의사소통을 강조하고 있다는 점이다. 그래서 대부분의 가이드라인은 기업의 사회적 책임과 관련된 여러 가지 지표와 자료들을 일반에 공개할 것을 권장하고 있으며, 인권, 노동권, 소비자보호, 환경보호 등을 주요 과제로 설정하고 있다. 그리고 투명하고 합리적인 경제 질서를 유지하기 위한 뇌물 및 부패 방지조항과 공정경쟁에 관한 규정도 포함하고 있으며, 사회에 대한 제도적 비제도적 기여로서 납세와 사회공헌 등을 강조하는 것이 일반적이다.

많은 사람들이 기업사회책임과 지속가능경영의 관계를 혼동하는데, 지속가능경영은 기업의 사회적 책임을 요구하는 사회의 목소리에 대한 기업의 대응적 수단이다. 기업이 이제는 수동적인 위치에 머물지 않고, 능동적으로 지속가능경영을 실현함으로써 지속가능한 투자를 촉진하고, 지속가능한 소비문화를 이루어 내는 것이 기본 요건이 되며, 이것은 바로 지속가능한 발전 전략의 요체를 이룬다. 그래서 몇몇 환경윤리학자들은 '지속가능성'을 윤리적 측면, 문화적 측면, 사회적 측면, 경제적 측면, 환경적 측면으로 나누어 설명하기도 한다.

윤리적으로 생명과 평화를 구현하며, 문화적으로 다양성을 인정하며 상호존중하고, 사회적으로 인권과 사회정의를 실현하고, 경제적으로 최고의 이윤만을 맹목적으로 추구하는 것이 아니라, 사회적 책임을 다하면서 최적 이윤을 추구하고, 환경적으로 생태효율을 높이고 환경보전을 실현해야 한다는 것이다.

지속가능한 발전에 동참하겠다고 선언한 기업가들의 모임인 세계지속가능발전기업협회WBCSD에서도 지속가능한 발전이라는 개념은 'sustainable development via the three pillars of economic growth, ecological balance and social progress'라 하여, 경제성장과 생태적 균형, 그리고 사회진보의 세 가지 기둥pillars을 통한 지속가능한 발전'으로 해석하고 있다.

환경·경제·사회적 관심의 통합

사회책임SR에 대한 논의는 그동안 기업사회책임CSR을 중심으로 진행되어 왔다. 기업사회책임에서 C^{Corporate}를 빼고 사회책임SR으로 국제표준의 방향을 잡은 것은 기업 외에 다양한 조직(정부, 노조, 단체)에도 적용할 수 있도록 한 것으로 해석되나, 환경경영시스템 ISO14001 규격처럼 여전히 사회책임 표준의 핵심은 기업 경영에 있어서의 사회책임을 규정하기 위한 것으로 해석할 수 있다.

현재 논의 중인 사회책임에 관한 국제표준화의 가장 큰 특징은, 보통의 ISO 규격과는 달리 기업의 경영체제 인증을 위한 규격이 아니라는 점이다. 이것은 ISO 문서의 권위, 조직의 자율성 정도, 그리고 각 기업이 활동하는 나라의 사회적, 문화적, 정치적 차이를 존중하겠다는 것이다. 이러한 인식은 사회책임에 대한 여러 이해관계자의 자발적이고 다양한 접근을 가능케 하겠다는 의도로 보인다.

우리가 궁극적으로 '지속가능한 사회'를 지향한다면, 무엇보다 기업의 사회적 책임을 강화하려는 노력이 중요하다. 왜냐하면, 기업은 그 사회 여러 부문 중에서 가장 많은 자원과 에너지를 사용하고 있고, 그 사회 대부분의 인력을 고용하여, 제품과 서비스를 생산하고,

이윤을 내며 다시 이를 재투자하는 등 사회생산 시스템의 핵심을 이루고 있기 때문이다.

조직의 사회책임을 강화하는 전략은 △경영 △자본 △제품·서비스 △여론 △법률 △국제협력 차원에서 진행될 필요가 있다.

① 경영 분야에서는 경영자가 조직의 사회적 책임을 인식하고, 이를 경영에 접목하도록 해야 한다. 이를 위하여 사회적 합의를 통한 가이드라인을 제시할 필요가 있고, 지속적인 평가를 통해 개선해 나갈 필요가 있다.

② 자본분야에서는 사회책임투자를 통해 지속가능한 투자가 이루어지도록 해야 한다. 특히 연기금 등 공적기금을 투자하기 전에, 투자처의 환경적·사회적·윤리적 수준을 평가하여 사회의 지속가능성을 확대해 나가는 방향을 견지할 필요가 있다.

③ 제품·서비스분야에서는 해당 제품의 환경성 평가는 물론이고, 제품 생산의 전 과정에서 녹색구매가 시행될 수 있도록 해야 하며, 수동적 소비자 보호를 벗어나 능동적인 소비자 운동이 필요하다.

④ 여론분야에서의 각 조직의 사회책임 운동은 해당 조직의 평판과 대중적 인식을 교정해 나가는 것이다. 기업 혹은 조직의 문제점을 이해관계자 참여를 통해 해결해 나가고, 모범 사례는 적극 홍보하여 칭찬하는 사회 문화를 만들어 가야 한다. 그리하여 사회발전에 기여하는 기업이나 조직은 더욱 건강하게 발전할 수 있도록 격려할 필요가 있다.

⑤ 법률적 차원에서도 법규준수를 상시로 환기하고, 불법행위가 있으면 고소, 고발 등 적극적인 시민 행동이 필요하다.

⑥ 국제협력 분야에서는 자본의 세계화 흐름에 맞춰 국제적인 네

트워크를 통해 정보를 공유하고, 지구촌 사회의 지속가능한 발전을 위해 연대하고 협력할 필요가 있다.

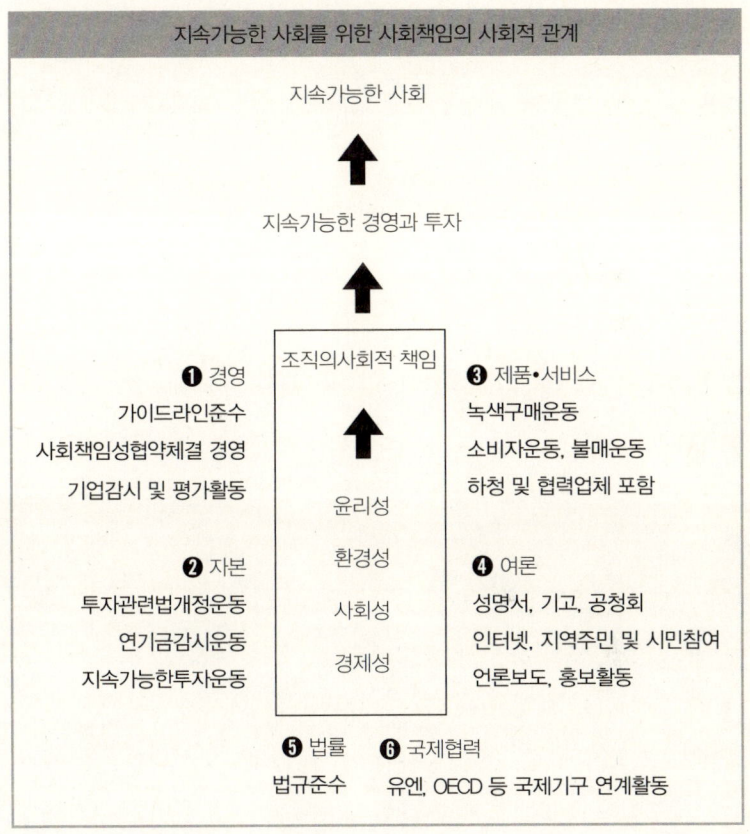

Ⅱ '환경 · 인권 · 노동'에서 '사회책임'으로

이솝우화로 읽는 SR 이야기 2

덩굴을 먹어 버린 사슴

사슴 한 마리가 사냥꾼에게 쫓기고 있었다. 도망을 치던 사슴은 무성한 덩굴을 보고는 잽싸게 그 속으로 숨었다. 사냥꾼은 덩굴을 지나쳐 여기저기 사슴을 찾고 있었다. 사슴은 사냥꾼을 따돌렸다고 안심을 하자, 갑자기 배가 고파지기 시작했다. 그래서 자신을 보호해 주던 덩굴을 하나씩 하나씩 따먹자 덩굴에 숨었던 사슴의 모습이 사냥꾼에게 드러나게 되었다. 결국, 사냥꾼은 화살을 쏴서 사슴을 잡았다. 사슴은 숨을 거두면서 말했다. "나를 살려 준 덩굴을 먹어 버리다니."

> 내 주변을 둘러싸고 있는 이해관계자들은 매우 중요하다. 그들이 있으므로 내가 있다. 그들이 망가지면 나도 더는 생존하기 어렵다. 이것이 바로 생태계의 원리다. 생태계의 원리는 자연환경에만 있는 것이 아니고, 사회 속에도 있다.

환경위기와 인권문제

역사적으로 볼 때, 20세기는 자본주의와 사회주의의 체제 경쟁 속에서 지구촌 전체의 생산력이 극대화된 시기였다. 이에 따라 인간의 권리의식과 자유도 꾸준히 확대되어 왔다. 아직도 지구촌 곳곳에서 인간의 자유와 인권이 억압받고 침탈당하고 있기는 하지만, 21세기에는 세계 모든 나라 국민이 스스로 기본권 확대를 위해 더욱 노력할 것으로 보인다. 그러나 우리 인류는 지금까지 성장에 대한 끝없는 믿음과 무분별한 개발로 급기야 자원고갈, 산림파괴, 기후변화, 산성비, 오존층 파괴 등 수많은 환경문제를 일으켰고, 이것들은 고스란히 21세기 전 인류의 짐이 되고 말았다.

환경문제란, '넓게는 생물을 둘러싸고 있는 외계에 발생하는 유해한 현상 일반을 말하며, 좁게는 인류를 둘러싸고 있는 환경 또는 자연에 갖가지 간섭활동을 가함으로써 결국 인류에게 불리한 영향을 만들어 내는 현상'을 말한다. 이러한 환경문제는 18세기의 산업혁명으로부터 시작됐다. 특히 제2차 세계대전 후 과학 기술 혁신 덕분에 석유화학공업을 중심으로 한 중화학공업이 세계적 규모로 확대되고, 화석연료를 비롯한 천연자원의 사용이 기하급수적으로 증가하면서 지구 전체의 환경상태는 극도로 악화하였다.

그러나 1990년대 이후, 환경과 인간은 생태계와 생명 고리로 연결된 '하나'라는 인식과 인간이 사는 자연환경의 '수용력'에 한계가 있다는 인식 등이 새롭게 싹트기 시작했다. 다행히 우리 인류는 1992년 유엔환경발전회의UNCED를 통해 '환경적으로 건전하고 지속가능한 발전^{ESSD}'이라는 명제를 도출해냈다. 그러나 지금까지 지속하여 온 '성장'과 '개발'의 관성은 쉽게 수그러들지 않고 있다. 우리 인류가 21세기에도 '생산력제일주의'와 '성장제일주의' 패러다임을 고집한다면 아마 우리 인류의 미래는 비극적인 종말을 고하게 될지도 모른다.

인간 활동의 규모가 일정한 범위 안에 한정되어 있었을 때에는, 대기나 물과 같은 자연자원은 무한하며, 오염된 자연은 자정작용으로 쉽게 원상태를 회복할 것으로 믿었다. 그러나 무차별적인 생산력 증대와 환경파괴 때문에 이미 자연의 자정능력은 심각하게 훼손되었으며, 인류의 삶터는 '위태로운 서식처$^{precarious\ habitat}$'로 전락하고 말았다. 환경위기에 대한 인간의 생각도 많이 변했다. 산업활동에서 비롯되는 환경오염을 권리행사의 당연한 부산물로 보던 시각이 조금씩 변화하면서, 여러 가지 규제입법을 통해 공해와 환경오염 제거 및 방지에 많은 노력을 기울이게 되었다. 그 사상적 기초가 된 것이 바로 '인권'의 한 형태인 '환경권' 사상이다.

우리나라 헌법도 기본적 인권을 보장하고 있다. '모든 국민은 인간으로서의 존엄과 가치를 가지며, 행복을 추구할 권리를 가진다. 국가는 개인이 가지는 불가침의 기본적 인권을 확인하고 이를 보장할 의무를 진다'(헌법 제10조). 이로부터 모든 국민은 법 앞에 평등하며, 차별받지 않을 권리, 신체의 자유, 거주이전의 자유, 직업선택의 자유, 주거의 자유, 사생활의 비밀과 자유, 양심의 자유, 종교의 자유, 언론·출판의 자유, 학문과 예술의 자유, 재산권의 보장, 선거권·공무담임권, 재판받을 권리, 교육받을 권리, 근로의 권리, 인간다운 생활을 할 권리 등을 열거하고 있다. 이와 같은 자유와 권리는 국가 안전 보장·질서유지 또는 공공복리를 위하여 필요한 경우에 한하여 법률로써 제한할 수 있으며 제한하는 경우에도 자유와 권리의 본질적인 내용은 침해할 수 없고, 국민의 자유와 권리는 헌법에 열거되지 아니한 이유로 경시되지 아니한다(제37조).

이상과 같은 기본적 인권들을 몇 가지 유형으로 분류해 보면 다음과 같다. 첫째, 신앙·사상·언론·학문 등을 포함한 정신의 자유가 불가결한 요건이다. 둘째, 근거 없이 체포·구금·처벌되지 않는 신체의 자유가 필요하다. 셋째, 인간다운 생존을 영위하는데 충분한 물질적인 생활수단의 확보가 위의 정신적·물질적인 자유를 현실화하는 데 필요하다. 여기에 환경위기의 시대에 국민의 기본적 인권을 하나 덧붙인다면, 그것은 바로 '환경권'이 될 것이다.

환경권Environmental rights이라 함은 국민 개개인이 건강하고 쾌적한 환경에서 생활할 권리를 의미한다. 이러한 환경권은 어떤 사상가에 의하여 체계적으로 정립된 것이 아니다. 제2차 세계대전, 특히 60년대 이후 부각된 환경위기에 대한 인식과 함께 기존의 시민법 원리의 결함과 한계가 발견되었고, 공해대책법 및 행정상의 지도이념에 중요한 문제가 나타나게 되자, '환경권'이라는 새로운 권리 개념이 도입되었다. 헌법상 환경권은 재산권·인격권의 성질뿐만 아니라 지배권·생존권의 성질까지를 복합적으로 지닌 기본권으로 이해되고 있다. 다시 말하면 환경권이란 인간의 존엄성을 이념적 기초로 하되, 여러 가지 복잡한 법적 성격을 아울러 지니고 있는 종합적인 기본권이라고 본 것이다. 환경권의 생성배경을 보면 다음과 같다.

첫째, 환경위기의 심각성에 대한 인식에서 비롯되었다. 무한한 것으로 인식되었던 공기, 물, 토양 등 자연의 혜택이 지구라는 하나의 생태계 내에서 유한하다는 인식이 새롭게 제기되었고, 생태계의 파괴는 결국 인류의 파멸을 의미한다는 사실이 확인되면서, 이 위기를 극복하는 노력이 환경권으로 나타나게 되었다. 즉, 공공재인 환경의 가치를 훼손할 경우, 인류 전체로 그 피해가 이어져 인류의 생존 자체가 심각한 위협에 빠질 수 있다는 인식이 생기게 되었다.

둘째, 전통적인 시민법 원리의 결함을 극복해야만 한다는 인식이 확산되었다. 시민법 체제에서는 공기나 물을 오염시키는 행위가 다른 사람의 권리를 직접 침해하지 않는 한, 그러한 행위의 적법성을 인정받을 수 있었다. 그러다가 환경오염이 심해지면서 사법분야에서는 권리남용론의 적용을 확대하여 대처하려 했으나, 근본적인 해결책이 될 수 없었던 것이다.

셋째, 지금까지의 사법 혹은 행정적인 지도 이념상의 결함이 드러났기 때문이다. 환경문제에 대처하는 과거의 입법 및 행정의 기본은 기업 활동의 자유와 재산권 존중이라는 법리에 근거하고 있었기 때문에 환경 문제에 대한 접근방법이 개별적 혹은 대증적 요법에 그쳤다. 그러나 환경 문제는 각 요소 간에 유기적인 관련이 있어서 종합적이며 전체적인 관리방법이 필요하다는 인식이 새롭게 대두한 것이다.

환경권 확대를 위한 유엔의 노력

1972년 6월 스웨덴의 스톡홀름에서 개최된 국제연합 인간환경회의에서는 '인간환경선언Statement for Human Environmental Quality'을 채택하였다. 이 선언문의 제1항에는 '인간은 그 존엄과 복지가 유지될

만한 환경에서 자유·평등하고 충분한 생활 수준을 향유할 기본적 권리를 가지는 동시에, 현재와 장래의 세대를 위하여 환경을 보호하고 개선할 책임을 진다.'라는 환경에 관한 권리와 책임이 담겨있다. 그 후 세계의 거의 모든 국가에서 이것을 국민의 기본권으로 채택하고 있다. 이는 1948년 세계인권선언에 견줄 수 있을 정도로 환경에 관한 중요한 선언으로 환경권을 인간의 기본적 권리로 인식시키는 전기를 마련해 주었다.

그리고 1992년 6월 4일부터 6월 14일까지 브라질의 리우데자네이루에서 개최된 유엔환경개발회의에는 세계 185개국에서 대통령·총리 등 정상급 정부 지도자와 민간환경단체 대표 등 3만여 명이 참가하여 지구환경보전을 위해 국가 및 지역 상호 간에 협력을 강조하는 '리우선언'과 환경보전과 지속가능한 발전을 위한 '의제 Agenda 21'에 대해 논의하고 이를 채택하였다.

리우회의는 인류 역사상 선·후진국 국가 정상 70여 명이 한자리에 모여 인류의 장래를 논의했다는 점에 큰 의의가 있다. 회의과정 중 선진국과 후진국 간에 다소 의견차이가 있었지만, 환경보전을 위해서는 국가를 초월하여 협력해야 한다는 점, 개별 국가의 경제정책은 이제 환경오염을 무시할 수 없게 되었다는 점에 이 회의의 가치가 있다.

'리우선언'은 전문과 27개 기본원칙으로 구성되었으며, 자연과 인류, 환경보전과 개발의 양립을 목표로 한 기본이념이 담겨 있다. 주요 조항을 간단히 소개하면 다음과 같다. △인간은 자연과 조화를 이루며 건강하고 생산적인 생활을 누릴 권리가 있다(1조). △지속가능한 개발을 위해 환경보전은 개발과정에서 필요불가결한 부분이다(4

조). △ 환경문제는 모든 관심 있는 사람들의 참여하에 이루어져야 한다(10조). △모든 국가는 효과적인 환경제도를 제정해야 한다(11조). △국가는 모든 환경상의 논쟁을 유엔헌장에 비추어 적절한 방법으로 평화적으로 해결해야 한다(26조).

'의제 21'은 리우선언을 실천하기 위한(21세기를 향한) 행동계획을 명시한 것이다. 전문 4개 항과 38개의 의제로 구성되어 있으며, 생태계, 빈곤퇴치, 폐기물문제 등 모든 환경 관련 문제들과 이를 해결하기 위한 각국 정부 및 민간단체의 역할, 법·제도의 정비, 기술이전 및 재정지원들을 다루고 있다. '리우선언'과 마찬가지로 국제법적 구속력이 없는 '정치적 선언'이지만, 앞으로 세계환경질서의 기초가 된다는 점에서 자국이익 확보를 위한 참가국 간의 마찰이 첨예하게 쟁점화 되기도 했다.

21세기 환경권과 인권 전망

이상에서 살펴본 바와 같이 환경권은 크게 보면 인간의 기본권인 인권의 범주에 포함된다. 환경권은 개발과 파괴로 직접적인 이익을 얻는 소수에 대항하는 권리다. 그러나 환경권 쟁취로 인한 이득은 많은 사람들에게(심지어 개발론자도 포함하여) 나뉜다. 따라서 기본적 인권이 보장된 사회라면, 당연히 환경보호에 많은 관심을 가지게 된다. 요컨대, 환경운동은 우리 사회가 민주화되고 인권이 최대한 보장되도록 하는데 크게 기여한다. 환경운동이 제대로 된 방향을 견지하기 위해서는 몇 가지 원칙이 필요한데, 이를 소개하면 다음과 같다.

① 공공성 실현의 원칙 : 환경은 공공재다. 국민 전체의 자산이다. 이를 사적으로 이용하거나 훼손하는 것은 공공성에 반하는 행위이다. 환경정책은 공공재인 환경을 보전하는 수단이자 방법론임을 명백히 밝힐 필요가 있다.

② 오염자부담의 원칙 : 환경문제의 근원을 살펴보면, 발생 원인을 찾을 수 있다. 환경문제의 해결을 위해서는 그 원인을 규명해내고 원인 발생자(오염자)에게 그 책임을 묻는 원칙이 지켜져야만 한다.

③ 수혜자부담의 원칙 : 환경이라는 공공재는 모든 국민이 향유할 권리가 있지만, 그 환경이라는 재화가 갖는 지역성 때문에 수혜의 범위가 한정될 수 있다. 공공재를 지속가능하도록 유지하고, 그 활용을 제한하기 위하여 수혜자 부담의 원칙을 세워야 한다.

④ 형평성 실현의 원칙 : 형평성 실현을 위해서는 공공성 실현의 기초위에 오염자부담의 원칙과 수혜자부담의 원칙을 적절히 반영하여 합리적인 방법으로 균형을 취함으로써 실현될 수 있다.

⑤ 사전예방의 원칙 : 환경은 오염되거나 파괴된 후에 복구하기에는 상당히 큰 비용과 노력이 요구된다. 따라서 환경정책도 사전예방의 원칙에 따라 사전에 미리 예방하는 정책을 펴야 한다.

⑥ 발생지처리의 원칙 : 환경오염의 관리와 대책은 발생지에서 처리해야 한다. 이 원칙이 지켜지지 않으면 지역갈등이 더욱 심해지고, 더 나아가 님비NYMBY(지역이기주의)현상을

일으킬 수도 있다. 그래서 발생지 처리의 원칙을 지켜나가야 한다.

지금까지 인권문제는 '민주주의' 문제로 귀결되었다. 대부분 사회문제 또한 '사회의 비민주화' 측면에서 그 원인을 찾을 수 있었다. 그러나 21세기 인권문제는 환경의 수용력 carrying capacity을 고려하지 않으면 안 되는 상황이 도래했다. 따라서 삶의 질 향상을 추구하는 패러다임의 일대 전환도 필요하다.

우리가 추구하고 있는 기존의 패러다임은 인류의 환경과 지구의 지속가능성을 파괴하고 있고, 불평등과 빈곤을 가속하고 있으며, 인간의 물신화와 사회갈등을 조장하고, 우민화愚民化를 재촉하고 있다. 20세기 우리 인류의 대표적인 패러다임을 '민주주의', '생산력주의', '성장제일주의'라 한다면, 21세기에는 '생태학적 고려', '분권적 직접민주주의', '비폭력 평등·평화주의'가 주요 패러다임이 되어야 한다. 인간의 기본적 권리 또한 이러한 패러다임 위에 새롭게 정립되어야 한다.

'생태학적'이란 말은 하나의 닫힌 계系에서 무제한의 개발과 성장이 가능하지 않다는 기본 원리에서 출발한다. 즉, '성장제일주의'에 종언을 고하고, 자연과 인간을 분리하지 않으며, 인간의 생존은 생태계의 순환구조가 파괴되지 않는 범위 내에서만 가능하다는 점을 강조하는 것이다. 특히, 미래세대의 생존을 위해서는 자원의 소비 증가 추세를 멈추게 하는 것만이 아니라, 덜 소비하고 '효율성 혁명'을 통해 환경부하를 줄이면서도 지구 시스템을 지속가능하게 해야 한다. 21세기 인권상황은 생태학적인 측면을 고려하지 않으면 안 된다.

민주주의 이념은 21세기에도 중심적인 패러다임이 될 것이다. 다만, 민주주의 이념이 더욱 구체화하고, 세분된다는 사실이 중요하다. 즉, 민주주의 실현 방식이 더욱 지방분권적으로 변하고, 정치주체의 다원화를 이루어내면서 직접민주주의의 전통을 쌓아, 정치가가 군림하여 지배·통치하는 민주주의가 아니라, 명실상부한 시민의 대표가 지역사회와 국가에 봉사하는 시민계급이 주인이 되는 민주주의를 실현해야 한다. 현재와 같은 중앙집권적인 민주주의 체제는 비록 일시적으로 효과적일지는 몰라도 환경적으로, 생태학적으로 기본 원리에 반하는 시스템이다.

비폭력 평등·평화주의적 관점은 인권 신장과 관련한 정권 및 제도의 비인간적인 처우와 행정행위에 절대 반대하며, 인권 신장을 위한 방법론에 있어서도 폭력적인 수단을 배제한다는 것을 의미한다. 특히, 사회구성원 중 약자의 처지에 있는 유아, 청소년, 노인, 여성, 빈민, 소수민족 등에 대한 사회구성원으로서의 평등한 권리를 보장해야 하고, 국제적으로 민족문제를 해결하는 과정에서도 어떤 경우에도 전쟁행위는 있어서는 안 되며, 국제관계 및 국제분쟁 시에도 군사력 행사는 절대 반대하여야 한다.

환경문제에 대한 심각성 때문에, 환경권은 헌법상에 기본적 인권의 하나로 등장하였다. 그러나 환경권은 다른 기본권들과 다른 특성을 갖고 있다. 환경권은 근대 이래 인권 신장을 위한 인류 투쟁의 역사를 통하여 하나씩 형성되고 확립된 다른 다양한 기본권(개발권, 환경이용권 등)을 제한하는 기능을 하고, 다른 한편으로는 다른 기본권(행복추구권, 평등권 등)이 실질적으로 향유될 수 있도록 하는 토대를 마련하는 성격과 기능을 가진다. 그래서 오늘날에 있어 환경권의 보장이나 실현은 인권의 보장에 있어 더없이 중요한 의미를 가지게 되었다. 그러나 환경권은 사회적, 경제적, 정치적인 요인들에 의해서 크게 영향을 받는다. 국가의 경제력이 미약하다면 환경권의 보장은 매우 어렵게 되는 것이 보통이다. 그러나 무엇보다 중요한 점은 다른 기본권들과는 달리 환경권이 상당한 수준으로 보장되지 않는 경우, 다가오는 21세기에는 인류 스스로 생존까지 위협받게 된다는 점이다. 따라서 21세기 인권 신장은 생태적 가치가 발현되고, 평화롭고 지속가능한 사회건설 속에서 실질적 의미를 찾을 수 있게 될 것이다. 이를 위해 모든 국가와 국민은 환경권의 보장을 인권 신장의 중심내용으로 인식하고 강화해 나가야 할 것이다.

ISO26000과 환경 문제

ISO26000 가이던스 중 환경 분야는 기업을 비롯한 모든 조직이 어떻게 지구 환경을 보호하면서 사회적 책임을 다하고 장기적으로 지속가능한 발전을 도모할 것인가를 규정하고 있다. 이러한 규범이 만들어지게 된 배경은 21세기 들어 지구 생태계와 환경 파괴가 심각해지고 있기 때문이다.

지구환경의 조건을 고려하지 않은 무모한 성장 정책은 국제적 갈등과 대립을 일으켰고, 자원고갈과 환경오염을 촉발시키면서 인류는 유사 이래 최대의 위기를 맞게 되었다. 유엔을 비롯하여 많은 나라는 일찍이 1972년 스웨덴의 스톡홀름에서 열린 '유엔인간환경회의

UNCHE'를 통해 환경문제의 중요성을 국제적으로 공론화하였다.

1992년 6월 브라질 리우에서 열린 '유엔환경개발회의UNCED'에서는 지구 환경문제 해결을 위한 종합적 규범으로서 '리우선언'과 '의제Agenda 21'을 채택하였다. 인류의 관심사는 '경제'에서 지구의 지속가능성을 위협하는 '환경문제'로 바뀌게 되었고, 이후 윤리, 사회적 책임, 그리고 지속가능성 등으로까지 넓어졌다. 리우환경선언을 통해 등장한 '환경적으로 건전하고 지속가능한 발전'이라는 개념은 여러 가지 논란에도, 선진국과 후진국을 망라하는 발전 전략으로 자리잡는 계기가 되었고 환경문제의 대안으로 부상하고 있다.

환경문제의 특징

환경이슈는 여러 차원에서 제기될 수 있다. 인구증가와 인간의 삶 자체가 환경문제를 수반한다고 보는 다소 근본적인 시각도 있고, 환경문제는 생산력의 발달로 본격화되었으며, 이를 해결하기 위해서는 지속가능한 생산과 소비 시스템을 구축해야 한다는 시각도 있다.

인간은 자연을 벗어나서는 한순간도 살 수 없다. 개인은 물론 사회적 유기체인 조직도 자연환경 속에서 활동하고 있다. 자연환경은 공기, 물, 광석, 곡물, 목재, 화석연료 등을 인류에게 제공하는 공급원으로서 기능하고 있는데, 기업을 포함한 모든 조직의 활동은 필연적으로 자연환경에 여러 가지 영향을 끼치게 된다. 각종 원재료의 획득과정에서 자원 고갈과 자연 파괴 문제가 나타나며, 이런 문제가 심각해질 경우 물, 에너지, 목재 등 생산 원료의 공급이 중단될 수도 있다. 제품의 생산과정에서 발생하는 폐수, 배기가스, 폐기물 등은 대기오염, 수질오염, 토양오염 등 여러 가지 환경문제를 일으켜 급기야 지구생태계를 위협할 수 있고, 인간이 만들어 내는 모든 제품은 생산과 유통 단계를 거쳐, 소비자들에 의해 사용된 후 폐기물로 처리되기까지 다양한 환경 문제를 일으킨다.

역사적으로 보면 인류가 농업, 임업, 수산업 등 1차 산업 중심으로 생활해 왔던 산업혁명 이전 시대에는 주로 재생 가능한 자연자원을 사용하였으며, 자연생태계의 자정능력에서 벗어나지 않는 수준으로 오염물질을 배출하면서 자연과 조화를 이루며 살아왔다. 그러나 산업혁명 이후 2차 산업 중심의 급속한 공업화가 이루어지면서 자연자원은 물론 석탄, 석유, 핵연료 등 유한한 자원까지 대량으로 소모하게 되었고, 이와 동시에 자연생태계의 자정능력을 훨씬 초과하는 환경부하를 양산하게 되었다.

기업 활동과 관련하여 전통적인 이해관계자 interested parties라 하면, 기업 활동과 직접 관련이 있는 주주, 종업원, 고객, 거래업체 및 금융기관 등을 지칭하는 것이었지만, 90년대에 들어오면서 기업경영에서 고려해야 할 새로운 이해관계자의 개념이 등장하면서, 그 범위는 점차 확대되어 왔다. 즉, 일반대중·지역사회·환경단체·언론·학계 등 환경의 지속가능성에 관심을 갖는 환경적 차원에서의 이해관계자가 급속히 부상하고 있다. 최근 들어 일부 학자들은 환경파괴로 인한 부담을 감당해야 하는 자연생태계 또는 '지구' 그 자체까지도 이해관계자에 포함해야 한다고 주장한다.

우리나라는 1990년대 초반까지만 하더라도 기업의 주된 관심사는 생산에 의한 이익창출에 국한되어 있었고, 환경문제는 기업의 고려사항 밖이었다. 그러나 1991년 3월 두산전자의 낙동강 페놀 오염

사건이 발생하는 등 환경문제가 날로 심각해지면서 환경문제의 발생 원인이 다름 아닌 '기업'이라는 인식을 하기 시작했다.

국제적으로도 오늘날 환경문제가 기업경영의 주요변수로 자리 잡게 된 배경에는 공해발생의 증가와 환경문제의 다양성에 대한 기업의 자발적인 인식에서 비롯된 것이라기보다는 다음과 같은 기업 외적인 압력이 더 중요하게 작용하였다고 보는 것이 타당하다.

기업 외적인 압력으로 가장 대표적인 것은 첫째, 점차 엄격하고 치밀해지는 각종 환경 관련 법규를 들 수 있으며, 둘째, 기업들의 다양한 공해저감 노력에도 충분한 환경개선이 이루어지지 못하고 환경사고가 빈번하게 발생하고 있다는 점이다. 셋째, 환경에 관심을 가진 그린소비자green consumer의 등장으로 제품의 경쟁력 제고나 신규 사업기회의 창출을 위해서도 환경적 고려가 중요해졌다는 사실이다. 넷째, 금융기관이나 보험회사가 고객의 환경적 위험에 대해 엄격히 검토함으로써 투자 및 보험계약에 따른 위험부담을 최소화하고자 하는 움직임이 활발해지고 있다는 점이다.

이처럼 오랜 시간 동안 지속되어 온 환경과 기업성장 사이의 상반된 관계에 대한 인식이 최근 변화를 보이고 있으며, 지속가능한 개발의 가능성에 대한 믿음이 점차 커지면서 환경경영의 필요성은 한층 더 증대되고 있는 것이다.

지속가능한 발전 논의

지난 20세기는 과학기술의 급격한 발전으로 인간의 생산력이 극도로 발달한 시기였다. 지구환경의 조건을 고려하지 않은 무모한 성장제일주의 정책은 국제적 갈등과 대립을 일으키고, 자원고갈과 환경오염을 몰고 왔으며 이 때문에 인류는 유사 이래 최대의 위기를 맞게 된 것이다.

총체적 환경위기로 표현되는 지구촌의 여러 환경문제를 해결하기 위하여 유엔을 비롯하여 많은 나라가 오랫동안 노력해 온 것은 이미 잘 알려진 사실이다. 일찍이 1972년 스웨덴의 스톡홀름에서 열린 '유엔인간환경회의^{UNCHE}'에서 제기된 논의와 그 해 로마클럽이 발간한 '성장의 한계$^{The\ Limits\ to\ Growth}$'라는 보고서는 이러한 문제의식을 정확히 예견하였다. 1982년 유엔에서는 자연생태계의 파괴 및 원인이 지나친 소비와 자연자원의 남용에 있다고 지적하고, 24개의 자연보호 원칙을 담은 '세계자연헌장'을 채택하였다.

5년 뒤인 1987년, 유엔 산하 '세계환경개발위원회^{WCED}'는 환경문제를 국제관계 및 세계경제의 관점에서 재조명한 '인류 공동의 미래'라는 보고서를 발간하게 된다. 그 후 5년 뒤인, 1992년 6월 브라질 리우에서 열린 '유엔환경개발회의^{UNCED}'에서는 드디어 지구 환경문제에 대한 종합적 규범을 마련하여 '리우선언'과 별도의 세부 실천과제인 '의제 21'이 발표되었다. 이 의제 21은 오늘날 환경논의의 근간이 되고 있는 '환경적으로 건전하고 지속가능한 발전^{ESSD}'의 이념을 실현하기 위한 사회, 경제, 문화, 교육의 실천계획을 담고 있다. 그러나 이러한 노력은 국가별 이해관계와 입장의 차이 때문에 지금까지 이렇다 할 성과를 내지 못하고 있다.

1990년대 초까지만 하더라도 환경문제를 둘러싼 우리 사회의 관심은 수질오염, 대기오염, 식품오염, 토양오염, 핵오염과 같이 '공해문제' 차원으로만 인식되었다. 이러한 인식 전환을 불러온 것은 1992년 6월, 브라질 리우에서 열린 유엔환경발전회의UNCED였다. 특히 리우환경선언을 통해 등장한 '환경적으로 건전하고 지속가능한 발전'이라는 개념은 여러 가지 논란에도 불구하고, 선진국 후진국을 망라하는 발전 전략으로 자리 잡는 계기가 되었다.

최근 환경 분야 일부에서는 '지속가능한 발전'과 '지속가능성'이라는 개념을 다시 되새겨 보고, 이것을 사회운동의 비전으로 재정립해야 한다는 주장이 일고 있다. 사실 환경문제의 본질을 따져 보면 수질, 대기, 폐기물만의 문제가 아니다. 환경문제에 관하여 세계적 약속이라 할 수 있는, '리우선언'이 표방하는 27개 원칙에서 알 수 있는 것과 같이, 환경문제의 본질은, 자연과 인간의 관계에 대한 철학의 문제, 자연을 둘러싼 사회 형평의 문제, 개발가치와 보전가치를 둘러싼 공공정책의 문제, 공익과 사익 간의 상충문제, 선진국과 후진국의 문제, 부자와 빈자 사이의 사회정의 문제와 깊은 관련이 있다.

ISO26000 가이던스의 제정은 그동안 사회 각 분야에서 진행되어 온 지속가능한 발전 전략과 계획들을 '사회책임'이라는 거대한 틀 속에 종합한다는 데 큰 의의가 있다. 애초에는 기업의 사회적 책임의 관점에서 지배구조, 인권, 노동, 환경, 공정운영, 소비자, 사회공헌 등 7개 이슈별 책임이 제기되었지만, 기업의 범주를 뛰어넘어 정부, 노동, 소비자, NGO, SSRO(서비스, 지원, 연구소 등)의 사회적 책임으로 논의가 확산하고 있으며, 전 인류의 공통된 윤리규범으로 자리 잡아가고 있다. 이를 통해 우리의 인류는 과연 지속가능한 삶을 영위하고, 지속가능한 미래사회를 건설할 수 있을 것인가? 사회책임 논의는 우리 모두에게 새로운 과제를 던져주고 있다.

기업 인권보호를 위한 유엔 프레임워크

2005년 인권과 다국적 기업 관련 이슈를 처리하기 위해 유엔 사무총장 특별대표로 임명된 존 러기John Ruggie 하버드대 교수는 6년여에 걸친 다양한 이해관계자와의 토론과 자문, 연구 프로젝트를 통하여 '보호Protect, 존중Respect, 구제Remedy'라는 프레임워크를 제시하였다. 2011년 6월 개최된 제17차 유엔인권이사회는 이에 따라 기업과 인권에 관한 원칙을 새롭게 합의하고, 이행지침을 확정하였다. 이는 기업을 포함한 제3자에 의한 인권 침해로부터 인권을 보호해야 하는 국가의 의무와 인권을 존중해야 하는 기업의 책임, 그리고 구제책에 대한 효과적인 접근성을 높이는 것에 관한 내용으로 구성되어 있다.

국가의 보호 의무

모든 국제 조약에서 국가는 인권을 보호하고 존중하며 정책, 제도, 규칙 등을 통하여 이것이 제대로 이행될 수 있도록 하는 법적 의무를 규정하고 있다. 이에 따라 국가는 기업 활동이 인권을 침해했을 때 조사하고, 처벌하고, 바로잡기 위한 적절한 조치를 취해야 할 의무가 있다.

기업의 존중 책임

어떤 국가에서 활동하던지 업종과 규모에 상관없이 기업은 인권을 존중할 책임이 있다. 기업은 인권 존중을 위해서 실사$^{due\ diligence}$ 시스템을 운영하여야 한다. 즉 기업 활동을 하고 있는 나라의 배경을 고려하여 특정 인권에 대한 침해적 위험요소를 파악하고, 기업 활동이 인권에 어떠한 영향을 미치는지 판단해야 한다. 또한, 해당기업뿐만 아니라 비즈니스 파트너, 공급망, 정부기관, 비정부 행위자들과 같은 대상자들과 기업 활동 간의 관계를 통해 인권을 침해하고 있는지를 파악해야 한다. 이를 위해서 기업은 ①인권정책을 채택해야 하고 ②선제 접근방식을 통해 기업 활동이 미치는 인권영향평가를 실시해야 하며 ③기업 전체구조에 이를 통합하여야 하고 ④모니터링이나 감사를 통하여 진행과정을 파악하고 수정하여야 한다.

구제책에 대한 접근성

특정 기업행동을 규제하는 국가의 법률은 위반 시 조사, 처벌, 그 행위를 제거하는 메커니즘 없이는 효력을 발휘할 수 없다. 마찬가지로 기업에 의해 인권침해가 발생했을 때 사법적, 비사법적 구제책에 대해 접근할 수 있어야 한다. 시정내용에는 보상, 원상회복, 재발 방지 보장, 관련법 개정, 공식사과 등이 포함되어야 한다.

전망과 향후 과제

　보호, 존중, 구제 프레임워크의 승인은 기업의 인권침해를 예방하고 관리하기 위한 국제적 단일기준이 마련되었다는 점에서 의의가 있다. 이에 따라 기업의 사회적 책임과 관련된 각종 국제규범을 통하여 프레임워크를 통합시키는 시도들이 가시화되고 있다. 품질관리, 환경 등 다방면의 분야에 대한 표준을 제정하는 국제표준기구인 ISO는 지난 7년 동안 작업해온 ISO26000의 인권 영역에 존 러기 프레임워크의 내용을 상당히 많이 반영하였다. 다국적기업을 위한 OECD 가이드라인 역시 '보호, 존중, 구제' 프레임워크를 지침으로 삼은 인권 영역을 새롭게 추가하였다.

　한편 2011년 6월 개최된 제17차 유엔 인권이사회는 결의문을 통해 기업과 인권에 관한 워킹그룹을 결성하고 포럼을 운영하기로 결정하였다.

　앞으로 기업과 인권 워킹그룹은 기업과 인권에 관한 유엔 사무총장 특별대표 이후 유엔 차원의 기업과 인권 논의를 주도하는 역할을 담당하며, 기업과 인권포럼의 실질적 운영을 이끌게 된다. 또한 이 활동의 결과는 매년 유엔 인권이사회와 총회에 보고될 예정이다. 무엇보다도 내년에는 유엔 시스템 전체가 기업과 인권 의제의 발전 및 인권원칙의 보급과 이행에 어떻게 기여할 수 있을지에 대한 보고서를 제출할 예정이다. 이를 계기로 기업과 인권은 이제 기준설정에서 제도화의 단계로 더욱 진일보할 것으로 예상되어 그 귀추가 주목된다.

환경과 개발에 관한 리우선언

ISO26000 가이던스에서도 자주 인용되고 있는 리우선언은 다음과 같이 27개의 원칙을 담고 있다. 이 원칙은 ISO26000 환경 분야 규범의 근간을 이루고 있다. 리우선언의 전문을 소개하면 다음과 같다.

유엔 환경 개발 회의가 1992년 6월 3일~14일간 리우데자네이로에서 개최되었다. 스톡홀름 선언을 재확인하고, 이를 더욱 확고히 할 것을 추구하며, 모든 국가와 사회의 주요 분야 그리고 모든 사람들 사이의 새로운 차원의 협력을 창조함으로써, 새롭고 공평한 범세계적 동반자 관계를 수립할 목적으로 모두의 이익을 존중하고, 또한 지구의 환경 및 개발 체제의 통합성을 보호하기 위한 국제 협정 체결을 위하여 노력하며, 우리들의 삶의 터전인 지구의 통합적이며 상호 의존적인 성격을 인식하면서, 다음과 같이 선언한다.

● 원칙1
인간을 중심으로 지속 가능한 개발이 논의되어야 한다. 인간은 자연과 조화를 이룬 건강하고 생산적인 삶을 누려야 한다.

● 원칙2
각 국가는 유엔 헌장과 국제법 원칙에 조화를 이루면서 자국의 환경 및 개발 정책에 따라 자국의 자원을 개발할 수 있는 주권적 권리를 갖고 있으며, 자국의 관리구역 또는 통제 범위 내에서의 활동이 다른 국가나 관할 범위 외부 지역의 환경에 피해를 끼치지 않도록 할 책임을 갖고 있다.

● 원칙3
개발의 권리는 개발과 환경에 대한 현세대와 차세대의 요구를 공평하게 충족할 수 있도록 실현되어야 한다.

● 원칙4
지속 가능한 개발을 성취하기 위하여, 환경 보호는 개발 과정의 중요한 일부를 구성하며 개발 과정과 분리하여 고려되어서는 아니 된다.

● 원칙5
모든 국가와 국민은 생활 수준의 격차를 줄이고 세계 대다수 사람들의 기본 수요를 충족시키기 위해, 지속 가능한 개발의 필수 요건인 빈곤의 퇴치라는 중대한 과업을 위해 협력하여야 한다.

● 원칙6
개발도상국, 특히 극빈 개도국과 환경적으로 침해받기 쉬운 개도국의 특수 상황과 환경 보전의 필요성은 특별히 먼저 고려의 대상이 되어야 한다. 또한, 환경과 개발 분야에서 국제적 활동은 모든 나라의 이익과 요구를 반영해야 한다.

● 원칙7

각 국가는 지구 생태계의 건강과 안전성을 보존, 보호 및 회복시키기 위하여 범세계적인 동반자 정신으로 협력해야 한다. 지구의 환경 악화에 대한 제각기 다른 책임을 고려하여, 각 국가는 공통된 그러나 차별적인 책임을 가진다. 선진국은 그들이 지구 환경에 끼친 영향과 그들이 소유하고 있는 기술 및 재정적 자원을 고려하여 지속 가능한 개발을 추구하기 위한 국제적 노력에 있어서 분담하여야 할 책임을 인식해야 한다.

● 원칙8

지속 가능한 개발과 모든 사람의 보다 나은 생활의 질을 추구하기 위하여, 각 국가는 지속 불가능한 생산과 소비 패턴을 줄이고 제거해야 하며 적절한 인구 정책을 촉진해야 한다.

● 원칙9

각 국가는 과학적, 기술적 지식의 교환을 통하여 과학적 이해를 향상하고, 새롭고 혁신적인 기술을 포함한 기술의 개발, 적용, 존속, 전파 그리고 이전을 증진함으로써, 지속 가능한 개발을 위한 내재적 능력을 형성, 강화하도록 협력해야 한다.

● 원칙10

환경 문제는 적절한 수준의 모든 관계 시민의 참여가 있을 때 가장 효과적으로 다루어진다. 국가 차원에서 각 개인은 지역 사회에서의 유해 물질과 처리에 관한 정보를 포함하여 공공 기관이 가지고 있는 환경 정보에 적절히 접근하고 의사 결정 과정에 참여할 수 있는 기회를 부여 받아야 한다. 각 국가는 정보를 광범위하게 제공함으로써 공동 인식과 참여를 촉진하고 증진해야 한다. 피해의 구제와 배상 등 사법 및 행정적 절차에 효과적으로 접근할 수 있어야 한다.

● 원칙11

각 국가는 효과적인 환경 법칙을 규정해야 한다. 환경 기준, 관리 목적, 그리고 우선순위는 이들이 적용되는 환경과 개발의 정황이 반영되어야 한다. 어느 한 국가에서 채택된 기준은 다른 국가, 특히 개도국에 부적당하거나 지나치게 경제적, 사회적 비용을 초래할 수도 있다.

● 원칙12

각 국가는 환경 악화 문제에 적절히 대처하기 위하여, 모든 국가의 경제 성장과 지속 가능한 개발을 도모함에 있어 도움이 되고 개방적인 국제 경제 체제를 증진하도록 협력해야 한다. 환경적 목적을 위한 무역 정책 수단은 국제 무역에 대하여 자의적 또는 부당한 차별적 조치나 위장된 제한을 포함해서는 아니 된다. 수입국의 관할지 역 밖의 환경적 문제에 대응하기 위한 일방적 조치는 회피되어야 한다. 국경을 초월하거나 지구적 차원의 환경 문제에 대처하는 환경적 조치는 가능한 한 국제적 합의에 기초해야 한다.

●원칙13

각 국가는 환경오염이나 기타 환경 위해의 피해자에 관한 책임과 배상에 관한 국제법을 발전시켜야 한다. 각 국가는 자국의 관할권 또는 통제 지역 내에서의 활동이 자국의 관리 범위 이외 지역에 초래한 악영향에 관한 책임과 배상에 관한 국제법을 보다 발전시키기 위하여 신속하고 확실한 방법으로 협력해야 한다.

●원칙14

각 국가는 환경 악화를 심각하게 초래하거나 인간의 건강에 해로운 것으로 밝혀진 활동이나 물질을 다른 국가로 재배치 또는 이전하는 것을 억제하거나 예방하기 위하여 효율적으로 협력해야 한다.

●원칙15

환경 보호를 위하여 각 국가의 능력에 따라 예방적 조치가 널리 시행되어야 한다. 심각한 또는 회복 불가능한 피해의 우려가 있으면, 과학적 불확실성이 환경 악화를 지양하기 위한 비용·효과적인 조치를 지연시키는 구실로 이용되어서는 아니 된다.

●원칙16

국가 당국은 오염자가 원칙적으로 오염의 비용을 부담해야 한다는 원칙을 고려하여 환경 비용의 내부화와 경제적 수단의 이용을 증진하도록 노력해야 한다. 이에 있어서 공공 이익을 적절히 고려해야 하며 국제 무역과 투자를 왜곡하지 말아야 한다.

● 원칙17

환경에 심각한 악영향을 초래할 가능성이 있으며 관할 국가 당국의 의사 결정을 필요로 하는 사업 계획에 대하여 환경 영향 평가가 국가적 제도로서 시행되어야 한다.

● 원칙18

각 국가는 다른 국가의 환경에 급격한 위해를 초래할 수 있는 어떠한 자연재해나 기타의 긴급 사태를 상대방 국가에 즉시 통고해야 한다. 국제 사회는 이러한 피해를 본 국가를 돕기 위하여 모든 노력을 기울여야 한다.

● 원칙19

각 국가는 국경을 넘어서 환경에 심각한 악영향을 초래할 수 있는 활동에 대하여 피해가 예상되는 국가에 적시적인 통고 및 관련 정보를 제공하여야 하며 초기 단계에서 성실하게 이들 국가와 협의해야 한다

● 원칙20

여성은 환경 관리와 개발에 있어서 중대한 역할을 수행한다. 따라서 지속 가능한 개발을 달성하기 위해서는 그들의 적극적인 참여가 필수적이다.

● 원칙21

지속 가능한 개발을 성취하고 모두의 밝은 미래를 보장하기 위하여, 전 세계 청년들의 독창성, 이상, 그리고 용기가 결집하여 범세계적 동반자 관계가 구축되어야 한다.

● 원칙22

토착민과 그들의 사회, 그리고 기타의 지역 사회는 그들의 지식과 전통적 관행 때문에 환경 관리와 개발에 있어서 중요한 역할을 수행한다. 각 국가는 그들의 존재와 문화 및 이익을 인정하고 적절히 지지하여야 하며, 또한 지속 가능한 개발을 성취하기 위하여 그들의 효과적인 참여가 가능하도록 해야 한다.

● 원칙23

압제, 지배 및 점령하에 있는 국민의 환경과 자연 자원은 보호되어야 한다.

● 원칙24

전쟁은 본질적으로 지속 가능한 개발을 파괴한다. 따라서 각 국가는 무력 분쟁 시 환경 보호를 규정하는 국제법을 존중하여야 하며, 필요한 경우에는 이의 발전을 위하여 협력해야 한다.

● 원칙25

평화, 발전, 환경 보호는 상호 의존적이며 불가분의 관계에 있다.

● 원칙26

국가는 그들의 환경 분쟁을 유엔 헌장에 따라 평화적으로 또한 적절한 방법으로 해결하여야 한다.

● 원칙27

각 국가와 국민은 이 선언에 구현된 원칙을 준수하고, 지속 가능한 개발 분야에서 관련 국제법을 한층 발전시키기 위하여, 성실하고 동반자 정신으로 협력해야 한다.

유엔 글로벌 콤팩트

환경보호에 관한 국제 규범 중 유엔 사무총장이 2000년부터 전 세계 기업에 대하여 권고한 '글로벌 콤팩트Global Compact'는 유엔 차원의 대표적 규범이다. 이 규범은 인권, 노동, 환경, 부패방지 등 4개 분야 10개 원칙으로 구성되어 있다.

● 인권Human Rights

원칙 1: 기업은 국제적으로 선포된 인권의 보호를 지지하고 보호해야 하며,
원칙 2: 인권남용을 하지 않도록 확인해야 한다.

● 노동규칙Labour Standards

원칙 3: 기업은 연합의 자유 및 노동단체교섭의 자유를 존중하여야 하고,
원칙 4: 모든 형태의 강제노동을 제거해야 하며,
원칙 5: 아동노동을 효율적으로 철폐해야 하고,
원칙 6: 고용 및 직업의 차별을 철폐해야 한다.

● 환경 Environment

원칙 7: 기업은 환경문제에 대한 예방조치를 취해야 하고,
원칙 8: 보다 넓은 의미의 환경적 책임을 질 것을 장려해야 하며,
원칙 9: 환경친화적 기술의 개발 및 활용을 도모해야 한다.

● 반부패 Anti-Corruption

원칙 10: 기업은 탈세와 뇌물을 포함한 모든 형태의 부패를 막기 위해 온 힘을 기울여야 한다.

새천년개발계획

유엔은 2000년 9월 새천년 정상회의 Millennium Summit에서 ①국제사회가 추구하는 가치와 원칙 ②평화, 안보와 군축 ③개발과 빈곤퇴치 ④환경보호 ⑤인권, 민주주의와 건전한 지배체제 ⑥취약그룹의 보호 ⑦아프리카 지원 ⑧유엔의 역할과 기능강화에 관한 인류의 새로운 결의인 새천년 선언 Millennium Declaration을 채택하였고, 이의 이

행을 위하여 ①절대빈곤과 기아의 퇴치 ②보편적 초등교육의 달성 ③양성평등과 여성능력의 고양 ④아동 사망률 감소 ⑤모성 보건 증진 ⑥에이즈, 말라리아, 기타 질병 퇴치 ⑦지속 가능한 환경 확보 ⑧개발을 위한 전 세계 차원의 동반관계 구축, 모두 8개의 목표를 설정하였다. 이러한 목표들을 새천년개발목표 Millennium Development Goals 라고 하며, 여기에 간단히 소개한다.

목표 1. 절대빈곤과 기아의 퇴치
Eradicate extreme poverty and hunger

목표 2. 보편적 초등교육의 달성
Achieve universal primary education

목표 3. 양성평등과 여성능력의 고양
Promote gender equality and empower women

목표 4. 아동 사망률 감소
Reduce child mortality

목표 5. 모성 보건 증진
Improve maternal health

목표 6. 에이즈, 말라리아, 기타 질병의 퇴치
Combat HIV/AIDS, malaria and othe diseases

목표 7. 지속 가능한 환경 확보
Ensure environment substantiality

목표 8. 개발을 위한 전 세계 차원의 동반관계 구축
Develop a Global Partnership for Development

GRI 지속가능성 보고서 가이드라인

국제적으로 지속가능성 보고와 관련한 대표적 규범은 GRI^{Global} $^{Reporting\ Initiative}$의 지속가능성 보고서 가이드라인이다. 이 가이드라인은 환경, 사회, 경제 등 사회 각 분야에 대한 기업의 책임성을 규정하고, 이와 관련한 정보를 공개하는 지침을 수록하고 있다.

GRI는 유엔기금위원회$^{United\ Nations\ Foundation}$로부터 활동자금을 지원받고 있는 연구기관으로 이사회는 유엔환경계획^{UNEP}, 미국 환경책임경제연합^{CERE}, 영국 공인회계사협회, 호주 윤리적투자^{AEI}, 일본 환경감사연구회 등으로 구성되어 있다.

GRI 가이드라인이란, 기업의 경제, 환경, 사회 분야의 성과에 대한 보고 프레임워크로서, 보고원칙과 기업차원의 지속가능성 보고서를 준비하기 위한 구체적인 내용을 제시하고 있다. 이 가이드라인은 균형 있고 합리적인 경제, 환경, 사회 분야의 성과를 발표할 수 있도록 지원하며, 지속가능성 보고서의 비교성을 제고하며, 코드, 성과기준, 자발적 이니셔티브와 관련하여 지속가능성 성과의 벤치마킹과 평가를 지원하며, 이해관계자 참여를 유도하기 위한 도구로 사용되기도 한다. GRI의 지속가능성 보고서의 세부내용은 비전과 전략, 프로파일, 지배구조시스템, GRI 내용지표, 성과지표 등으로 구성된다.

GRI 지속가능성 보고서의 세부 구성

1. 비전과 전략: CEO의 성명서를 포함하여 지속가능성과 대한 기업의 전략을 표시함.
2. 프로파일: 기업의 구조 및 운영과 보고서의 범위에 대한 개요
3. 지배구조와 경영시스템: 기업의 구조, 정책, 경영시스템에 대한 기술(이해관계자의 참여 노력 포함)
4. GRI 내용지표: 각 구성요소에 대한 위치를 파악하는 표
5. 성과지표: 경제, 환경, 사회성과지표에 대한 영향이나 효과 측정

지속가능성 지표에서 핵심내용이 되는 성과지표는 경제성과지표, 환경성과지표, 사회성과지표로 나눠지며 그 세부내용은 다음과 같다.

GRI 가이드라인의 범주와 항목들

구분	범주 Category	관점 Aspect
경제	직접 경제 영향	고객 Customers 협력업체 Suppliers 직원 Employees 자본 제공자 Providers of capital 공공부문 Public sector
환경	환경	원료 Materials 에너지 물 생명다양성 배출 폐수 폐기물 공급자 Suppliers 제품과 서비스 법규준수 Compliance 운송 종합

사회	노동관행과 좋은 일자리	고용 노사관계 보건/안전 교육/훈련 다양성과 기회
	인권	전략과 관리 비차별 결사와 단체 협상의 자유 아동노동 강제 및 강요노동 규율관행Disciplinary practices 보안관행Security practices 토착적 권리Indigenous rights
	사회	지역사회 뇌물과 부패 정치적 기여political contributions 경쟁과 가격정책
	제품 책임	고객 보건과 안전 제품과 서비스 광고 프라이버시존중

　2008년 GRI와 ISO26000 제정 태스크포스는 양해각서를 체결하여 앞으로 서로 협력하여 지구촌 차원에서의 지속가능성 경영과 사회책임을 확산하기로 약속한 바 있다. GRI G3 가이드라인에서는 위 각 항목별로 〈적합성〉, 〈자료 수집〉, 〈정의〉, 〈문서자료〉, 〈참조〉 방법에 대하여 세부적으로 기술하고 있어 보고서 작성자가 큰 어려움 없이 관련 지표를 도출할 수 있도록 배려하고 있다.

Ⅲ   기업사회책임에서 사회책임으로

이솝우화로 읽는 SR 이야기 3

당나귀 가죽까지 짊어진 노새

어떤 마부가 당나귀와 노새에게 짐을 나눠 싣고 길을 가고 있었다. 평지를 지나 고갯길을 오르는데 당나귀가 너무 힘이 들어 노새에게 '짐이 너무 무거워 이러다가 길에 쓰러져 죽을 것 같으니, 짐을 조금만 나눠 들어 달라'고 부탁을 했다. 하지만 노새는 들은 체도 하지 않았다. 몇 시간 후 당나귀는 무거운 짐을 버티지 못하고 쓰러져 짐에 깔려 죽고 말았다. 그러자 마부는 당나귀의 짐을 모두 노새에게 옮겨 실었고, 죽은 당나귀 가죽까지 벗겨, 노새에게 실었다. 노새는 두 배 이상 무거워진 짐을 지고서 한숨을 쉬며 중얼거렸다. "천벌을 받는구나. 당나귀의 짐을 조금만 나눠서 졌어도 이 무거운 짐을 혼자 지고 가는 일은 없었을 텐데. 당나귀 가죽까지 지고 가는 신세가 되다니."

> 이웃을 도와주고 이웃의 짐을 나누어 지어주면, 결국 그것은 곧 나에게도 이익이 된다. 눈앞의 이익보다, 우정과 신뢰와 공동체가 더 중요할 수 있다. 이 세상 모든 것은 그물망처럼 서로 연결되어 있다. 기업의 경우에도 건강한 사회적 관계는 필수적이다.

기업사회책임이란?

기업은 사회의 한 구성원이기 때문에 사회적 책임을 다해야 한다는 논의는 오래전부터 있었다. 최근 국내외 유수한 기업들의 회계부정과 횡령, 배임 등 비윤리적인 경영과 인권침해, 환경오염 등을 저지르는 사례가 늘어나면서 세계적으로 기업의 사회적 책임CSR에 관한 관심이 크게 높아져 왔다.

기업이 아무리 이윤을 극대화한다고 하더라도 그 과정에서 윤리, 환경, 노동, 인권 등과 관련된 문제를 야기한 경우에는 존립 자체가 위협받게 된 것이다.

기업의 사회적 책임이란 무엇인가? 여러 가지 개념을 종합해 보면, 기업이 성장하고 발전하면서 점차 주주·경영자·종업원(노동자)·소비자·지역사회·협력업체·중소기업 등과의 관계가 중요해지고, 사회적 영향력이 커지면서 사회적으로 중요한 기능을 담당하게 되면서 '투명하고 공정한 경영, 법규준수, 인권 및 노동권보호, 환경보호, 소비자보호, 지역사회공헌 등 사회의 지속가능한 발전을 위하여 일정한 행동을 취해야 할 책임'이 기업에 부과되는데, 이를 기업의 사회적 책임이라 할 수 있다.

지금까지 기업들은 비자발적 또는 이미지 제고 차원에서 기부contribution와 자선philanthropy활동, 법령준수compliance 등의 형태로 사회에 대한 책임을 수행해 왔으나, 최근에는 사회나 이해관계자에 대한 기업의 일방적인 공헌이 아니라 기업의 미래 가치를 높이고 발생 가능한 위험을 관리하기 위한 경영기법의 하나로 사회적 책임이 강조되고 있다.

'기업의 사회적 책임'을 의미하는 용어로는 CSR이 가장 보편적으로 통용되고 있으나 해당 국가 및 단체의 가치관, 윤리관, 사회정의 등을 반영한 다양한 견해가 존재하기도 한다. ISO에서는 사회적 책임 범위에 기업뿐만 아니라 정부나 일반조직도 포함해야 한다는 의미에서 기업corporate이라는 단어를 빼고 SR$^{Social\ Responsibility}$이라는 용어를 사용하고 있다. 또한, OECD 등은 사회적social이라는 단어를 쓰면 기업의 책임이 사회문제에만 국한될 수 있다는 이유로 CR$^{Corporate\ Responsibility}$이라고 표현하기도 한다. 주요 국제기구에서 정의하고 있는 사회책임SR, 기업책임CR, 기업사회책임CSR에 대하여 정리해보면 다음과 같다.

	정의	용어
국제표준화기구 ISO	조직이 사회·경제·환경문제를 사람·지역공동체 및 사회 전체에 혜택을 줄 수 있도록 추진하는 활동	SR
경제협력개발기구 OECD	기업과 사회와의 공생관계를 성숙시키고 발전시키기 위해 기업이 취하는 행동	CR
지속가능발전 세계기업협의회 WBCSD	직원·가족·지역사회 및 사회 전체와 협력하여 지속가능한 발전에 기여하고 이들의 삶의 질을 향상시키고자 하는 기업의 의지	CSR
유럽연합 EU	기업의 책임 있는 행동이 지속가능한 비즈니스로 이어진다는 인식하에 사회와 환경에 관한 문제의식을 그 사업 활동과 이해관계자를 대상으로 자주적으로 취하는 행동	CSR

기업의 사회적 책임에 대한 논의는 각 나라가 처한 상황에 따라 다양하게 발전해왔다. 특히, 지구촌 전체가 하나의 시장으로 기능하면서 기업의 사회적 책임은 더욱 중요해졌다. 기업의 사회적 책임을 다

하지 않는 기업의 경우, 불이익을 받기보다 오히려 더 낮은 가격으로 (정확히는 덤핑으로) 경쟁력을 높이는 경제 왜곡 현상을 만들어 내자, 전 지구촌 차원에서 모든 조직이 지켜야 하는 사회적 책임 지침(ISO26000)을 만들게 되었다는 경제학적 관점도 있다.

사회적 책임 표준, ISO26000

우리나라를 포함하여 세계 70여 개 나라 대표는 2005년부터 5년여 동안 8차 총회를 개최하여 2010년 11월, ISO26000 국제표준을 93%의 찬성으로 채택한 바 있다. 기업을 포함하여 다양한 조직들의 사회적 책임을 규정하는 국제표준이 제정되었고, 2012년 8월 우리나라 국가표준으로 최종 발간되었다.

ISO26000은 '사회적 책임'이 인류의 '지속가능발전'에 필수적이라는 인식에서 출발하였다. ISO26000은 기업, 정부, NGO 등 사회를 구성하는 모든 조직이 지배구조·인권·노동·환경·소비자·공정운영·지역사회참여와 발전 등 7개 핵심 주제에 대해 준수해야 할 사항을 정리해 놓은 지침서다. 이 지침서는 세계인권선언, 국제노동기구ILO 협약, 기후변화협약, OECD 다국적기업가이드라인, 유엔 글로벌콤팩트Global Compact 등 이제까지 나온 국제 지침을 총망라한 것으로, 사회적 책임과 관련한 국제적 이행 지침들의 종합판이라 할 수 있다.

ISO26000 국제표준이 공표된 이후 ISO와 표준에 대한 문의가 많다. ISO와 국제전기기술위원회IEC에 따르면, 표준이란 "인정된 기관이 공통적이고 반복적인 사용을 위해 합의에 따라 제정하고 승인한 것으로서, 주어진 여건에서 최적 질서 확립을 목적으로 하는 활동이나 그 결과를 위한 규칙, 가이드라인 혹은 특성을 제시하는 도큐멘트"로 정의한다(ISO/IEC Guide 2).

우리나라의 표준 관련 행정을 총괄하는 기술표준원도 한국산업규격(KS A3001)의 규정에 따라 표준을 "관계되는 사람들 사이에서 이익이나 편리가 공정하게 얻어지도록 통일·단순화를 꾀할 목적으로 물체·성능·능력·동작·절차·방법·수속·책임·의무·사고방법 등에 대하여 정한 결정"이라고 규정하고 있다.

구체적 해석에서는 다소 차이가 있지만, 일반적으로 제품, 공정, 서비스와 방법을 중시하며 강제가 아니라 동의와 합의에 기반을 둔다는 점은 공통적이다. 즉, 법령은 국민대표에 의해 제정되어 모든 국민에게 의무적으로 적용되지만, 표준은 이해관계자의 자발적 참여와 동의로 제정되어 사적 계약과 자발적 수용으로 적용된다.

국제법도 당해 국제기구에 가입하거나 협정에 합의하고 비준을 기치면 국내법과 마찬가지로 강제성을 띠지만, 국제표준은 국내표준과 마찬가지로 이해관계자들의 자발적 참여로 제정되고 수용된다. 따라서 표준이 강제적 구속력을 갖추려면 법에 의해 다시 규정되거나 사회적 압력에 따른 강제에 의해 가능할 뿐이다.

ISO26000이 이해관계자들의 자발적 참여로 제정되었고 인증 표준이 아니라 지침 표준이라는 점에서 그 구속력은 더욱 약하다고 지적된다. 그러나 경제·사회적으로 커다란 영향력을 가진 기업과 단체들은 SR 표준 수용의 강력한 사회적 요구에 직면할 가능성이 큰 것

또한 사실이다. 이는 SR이 국제표준으로서 수행하는 기능과 다루는 주제 영역이 그만큼 공적 성격을 크게 갖기 때문이다.

CSR에서 SR로 확장

ISO26000은 사회적 책임이 기업뿐 아니라 정부나 NGO 등 모든 형태의 조직에 똑같이 적용되어야 한다는 주장이 제기됨에 따라, 'CSR'에서 기업을 뜻하는 'C'를 뺀 사회적 책임으로 범위를 확장하고 있다. 그러나 ISO26000은 향후 기업들에 상당한 부담이 될 것으로 보인다. 제3자 인증을 받아야 하는 일반 ISO표준과 달리 단지 지침을 제공하는 것임에도, 국제 무역이나 외국진출에 있어 기업에 대한 중요한 평가 지표로 작용할 가능성이 높아서, 기업으로서는 모든 항목에 관심을 두지 않을 수 없게 된 것이다.

ISO26000 제정과 한국, 중국, 미국의 선택

국제표준화기구ISO는 품질, 환경, 안전 분야의 국제표준을 정하는 국제기구인데, 최근 ISO26000에 관한 규범 제정을 최종적으로 확정했다. ISO26000(사회책임)은 ISO9001(품질경영)이나 ISO14001(환경경영)과는 확연히 다르다. 주제를 '사회적 책임'이라 하여 지배구조, 인권, 노동, 환경, 소비자, 공정관행, 지역사회발전 등 방대한 분야에 대한 지침을 규정하고 있기 때문이다.

그동안 ISO는 산업분야를 중심으로 국제표준을 제정해 왔지만, ISO26000은 사회 전 분야에 걸쳐 각 국가의 상황을 포괄하는 공동의 지침을 마련하고 있어 앞으로 국내외에 걸쳐 사회 각 부분에 큰 영향을 미치게 될 것으로 보인다.

5년 이상 지속한 ISO26000 제정 논의는 2010년 9월 실시된 투표에서 77개국이 정회원으로 참가한 가운데 찬성 66, 반대 5, 기권 6으로 93%의 압도적 찬성으로 국제표준 제정을 결정했다. 같은 해 2월 국제표준 초안DIS에 대한 찬성률이 79%였던 점을 고려하면 상당히 높은 수준이다.

우리나라는 ISO26000 제정에 대해 산업계 일부에서는 우려의 목소리도 있었지만 국가 차원에서는 찬성 입장에 투표했고, 그동안 줄곧 반대표를 던져온 중국이 찬성으로 태도를 바꾼 것이 가장 큰 이변으로 기록되고 있다.

오바마 정부 출범 이후 반대에서 찬성으로 돌아섰던 미국은 이번 최종안 투표에서는 또다시 반대표를 던져 내심 복잡한 심경을 드러냈다. 독일, 오스트리아 등은 기권표를 행사했는데, 분야별로 찬반이 엇갈리고 사회적으로 충분히 합의되지 않은 결과로 해석된다.

영국과 프랑스의 CSR 담당 장관

영국과 프랑스는 세계 최초로 'CSR 담당 장관'을 임명한 것으로 유명하다(영국 2000년, 프랑스 2002년). 영국과 프랑스는 EU 가운데 가장 강력하게 정부 주도의 CSR을 추진하고 있다.

영국의 무역산업성DTI은 기업의 사회적 책임 수행을 돕기 위해

NGO인 BITC^{Business in the Community}의 설립하여 의욕적으로 활동하고 있고, CSR 전문 웹사이트^{www.societyandbusiness.gov.uk}를 개설하고, 빈곤지역에 대한 투자를 촉진하기 위한 '커뮤니티 투자세액공제제도^{CITF}'를 도입하여 CSR 촉진을 위한 프로그램을 적극 전개하고 있다.

영국은 특히 2000년 7월 연금제도를 개정하여 연금기금을 운용하고 있는 기업에게 환경, 사회, 윤리측면에 대한 추진현황 정보를 공개토록 의무화하고, 영국보험사협회도 "SRI에 관한 정보공개 가이드라인"을 책정(2001.11월)하여 재무상황 이외에 환경 및 사회면에 대한 CSR 추진현황을 연차보고서^{OFR}에 기재토록 의무화하였다. 2005년 4월 이후에는 CSR 추진현황에 대한 연차보고서 작성범위를 런던증권거래소, 뉴욕 증권거래소 및 전미증권업협회^{NASD}의 점두시장 나스닥^{NASDAQ}에 상장되어 있는 모든 영국기업으로 확대한 바 있다.

프랑스도 2001년 5월 "신경제 규제법"을 제정하여 상장기업에 대해 CSR 관련 활동의 정보를 연차보고서에 기재토록 의무화하였고, 2001년 3월에는 공공조달에 관한 법률을 개정하여 공공계약 시 사회 및 환경 관련 항목을 포함토록 하고 있으며 CSR 사례 분석, SRI의 개발 등을 목적으로 정부 차원의 "High Level Group"을 설치(2003년 6월)하여 운영하고 있다.

이해관계자 참여의 중요성

ISO26000은 다양한 이해관계자들의 참여를 매우 중요하게 고려하는 국제표준이다. 이해관계자들의 참여로부터 모든 이슈가 제기되고 사회관계가 형성되고, 사회문제가 해결된다는 원리에 기초하고 있다. ISO26000 제정에 참여한 각국의 전문가들은 아마도 ISO26000을 통해 도덕·윤리적으로 바람직한 새로운 관행과 문화를 만들고 좀 더 밝은 미래를 꿈꾸며, 진정한 휴머니즘, 진정한 민주주의를 추구하고 있는 것 같다.

그동안 우리 사회에서도 기업의 사회적 책임에 대한 논의는 많이 있었다. 그러나 이제 CSR에서 C[Corporate]를 빼고 사회 모든 분야에서의 사회적 책임[SR]을 강조하는 단계로 진화하고 있다. 최근 들어 정부 차원에서도 '공정한 사회'를 정책 기조로 삼고 여러 가지 대책을 강구하고 있는데, ISO26000의 정신과 일맥상통하는 부분이다.

세계적으로 합의되고 있는 ISO26000 규범은 유엔에서 천명한 '지속가능한 발전'의 관점과도 밀접히 연결되어 있다. 다소 추상적이었던 환경, 경제, 사회 분야의 '지속가능성[Substantiality]'의 내용들이 각 분야의 사회적 책임으로 구현되고 있는 것이다.

새로운 시대의 이해관계자 참여는 자신의 권리 주장에만 머물지 않고 공동체에 책임 있는 주체로서 참여하면서 책임 있는 역할을 통해 우리 인류사회가 오래도록 지속가능하게 발전해 갈 수 있도록 하는 핵심적 요소다.

지금 국제사회에서는 정부의 사회적 책임[GSR], 기업의 사회적 책임[CSR], 노동조합의 사회적 책임[USR], 병원의 사회적 책임[HSR], NGO의 사회적 책임[NSR] 등 다양한 관점에서 각 경제 주체들의 사회적 책임과 역할을 새롭게 규명하고 있다.

ISO26000 제정을 계기로 기업의 경영 전략도 기존의 주주 중심 경영에서 이해관계자 중심 경영으로 기업 경영 패러다임이 크게 변하고 있다.

그동안 꾸준히 확산되어 온 '지속가능경영'과 함께 ISO26000에 기반을 둔 '사회책임경영'이 활성화하면 기업에 대한 사회의 요구도 증가하지만, 사회적 책임에 최선을 다하는 기업은 새로운 경쟁력을 확보하는 중요한 기회가 될 수도 있다.

사회책임투자[SRI]는 사회적 책임을 인식하고 이를 실천하는 기업에 먼저 투자하자는 금융투자기관들의 프로그램인데, ISO26000 제정으로 앞으로 사회책임투자는 더욱 활성화할 것으로 보인다. 인터넷과 정보통신기술의 발달로 세계가 실시간으로 하나로 통합되고 있는 지금, '좋은 기업', '착한 기업'만이 살아남는 무한도전의 게임이 이제 막 시작된 것이다.

ISO26000의 7대 핵심 주제

일반적으로 기업의 사회적 책임의 주요 내용은 인권보호·환경보호·노동권보호·부패방지·공정경쟁·투명경영·윤리경영 등이다. 사회적 책임에 대한 국제표준인 ISO26000에서는 7개 핵심 주제 및 주요 이슈 별로 240여 개의 기대사항을 나열하고 있는데, 간단히 소개하면 다음과 같다.

1. 조직(기업)은 좋은 지배구조를 갖추어야 한다.
   1) 주요의사결정 기구의 의사결정 및 과정은 설명책임이 있어야 하고, 투명해야 한다.

2) 의사결정 및 과정은 이해관계자들을 존중하고, 관련법을 준수해야 한다.

3) 의사결정이 제대로 되기 위한 경제적 및 비경제적 보상체계를 조성해야 한다.

4) 조직은 금융자원, 천연자원, 인적 자원을 효율적으로 활용하여야 한다.

5) 조직의 고위급 지위에 과소평가된 집단(여성, 소수자 등)의 공평한 대우를 촉진한다.

6) 다양한 이해관계자의 이해를 고려하고, 일치 불일치 범위를 규명하고 의사소통을 활성화한다.

7) 조직의 의사결정에 남성과 여성 직원들의 효율적인 참여를 장려한다.

8) 조직을 대신해 의사결정을 내리는 사람들의 권위, 책임, 능력 수준의 균형을 유지한다.

2. 조직(기업)은 인권보호를 위해 노력해야 한다.

1) 조직운영에서 인권을 침해하는 사항이 없는지 주의하여야 한다.

2) 조직은 인권존중을 옹호할 수 있는 여러 가지 수단을 강구하여야 한다.

3) 조직은 직간접적 및 무언의 공모(인권남용에 고의적으로 상당히 개입되는 상황)를 적극 회피하여야 한다.

4) 조직의 보안체계는 인권을 존중하고, 국제규범 및 법 집행을 위한 표준과 일치함을 증명해야 한다.

5) 조직은 인권 문제가 발생했을 때 치유 메커니즘을 설립하여야 한다.
6) 치유 메커니즘은 국제적 인권기준에 맞아야 하며, 투명해야 한다.
7) 조직은 취약그룹(여성, 장애인, 아동, 원주민 등)의 인권침해를 일으키는 차별을 철폐하여야 한다.
8) 조직은 개인의 시민적 정치적 권리(개인의 삶, 의사표현자유, 집회결사자유 등)를 존중해야 한다.
9) 조직은 결사의 자유와 단체교섭권을 보장하고, 강제노동과 아동노동을 금지하여야 한다.

3. 조직(기업)은 노동권 보호를 위해 노력하여야 한다.
1) 조직은 고용자로서 완전하고 안정한 고용을 통하여 삶의 질 향상에 기여해야 한다.
2) 조직은 피고용자가 더 많은 보호를 필요로 한다는 사실을 인식하고 고려해야 한다.
3) 조직은 피고용자의 임금, 보상, 근무시간 등 노동 조건을 국제노동기준 및 국내법에 따르는지 확인하여야 한다.
4) 조직은 노사정 대화 방식을 비롯하여 사회적 대화 프로그램을 적극 도입하여야 한다.
5) 조직은 직장에서의 보건과 안전에 만전을 기하여야 한다.
6) 조직은 근로자들의 능력 개발을 위하여 지속적으로 노력하여야 한다.

4. 조직(기업)은 환경보호를 위해 노력하여야 한다.

1) 조직은 여러 유형의 환경오염 방지를 위해 노력하여야 한다.
2) 조직은 에너지를 절약하고, 자연의 에너지(재생가능에너지)를 적극 활용하여야 한다.
3) 조직은 수자원을 보전하고, 각종 원자재를 효율적으로 이용하여야 한다.
4) 조직은 온실가스를 줄이고, 지구 온난화와 기후변화를 방지하여야 한다.
5) 조직은 기후변화로 인한 위험에 적극 대응, 적응하는 노력을 기울여야 한다.
6) 조직은 자연환경을 보호하고 복원하기 위해 노력해야 한다.

5. 조직(기업)은 공정운영 관행을 확립, 이행하여야 한다.

1) 조직은 조직운영과정에서 부패를 방지하여야 한다.
2) 조직은 로비, 정치적 공헌, 정치적 참여와 관련된 활동은 투명하게 진행하여야 한다.
3) 조직은 각종 계약, 투자, 금전 거래, 협력업체 선정 등에서 공정하고 투명해야 한다.
4) 조직은 지배적 지위의 남용으로 다른 사람의 재산권을 침해하지 말아야 한다.
5) 조직이 취득하거나 사용한 재산에 대해서는 정당한 대가를 지급해야 한다.
6) 공급망Supply Chain에 걸쳐서 공정경쟁을 유도하고 공정한 운영을 시행한다.

6. 조직(기업)은 소비자(고객)의 권리를 보호하여야 한다.

1) 조직은 공정성과 투명성, 배려의 원칙으로 소비자를 대해야 한다.
2) 조직은 취약그룹을 대상으로 삼지 않으며, 소비자의 선택권을 보장하여야 한다.
3) 불공정한 계약 조건을 내세우고 강요하지 않는다.
4) 조직은 소비자의 보건과 안전을 보장하여야 한다.
5) 조직은 지속가능한 소비를 적극 권장하고 시행하여야 한다.
6) 조직은 소비자 불만을 사전 예방하는 조치를 취하고, 적극 대응하는 실행 방안을 개선한다.
7) 소비자의 개인 정보를 적극 보호하여야 한다.
8) 소비자에 대한 교육과 인식제고를 위해 지속해서 노력해야 한다.

7. 조직(기업)은 지역사회 참여와 발전에 이바지하여야 한다.

1) 조직은 지역사회의 적극 참여하여야 한다.
2) 조직은 지역사회의 교육과 문화 창달에 적극 기여하여야 한다.
3) 조직은 지역사회의 고용 창출과 기술 개발을 위하여 노력하여야 한다.
4) 조직은 납세의무를 다하고 정당한 부와 소득을 창출하여야 한다.
5) 조직은 지역사회의 보건과 안전을 위하여 노력하여야 한다.
6) 조직은 조직이 속한 지역 사회에 적극적인 사회 투자를 실행하여야 한다.

현재 ISO26000과 가장 밀접한 관계가 있는 규범은 앞에서 설명한 GRI Global Reporting Initiative의 지속가능보고서 가이드라인이다. 이 가이드라인은 환경, 사회, 경제 등 사회 각 분야에 대한 기업의 책임성을 규정하고, 이와 관련한 정보를 공개하는 지침을 수록하고 있다. 기업을 포함한 각 조직의 사회책임 및 지속가능경영 현황을 보고할 때, ISO26000과 GRI 가이드라인을 상호보완적으로 활용하면 더욱 효과적인 사회 보고 방법을 도출할 수 있다.

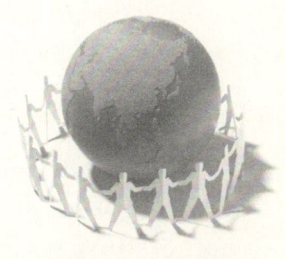

Ⅳ   ISO26000 요약

이솝우화로 읽는 SR 이야기 4

우물에 빠진 개와 사람

정원사가 개를 기르고 있었다. 어느 날 개가 우물에 빠져 허우적거리는 것을 보게 되었다. 정원사는 두레박을 던져 개를 올라타게 해보려 했으나 개는 계속 허우적거릴 뿐이었다. 이러다가 개가 죽겠다고 생각한 정원사는 우물 속으로 내려가 개를 구하려 했다. 개는 정원사가 화가 나서 내려온다고 생각을 했다. 정원사가 손을 뻗는 순간 개는 사정없이 정원사를 물어 버렸다. 깜짝 놀란 정원사는 황급히 우물 밖으로 나와 버렸다. 그리고 허우적대던 개는 물에 빠져 죽고 말았다.

> 의사소통의 중요성을 일깨우는 우화다. 나(우리)를 둘러싼 다양한 이해관계자들은 누구인가? 그들은 내(우리)에게 무슨 말을 하고자 하는가? 나를 둘러싼 이해관계자들에게 신뢰로 다가가면, 그 신뢰가 다시 나에게로 돌아온다.

개발 경과

최근 CSR^{Corporate Social Responsibility}에 대한 요구가 전 세계적으로 확산되면서, 주요 선진국 및 국제기구에서는 CSR을 표준화하려는 노력을 기울여 왔다. 유엔 글로벌 콤팩트, OECD, GRI 등 국제기구뿐 아니라 민간 차원에서도 수많은 가이드라인을 내놓고 있다. 이렇게 만들어진 CSR 표준이 국가 간의 수출입에 규범으로 적용되면 이는 곧 자국의 경제를 보호하는 무역장벽이 될 가능성이 크다.

이에 통합적이고 효율적인 표준의 필요성이 제기되자, ISO 차원에서 사회책임에 관한 국제표준을 개발하게 되었다.

ISO는 전 세계 국가표준화기관(ISO 회원기관)의 연합체이다. 국제표준 준비 작업은 일반적으로 ISO 기술위원회를 통해 이루어진다. 기술위원회에 설정된 주제에 관심이 있는 각 회원기관은 해당 위원회에 대표를 참여시킬 권리가 있다.

또한, ISO와 연계된 국제기구, 정부 및 비정부기구가 이 작업에 참가한다. 기술위원회의 주요 임무는 국제표준을 준비하는 일이다. 기술위원회가 채택한 국제표준초안은 투표를 위해 회원기관들에 회람된다. 국제표준으로 발간되기 위해서는 투표에 참여한 회원기관 중 최소 75% 이상의 찬성이 필요하다.

이 국제표준은 90여 개국 이상의 전문가와 사회적 책임의 여러 분야와 관련된 40여 개 국제기구 또는 광범위한 지역기구에 속한 전문가가 참여한 다자간 이해관계자 접근을 통해 개발되었다.

전문가는 6개의 서로 다른 이해관계자 그룹인 소비자, 정부, 산업,

노동, 비정부기구 및 SSRO(서비스, 지원, 연구, 학계 및 기타 조직)으로 구성되었다.

ISO 이사회는 2001년 4월 ISO 소비자정책위원회COPOLCO에게 당시 국제적으로 제기되었던 CSR 국제표준 제정의 타당성을 검토하도록 요청했다. 그에 따라 COPOLCO는 동년 5월부터 검토 작업을 진행하고, 이듬해 6월 ISO가 SR 국제표준화를 주도하되 기업에 한정시키지 않고 모든 사회조직에 확대하여 적용하는 방향을 결정하였다.

COPOLCO는 이를 효과적으로 진행하기 위해 모든 주요 이해관계자를 포함하는 자문그룹을 구성하라는 권고안을 제출했다. 그리고 이 권고안에 따라 ISO는 2003년 초 세계 각국의 기업, 정부, 정부간조직, 노동, 소비자, 비정부조직을 포괄해 'SR 관련 전략 자문그룹SAG'을 구성했다.

SAG는 18개월 동안의 작업 끝에 SR 관련 주요 이슈들을 종합하는 보고서를 제출했고, 이를 토대로 2004년 10월 1일 사회적 책임에 대한 새로운 표준을 개발하겠다는 ISO의 제안서NWIP가 회람되었다.

그 후, 2005년 1월 7일까지 3개월 동안 실시된 ISO 회원국의 찬반 투표를 통해 우리나라를 포함한 32개 회원기관이 표준 개발 작업에 참여하겠다는 의사를 표시했으며, 이 결과 ISO 사회적 책임 작업반 WGSR이 구성되었다.

2005년 3월 브라질의 살바도르에서 사회적 책임 표준 작업반의 1차 총회가 열린 이후 본격적으로 시작된 ISO 26000의 개발 작업은 2005년 9월 태국 방콕에서 열린 2차 총회에서 표준초안 작성의 기본방향을 정하는 디자인 사양(Design Specification)을 결정했으며, 2006년 3월 1차 작업초안(WD1, N55)을 공개했다.

이 초안에 대해 접수된 2천여 개의 의견과 같은 해 5월 포르투갈 리스본에서 개최된 3차 총회 토론 내용을 종합하여 2차 작업초안 (WD2, N80)이 2006년 10월 6일자로 공개되었다. 2차 초안에 대해서는 총 5176개의 의견이 접수되었으며, 2007년 1월 29일부터 2월 2일까지 호주 시드니에서 열린 제4차 총회에서 이 의견들을 종합해서 3차 초안을 만드는 방안을 논의했다.

2007년 7월 23일에는 그간의 논의사항을 종합한 3차 작업초안 (WD3, N113)이 발표되었다. 이후 5차 총회(오스트리아, 비엔나) 후 WD4.1 및 4.2판이 회람되었고, 6차 총회(칠레, 산티아고)에서 CD로 넘어가는 것이 결의되고, ISO/CD 26000이 발간되었다.

이후 7차 총회(캐나다, 퀘벡)에서 DIS버전, 8차 총회(덴마크, 코펜하겐)에서 IS버전이 확정되고, 2010년 9월 77개 참여국을 대상으로 한 투표에서 93%의 찬성을 얻어 ISO26000 국제표준으로 최종 결정되고, 이어 11월 1일에 국제표준으로 공식 발간되었다.

ISO26000 제정 경과

차수	개최연도	기간	개최국가	개최시	진행 상황
1차	2005	3.7~11	브라질	살바도르	issues papers, CAG, Draft structure
2차	2005	9.26~30	태국	방콕	design Specification, 1000 comments on structure
3차	2006	5.15~19	포르투갈	리스본	WD1 + 2140 expert comments

4차	2007	1.28~2.2	호주	시드니	WD1 + 5176 expert comments
5차	2007	11.5~9	오스트리아	비엔나	WD3.2 + 7250 expert comments
6차	2008	9.1~5	칠레	산티아고	WD4.2 + 5225 expert comments
7차	2009	5.18~22	캐나다	퀘벡	CD + 3411 expert comments
8차	2010	5.17~21	덴마크	코펜하겐	DIS + 2482 consensus comments

사회적 책임의 목적은 지속가능발전

사회적 책임의 목적은 지속가능발전에 기여하는 것이다. 전 세계의 조직들과 그들의 이해관계자들은 사회적으로 책임 있는 행동의 필요성과 이득을 점차 크게 인식하고 있다. 사회적 책임에 대한 조직 성과의 인식과 현실은 그중에서도 다음에 영향을 미칠 수 있다.

- 조직의 경쟁력 제고
- 조직의 명성
- 근로자 또는 회원, 고객, 의뢰인 또는 이용자들을 모으고 유지하는 능력
- 피고용인의 사기, 의지표명 및 생산성 유지
- 투자자, 소유자, 기부자, 후원자 및 금융계의 견해

- 기업, 정부, 언론, 공급자, 동료조직, 고객 및 조직이 운영되고 있는 지역사회와 조직과의 관계

어디에 적용할 것인가?

이 국제표준은 조직이 크거나 작거나, 선진국에서 운영되거나 개도국에서 운영되거나에 관계없이 민간, 공공 및 비영리 부문의 모든 형태의 조직에 유용하도록 구성되었다. 이 국제표준의 모든 부분이 모든 형태의 조직에 동일하게 이용되지는 않지만, 핵심 주제는 모든 조직에 해당된다.

모든 핵심 주제는 몇 개의 쟁점들로 구성되는데, 조직 스스로 고민과 이해관계자와의 대화를 통해 어떤 쟁점들이 조직이 다루어야 할 관련되고 중대한 것인지를 식별하는 것은 각 조직의 책임이다.

다른 조직들처럼 정부기구도 이 국제표준을 이용하기를 원할 수도 있다. 하지만 국가의 의무를 교체하거나, 고치거나, 어떤 방식으로도 변화시키려는 의도는 아니다. 이 국제표준은 사용자에게 지침을 제공할 뿐, 이 국제표준은 사용자에게 지침을 제공하기 위한 것이며 인증을 목적으로 한 것이 아니고 인증을 활용하는 것도 이 표준의 목적에 적합하지 않다.

ISO26000은 전체 7장과 부속서 A, B로 구성된다. 그 세부내용을 살펴보면 다음 [표]와 같다.

ISO26000의 구성 및 체계

제목	번호	주요 내용
적용범위	1절	이 국제표준의 범위를 정의하고 특정 한계와 예외 사항을 식별한다.
용어와 정의	2절	사회적 책임 이해와 이 국제표준 이용에 근본적으로 중요한 핵심 용어의 정의를 식별하고 제공한다.
사회적 책임에 대한 이해	3절	사회적 책임의 발전에 영향을 미치고 그 본질과 관행에 계속 영향을 미치고 있는 중요한 요인과 조건을 서술한다. 또한 사회적 책임 자체의 개념, 즉 무엇을 의미하고 조직에 어떻게 적용하는지에 대한 개념을 서술한다. 이 절은 중소규모 조직을 위한 국제표준의 이용에 대한 지침을 포함한다.
사회적 책임의 원칙	4절	사회적 책임의 원칙을 소개하고 설명한다.
사회적 책임 인식과 이해관계자 참여	5절	사회적 책임의 두 가지 관행인 조직의 사회적 책임 인식과 조직의 이해관계자 식별 및 참여를 다룬다. 조직과 조직의 이해관계자 및 사회 간의 관계, 사회적 책임의 핵심 주제와 쟁점 인식, 그리고 조직의 영향권에 대한 지침을 제공한다.
사회적 책임 핵심 주제에 대한 지침	6절	사회적 책임에 대한 핵심 주제와 관련 쟁점들을 설명한다. [아래 표참조] 각 핵심 주제에 대해 적용범위, 사회적 책임과의 관계, 관련 원칙과 고려사항, 관련 활동과 기대에 관한 정보를 제공한다.
조직 전반에 걸친 사회적 통합에 대한 지침	7절	사회적 책임을 조직 내의 관행으로 실행하는 지침을 제공한다. 여기에는 조직의 사회적 책임의 이해, 조직 전반에 걸친 사회적 책임의 통합, 사회적 책임 관련 의사소통, 사회적 책임에 대한 조직의 신뢰성 제고, 사회적 책임의 진척 검토와 성과 개선 및 자발적 이니셔티브 평가에 대한 지침이 포함된다.
사회적 책임을 위한 자발적 이니셔티브와 도구 사례	부속서 A	하나 또는 그 이상의 핵심 주제에 대한 관점이나 조직 전반에 걸친 사회적 책임의 통합을 다룬 사회적 책임 관련 자발적 이니셔티브와 도구의 일부 목록을 제시한다.
약어	부속서 B	이 국제표준에서 사용된 약어를 포함한다.
참고문헌		이 국제표준에서 출처자료로 언급한 권위 있는 국제문서와 ISO 표준에 대한 참고자료를 포함한다.

사회적 책임의 핵심 주제와 이슈

핵심 주제와 이슈	해당 조항에서 기술
핵심 주제: 조직 거버넌스	6.2
핵심 주제: 인권	6.3
이슈 1: 실사	6.3.3
이슈 2: 인권 위험상황	6.3.4
이슈 3: 공모회피	6.3.5
이슈 4: 고충처리	6.3.6
이슈 5: 차별과 취약그룹	6.3.7
이슈 6: 시민권과 정치적 권리	6.3.8
이슈 7: 경제적, 사회적 및 문화적 권리	6.3.9
이슈 8: 근로에서의 근본원칙과 권리	6.3.10
핵심 주제: 노동관행	6.4
이슈 1: 고용과 고용관계	6.4.3
이슈 2: 근로조건과 사회적 보호	6.4.4
이슈 3: 사회적 대화	6.4.5
이슈 4: 근로에서의 보건과 안전	6.4.6
이슈 5: 작업장에서의 인적 개발과 훈련	6.4.7
핵심 주제: 환경	6.5
이슈 1: 오염 방지	6.5.3
이슈 2: 지속가능한 자원 이용	6.5.4
이슈 3: 기후변화 완화와 적응	6.5.5
이슈 4: 환경보호, 생물다양성 및 자연서식지 복원	6.5.6
핵심 주제: 공정 운영관행	6.6
이슈 1: 반부패	6.6.3
이슈 2: 책임 있는 정치 참여	6.6.4
이슈 3: 공정 경쟁	6.6.5
이슈 4: 가치사슬 내에서의 사회적 책임 촉진	6.6.6
이슈 5: 재산권 존중	6.6.7
핵심 주제: 소비자 이슈	6.7
이슈 1: 공정 마케팅, 사실적이고 치우치지 않은 정보와 공정 계약관행	6.7.3
이슈 2: 소비자의 보건과 안전 보호	6.7.4
이슈 3: 지속가능소비	6.7.5
이슈 4: 소비자 서비스, 지원 및 불만과 분쟁 해결	6.7.6
이슈 5: 소비자 데이터 보호와 프라이버시	6.7.7

이슈 6: 필수 서비스에 대한 접근	6.7.8
이슈 7: 교육과 인식	6.7.9
핵심 주제: 지역사회 참여와 발전	6.8
이슈 1: 지역사회 참여	6.8.3
이슈 2: 교육과 문화	6.8.4
이슈 3: 고용창출과 기능 개발	6.8.5
이슈 4: 기술 개발과 접근성	6.8.6
이슈 5: 부와 소득 창출	6.8.7
이슈 6: 보건	6.8.8
이슈 7: 사회적 투자	6.8.9

ISO26000 을 활용하는 방법

이 그림은 ISO26000의 개요를 제공하며, 조직이 이 표준을 어떻게 사용하는지에 대한 이해를 돕기 위한 것이다.

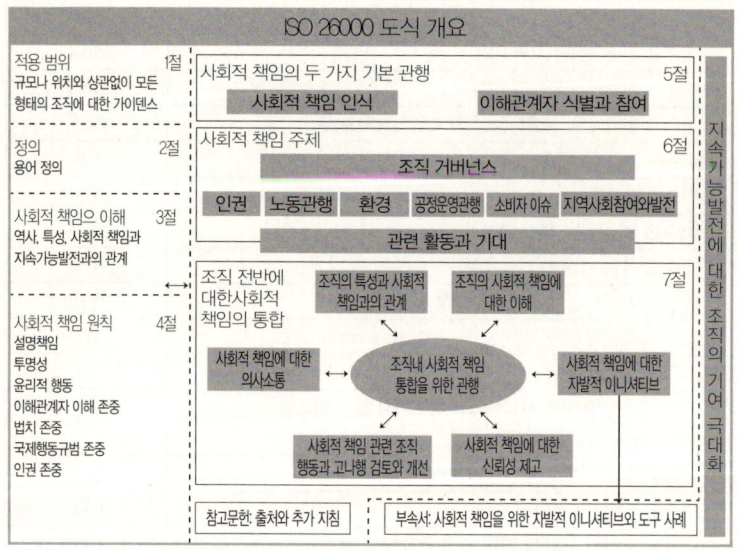

ISO26000을 활용하는 방법은 다음과 같이 4단계로 나누어 볼 수 있다.

첫째, 사회적 책임의 특성과 지속가능발전과의 관계를 고려한 후, 조직은 사회적 책임의 '원칙'에 대해 검토한다. 사회적 책임을 실행함에 있어, 조직은 각각의 핵심 주제에 해당하는 원칙과 함께 이와 같은 원칙들을 존중하고 이행해야 한다.

둘째, 관련된 각 활동과 기대사항뿐만 아니라 사회적 책임의 핵심 주제와 이슈들을 분석하기에 앞서, 조직은 사회적 책임의 두 가지 근본적 관행을 고려해야 한다. 조직의 영향권 내에서의 사회적 책임을 인식하는 것과 조직의 이해관계자 식별과 참여라는 두 가지 근본 관행을 고려한다.

셋째, 원칙들이 이해되고 사회적 책임의 핵심 주제와 관련되고 중대한 쟁점들이 식별된 후에 조직은 '지침'을 이용하여, 조직의 결정과 활동을 통해 사회적 책임을 통합하기 위해 노력해야 한다. 이는 다음과 같은 관행들을 포함한다. 사회적 책임이 조직의 정책, 조직문화, 전략 및 운영에 필수가 되도록 하는 것; 사회적 책임을 위한 내부 역량 구축, 사회적 책임에 대한 내외부 간 의사소통하는 것; 그리고 이들 사회직 책임에 대한 활동과 관행들을 정기적으로 검토하는 것.

넷째, 사회적 책임의 핵심 주제와 통합 관행에 대한 더 상세한 지침은 권위 있는 출처(참고문헌)와 다양한 자발적 이니셔티브와 도구들(부속서 A에 제시된 몇몇 세계적 사례들)로부터 얻을 수 있다.

요컨대, 사회적 책임에 접근하고 실행할 때 가장 중요한 목표는 조직이 지속가능발전에 최대한 기여하는 것이다. ISO26000을 활용할 때는 이 목적을 항상 염두에 두면 전체 맥락을 이해하는데 편리하다.

ISO26000의 적용범위

아래 내용은 ISO26000 제정 취지를 가감없이 전달하기 위해 2009년에 발간된 ISO26000 DIS 버전의 내용을 참고한 것으로 각 조직에서 공식적으로 사용할 때는 ISO26000 최신 버전을 구입해서 사용해야 함을 알려드립니다.

  이 국제표준은 조직의 규모나 성격에 관계없이 모든 형태의 조직에 적용할 수 있으며, 조직이 지속가능발전에 기여하도록 돕는 것을 목적으로 한다. 이 국제표준은 법 준수가 조직의 근본적 의무이고 사회적 책임의 필수 요소라는 것을 인식하면서, 법 준수 이상의 활동을 하도록 권장하게 하기 위함이다. 이 국제표준은 사회적 책임 분야의 공통된 이해 촉진과 사회적 책임을 위한 다른 문서와 이니셔티브를 교체하지 않고 보완하기 위함이다. 조직은 이 국제표준을 적용할 때 국제행동규범을 지키면서 경제적 조건의 차이뿐만 아니라 사회적, 환경적, 법적, 문화적, 정치적 및 조직적 다양성을 고려하는 것이 바람직하다.

  이 국제표준은 경영시스템 표준이 아니다. 인증 목적이나 규제 또는 계약상 이용을 의도하지 않으며 적절하지도 않다. ISO26000 인증을 위한 제안이나 ISO26000 인증을 받았다는 주장은 이 국제표준의 의도와 목적에 대한 허위표시이며, 이 국제표준을 잘못 사용하는 것이다. 이 국제표준은 요구사항을 포함하고 있지 않으므로 어떤 인증도 이 국제표준과의 적합성을 입증할 수 없다. 이 국제표준은 더 특정적이거나 더 많은 요구사항을 담았거나 유형이 다른 국가표준의 개발을 막는 것을 의도하지 않는다.

용어와 정의

ISO26000에서 나오는 주요한 용어와 정의는 다음과 같다.

● 설명책임 accountability

조직의 통제기관, 법률당국 그리고 더욱 넓게는 조직의 이해관계자들에게 결정과 활동에 대해 답변할 수 있는 상태

● 실사 due diligence

부정적인 영향을 회피하거나 완화하기 위한 목적으로, 프로젝트나 조직 활동의 전 과정에 걸쳐 조직의 결정과 활동이 가지는 실제적이고 잠재적인 부정적 사회, 환경 및 경제적 영향을 식별하려는 포괄적이고 주도적인 프로세스

● 피고용인 employee

국내법이나 관행상 "고용 관계"로 인식되는 관계 속에 있는 개인

● 환경 environment

대기, 물, 토지, 자연자원, 식물, 동물, 사람, 우주 공간 및 그들의 상호관계를 포함하여 조직이 운영하고 있는 자연 주변환경

● 윤리적 행동 ethical behavior

특정 상황의 맥락에서 옳거나 좋은 행동이라고 받아들여지는

원칙을 따르며 국제행동규범을 지키는 행동

● 성평등 gender equality
남녀에 대한 공평한 대우

● 조직의 영향 impact of an organization
전체 또는 부분적으로 조직의 과거와 현재의 활동 결과로 나타나는 사회, 경제 또는 환경에 미치는 긍정적 또는 부정적 변화

● 사회적 책임 이니셔티브 initiative for social responsibility
사회적 책임과 관련한 특정 목적 충족에 분명히 기여하려는 프로그램이나 활동

● 국제행동규범 international norms of behavior
국제관습법, 일반적으로 수용되는 국제법의 원칙 또는 보편적으로 또는 거의 보편적으로 인식된 정부 간 협정에서 나온 사회적으로 책임 있는 조직의 행동에 대한 기대

● 조직 organization
책임, 권한과 관계, 그리고 식별 가능한 목적을 갖춘 가진 독립체 또는 사람과 시설의 그룹

● 조직 거버넌스 organizational governance
조직이 목표 추구를 위한 결정을 내리고 실행하는 시스템

● 원칙principle

결정 또는 행동에 대한 근본적인 근거

● 사회적 대화social dialogue

경제 · 사회적 정책과 관련한 공통의 이해에 대한 정부, 고용인 및 피고용인 대표간 또는 대표 중에서의 협상 · 협의 또는 단순 정보교환

● 사회적 책임social responsibility

조직의 결정과 활동이 사회와 환경에 미치는 영향에 대해, 투명하고 윤리적인 행동을 통해 조직이 지는 책임. 이는 다음의 특성을 가짐
- 사회의 보건과 복지를 포함한 지속가능발전에 기여한다.
- 이해관계자의 기대를 고려한다.
- 해당되는 법을 준수하며 국제행동규범을 지킨다.
- 조직 전반에 걸쳐 통합되며 조직의 관계 속에서 실행된다.

● 영향권sphere of influence

조직이 이를 통해 개인이나 조직의 결정 또는 활동에 영향을 줄 수 있는 능력을 가지게 되는, 정치적, 계약적, 경제적 또는 기타 관계의 범위/정도

● 이해관계자stakeholder

조직의 어떤 결정 또는 활동에 이해관계를 갖는 개인 또는 그룹

● 이해관계자 참여 stakeholder engagement

조직의 결정을 위한 정보 제공의 목적으로, 조직과 하나 또는 그 이상의 조직 이해관계자간의 대화의 기회를 만들기 위해 수행되는 활동

● 공급사슬 supply chain

조직에 제품 또는 서비스를 제공하는 일련의 활동 또는 당사자

● 지속가능발전 sustainable development

미래 세대의 욕구 충족 능력을 희생시키지 않는 범위 내에서 현재 세대의 욕구를 충족시키는 발전

● 투명성 transparency

사회, 경제 및 환경에 영향을 미치는 결정과 활동에 대한 개방성과 명료하고 정확하며 적시적이고 솔직하며 완전한 방법으로 이러한 것에 대해 기꺼이 의사소통하려는 자발성

● 가치사슬 value chain

제품 또는 서비스의 형태로 가치를 제공하거나 받는 전체 연속된 활동 또는 당사자

● 취약그룹 vulnerable group

차별이나 불리한 사회적, 경제적, 문화적, 정치적 또는 보건 환경의 근거가 되고, 자신들의 권리를 달성하거나 동등 기회를 누

릴 수단 부족의 원인이 되는 하나 또는 몇 개의 특징을 공유하는 개인들의 그룹

● 근로자 worker

피고용인이거나 자영업자이거나 상관없이 근로하는 사람

사회적 책임의 역사적 배경과 발전 방향
———

사회적 책임의 다양한 측면이 조직과 정부 활동의 주제로 다루어지기 시작한 것은 19세기 후반까지 거슬러 올라간다. 일부 사례는 그 이전에 있었지만, 사회적 책임이라는 용어는 1970년대 초반에 널리 이용되기 시작했다.

과거에는 사회적 책임에 관한 관심이 주로 기업에 집중되어 있었다. 대다수의 사람에게는 "기업의 사회적 책임 corporate social responsibility, CSR"이라는 용어가 "사회적 책임"이라는 용어보다 훨씬 더 친숙하다.

기업뿐 아니라 모든 유형의 조직들이 지속가능발전에 기여할 책임이 있다는 사실이 인식되면서, 사회적 책임이 모든 조직에 해당한다는 견해가 대두하였다.

사회적 책임의 구성요소들은 특정 시기의 사회의 기대를 반영하는 것이므로 변화하기 쉽다. 사회의 관심사가 변화하면 사회의 조직에 대한 기대 또한 이러한 관심사를 반영하며 함께 변화한다.

사회적 책임에 대한 초기 관념은 자선단체 기부와 같은 박애주의 활동에 집중되었다. 노동관행과 공정 운영관행과 같은 주제는 100년 또는 그 이전에 나타났다. 인권, 환경, 소비자 보호, 반부패 같은 다른 주제들은 보다 큰 관심을 받기까지 더욱 오랜 시간이 걸렸다.

이 국제표준에서 식별된 핵심 주제와 쟁점은 현재의 모범관행 견해를 반영한다. 모범관행에 대한 견해 역시 향후 분명히 변화할 것이며, 사회적 책임의 중요한 구성요소로서 추가 쟁점들이 나올 것이다.

사회책임의 확산 배경

여러 가지 이유로 인해 조직의 사회적 책임에 대한 인식이 높아지고 있다. 세계화, 한층 편해진 이동성과 접근성, 즉각적 의사소통의 가능성 증가로 전 세계의 개인과 조직이 그들과 가깝고 먼 소재지에 있는 조직의 결정과 활동에 대해 보다 알기 쉬워졌다.

이러한 요인들은 조직에 업무를 수행하는 새로운 방식을 학습하고 문제를 해결하는 이득을 얻을 기회를 제공한다. 이것은 조직의 결정과 활동이 다양한 그룹과 개인의 증가된 감시를 받게 됨을 의미한다. 서로 다른 소재지에 있는 조직이 적용한 정책이나 관행을 쉽게 비교할 수 있다.

일부 환경과 보건 쟁점의 전 세계적인 본질, 빈곤 퇴치에 대한 세계적인 책임의 인식, 금융·경제적 상호의존성의 증가, 지리적으로 보다 흩어져 있는 가치사슬은 조직과 관련한 문제가 조직이 위치한 인근 지역을 뛰어넘어 확대될 수 있다는 것을 의미한다. 조직이 사회적 또는 경제적 환경에 상관없이 사회적 책임을 다루는 것은 중요하다. 환경과 개발에 관한 리우 선언, 지속가능발전에 관한 요하네스버그 선언, 새천년개발목표 및 근로에서의 근본원칙과 권리에 관한 국제노동기구ILO 선언 같은 문서는 이러한 전 세계적 상호의존성을 강조한다.

지난 몇십 년 동안 세계화는 민간부문, NGO 및 정부를 포함하여 서로 다른 형태의 조직의 지역사회와 환경에 대한 영향 증가를 초래하였다.

NGO와 기업들은 통상 정부가 제공하던 많은 서비스의 제공자가 되었는데, 특히 정부가 심각한 도전과 제약에 직면하여 보건, 교육 및 복지 같은 영역에 서비스를 제공할 수 없는 국가에서 그러하다. 국가의 정부 역량이 확대되면서, 정부와 민간 부문 조직의 역할이 변화를 겪고 있다.

경제적·금융적 위기 시대에도 조직은 사회적 책임과 관련한 활동을 지속적으로 추구해야 한다. 그런 위기는 취약그룹에 더욱 중대한 영향을 미치므로 증가한 사회적 책임에 대한 보다 큰 필요를 암시한다. 또한 위기는 사회적·경제적·환경적 고려사항들을 정책 개혁과 조직의 결정과 활동에 좀 더 효과적으로 통합하기 위한 특별한 기회를 준다. 정부는 이런 기회를 실현하는 데 아주 중요한 역할을 한다.

소비자, 고객, 기부자, 투자자 및 소유자들은 사회적 책임과 관련해 다양한 방법으로 조직에 금융 영향을 행사한다. 조직의 성과에 대한 사회의 기대는 계속해서 커지고 있다. 많은 지역에서 시행되는 지역사회의 알 권리에 관한 법은 사람들에게 일부 조직의 결정과 활동에 대한 자세한 정보에 접근하도록 한다. 조직의 성과 정보에 대한 이해관계자의 욕구를 충족하기 위해 사회적 책임 보고서를 발행하는 것을 포함하여, 이해관계자와 의사소통을 하는 조직이 늘어나고 있다.

이러한 요인과 기타 요인들이 사회적 책임의 맥락을 구성하며 조직에 조직의 사회적 책임을 입증하도록 요구하는 원인이 되고 있다.

이해관계자의 식별과 참여는 사회책임의 근본

이해관계자의 식별과 참여는 사회적 책임의 근본이다. 조직은 조직의 영향과 그 영향을 다루는 방법을 이해할 수 있도록 누가 조직의 결정과 활동에 이해관계가 있는지를 결정해야 한다. 이해관계자가 식별되었더라도 조직의 행위 규범과 기대를 결정하는데 사회 전반의 요구를 대체하는 것은 아니다. 어떤 경우는 조직이 협의한 이해관계자가 특정적으로 식별하지 않았어도 조직의 사회적 책임에 관련될 수 있다.

사회적 책임은 조직의 결정과 활동의 잠재적이고 실제적인 영향에 대한 것이기 때문에, 조직의 진행 중 활동과 정기적인 일상 활동에서 다루어져야 할 가장 중요한 행위이다. 조직의 모든 계층에 부여된 책임과 설명책임과 함께, 사회적 책임은 조직의 핵심 전략의 필수적인 부분이 되어야 한다. 사회적 책임은 의사결정에 반영되고 활동의 실행에 고려되어야 한다.

박애주의(이 맥락에서는 자선 명분의 기부로 이해됨)는 사회에 긍정적인 영향을 미칠 수 있다. 하지만 박애주의가 사회적 책임을 조직 내로 통합하는 대체물로 이용되어서는 안 된다.

조직의 결정이나 활동의 영향은 다른 조직과의 관계에 의해 크게 영향을 받을 수 있다. 조직은 자신의 책임을 다루기 위해 다른 조직과 함께 일하는 것이 필요할 수도 있다. 여기에는 동료 조직, 경쟁자(반경쟁적 활동을 피하는 것에 주의하면서), 가치사슬의 다른 부분 또는 조직의 영향권 내에 있는 다른 관련 당사자가 포함될 수 있다.

사회적 책임과 지속가능발전과의 관계

많은 사람이 사회적 책임과 지속가능발전이란 용어를 서로 바꿔 사용하는데, 두 용어는 밀접한 관계가 있음에도 서로 다른 개념이다.

지속가능발전은 지구의 생태적 한계 내에서 살면서 동시에 미래 세대의 욕구를 충족시킬 수 있는 능력을 위태롭게 하지 않으면서 사회의 욕구를 충족하는 것이다. 지속가능발전은 경제적, 사회적 및 환경적이라는 상호의존적인 세 차원을 가진다. 예를 들어 빈곤 제거는 사회정의와 경제발전의 촉진 및 환경보호가 필요하다.

1987년 이래 1992년 유엔 환경개발회의와 2002년 지속가능발전 세계정상회의와 같은 수많은 국제포럼에서 이러한 목적의 중요성을 계속 언급하였다.

한편, 사회적 책임은 조직에 초점을 맞추고 있으며 사회와 환경에 대한 조직의 책임에 관심이 있다. 사회적 책임은 지속가능발전에 밀접하게 연결되어 있다. 그 이유는 지속가능발전이 모든 사람에게 공통적인 경제적, 사회적 및 환경적 목표에 관한 것이고, 이는 책임감 있는 행동을 추구하는 조직이 고려해야 할 필요가 있는 사회의 폭넓은 기대를 요약해주는 한 방식으로 이용될 수 있기 때문이다. 그러므로 조직의 사회적 책임의 중요한 목표는 지속가능발전에 공헌하는 것이어야 한다.

국가와 사회적 책임

국제표준은 공공 이익을 위해 행동하는 국가의 의무를 어떤 다른 방식으로도 교체하거나 고치거나 변화시킬 수 없다. 그리고 무엇이 법적 구속력이 있는 의무의 대상이 되는가에 대한 지침을 제공하지도 않으며, 정치 기관을 통해서만 제대로 해결될 수 있는 질문들을 다루지도 않는다. 국가는 법을 만들고 집행하는 유일한 권력을 가지고 있다는 점에서 다른 조직과 다르다. 예를 들어, 인권보호라는 국가의 의무는 이 국제표준에서 다루고 있는 조직의 인권에 관한 책임과는 다르다.

국가의 적절한 기능은 지속가능발전을 위해서 없어서는 안 된다. 국가의 역할은 법 준수 문화를 육성할 수 있도록 법과 규정의 효과적 적용을 보장하는 데 필수적이다. 다른 조직과 마찬가지로, 정부 조직도 사회적 책임 측면과 관련한 정부의 정책, 결정 및 활동을 알리기 위해 이 국제표준을 사용할 수 있다. 정부는 사회적 책임의 인식과 촉진 같은 다양한 방법으로 조직이 사회적으로 책임 있는 방식으로 운용될 수 있도록 노력하는 것을 지원할 수 있다. 그러나 조직의 사회적 책임을 촉진하는 것은 국가의 의무와 책임의 효과적 실행을 대신하는 것이 아니며, 이를 대신할 수도 없다.

V 사회책임 7대 원칙

이솝우화로 읽는 SR 이야기 5

개구리와 생쥐

연못에 있던 개구리는 생쥐에게 연못 속 재미있는 구경을 시켜 줄 테니 함께 가자고 했다. 호기심 많은 생쥐가 수영을 못한다고 하자, 개구리는 자기 발과 생쥐 발을 묶으면 된다고 하였다. 생쥐는 개구리 발에 묶여 연못 가운데로 끌려갔고, 개구리는 조금만 더 가면 발을 풀고, 맛있는 생쥐 고기를 먹을 기대에 잔뜩 부풀었다. 그때 하늘을 날던 솔개가 버둥거리는 생쥐를 보고 쏜살같이 날아와 생쥐를 채갔다. 생쥐의 발에 묶여 있던 개구리와 함께.

> 살다 보면 나我와 남他은 보는 관점이 다를 수 있다. 기업에서 노동자와 경영자도 서로 이해관계가 다를 수 있다. 그러나 서로 이해하고 협력하지 않으면 함께 위기에 처할 수 있다. ISO26000은 서로 대화하고, 소통하고, 협력하는 방법을 알려 준다. 그리고 우리가 모두 가야 할 곳이 어디인지 그 방향을 제시해 준다.

일곱 가지 원칙

사회적 책임에 접근하고 이를 실행할 때, 조직의 중요한 목적은 지속가능발전에 최대한 기여하는 것이다. 이러한 목적 안에서 사회적 책임을 위한 확정된 원칙 목록이 없더라도, 조직은 표준 6절에 명시된 핵심 주제와 관련한 특정 원칙뿐만 아니라 아래 열거한 7가지 원칙들을 존중해야 한다.

조직은 특정 상황의 맥락에서, 이런 상황이 도전적일 때에도, 옳은 행동이거나 좋은 행동으로 수용된 원칙을 따르는 표준, 가이드라인 또는 행위규칙에 근거해서 행동해야 한다.

이 국제표준을 적용함에 있어서, 조직은 국제행동규범을 따르면서 경제적 조건의 차이뿐만 아니라 사회적, 환경적, 법적, 문화적, 정치적 및 조직적 다양성을 고려하는 것이 바람직하다.

1. 설명책임
   ① 기본원칙: 조직은 사회, 경제 및 환경에 미치는 영향에 대해 설명책임을 져야 한다.
   ② 의미 및 실행
      이 원칙은 조직이 적절한 수준의 감시를 수용하고 이 감시에 대응할 의무를 받아들이는 것을 말한다.

설명책임은 경영진이 조직의 지배적인 이해에 답변할 수 있는 의무와 조직이 법과 규정에 대해 법률 당국에 답변할 수 있는 의무를 포함한다. 또한, 조직의 결정과 활동이 사회와 환경에 미치는 전체 영향에 대한 설명책임은 일반적으로 사회뿐만 아니라 조직의 결정과 활동으로 영향을 받는 사람들에게 조직이 답변할 수 있다는 것을 의미하는데, 이는 영향과 상황의 성격에 따라 다르다.

설명책임을 진다는 것은 조직과 사회 모두에 긍정적인 영향을 미칠 것이다. 설명책임의 정도는 변할 수 있으나, 항상 권한의 양이나 정도에 대응해야 한다. 최종 권한을 가진 조직은 조직의 결정과 감시의 질에 더 많은 주의를 기울이기 쉽다. 설명책임은 또한 잘못이 발생했을 때 그 잘못을 치유하기 위한 적절한 조치를 취하고, 재발방지를 위한 행동을 취하는 책임을 받아들이는 것을 포함한다.

2. 투명성
① 기본원칙: 조직은 사회와 환경에 영향을 미치는 조직의 결정과 활동에 대해 투명하여야 한다.
② 의미 및 실행

조직은 명확하고, 정확하고, 완전한 방식과 합리적이고 충분한 정도로 조직의 사회와 환경에 미치는 알려진 영향과 일어날 수 있는 영향을 포함하여, 조직이 책임지는 정책, 결정 및 활동을 공개해야 한다. 이 정보는 조직으로부터 중대한 방식으로 영향을 받았거나 받을 가능성이 있는 사람들이 바로 이용 가능하고, 직접 접근 가능하고, 이해될 수 있어야 한다. 이 정보는 조직의 결정과 활동이 이해관계자 각각의 이해에 미친 영향을 정확하게 평가할 수 있도록 적시적이고 사실적이며 명확하고 객관적인 방식으로 제시되어야 한다.

투명성 원칙은 소유권이 있는 정보의 공개를 요구하는 것이 아니며, 특권이 있거나 법률, 상업, 보안 또는 개인 프라이버시 규정을 위반할 가능성이 있는 정보의 제공을 포함하지 않는다.

결국, 조직은 다음과 같은 항목에 대해 투명하여야 한다.

- 조직 활동의 목적, 본질 및 소재지
- 조직 활동에서 지배적인 이해의 정체성
- 조직 내의 서로 다른 기능에 걸친 역할, 책임, 설명책임 및 권한의 정의를 포함하여, 조직의 결정이 이루어지고 실행되고 검토되는 방식
- 조직이 자신의 사회적 책임 관련 성과를 평가하는 표준과 기준
- 관련되고 중대한 사회적 책임 쟁점에 대한 조직의 성과
- 조직 자금의 출처, 금액 및 용도
- 이해관계자, 사회, 경제 및 환경에 대한, 조직의 결정과 활동의 알려진 영향과 일어날 것 같은 영향
- 조직의 이해관계자 또는 이해관계자 식별 · 선택 · 참여에 이용된 기준과 절차

3. 윤리적 행동
① 기본원칙: 조직은 윤리적으로 행동하여야 한다.
② 의미 및 실행
조직의 행동은 정직, 평등 및 진실성의 가치를 기반으로 하여야 한다. 이러한 가치는 인간, 동물 및 환경에 관한 관심과 이해관

계자의 이해에 미치는 조직의 활동과 결정의 영향을 다루겠다는 의지표명을 의미한다. 조직은 다음과 같이 함으로써 윤리적 행동을 적극 촉진하여야 한다.

- 조직의 핵심 가치와 원칙을 식별하고 명시함
- 조직 내부 의사결정 시 및 다른 조직과의 상호작용 속에서, 조직 내 윤리적 행동 촉진을 돕는 거버넌스 구조를 개발하고 이용함
- 조직의 목적과 활동에 적절하고 이 국제표준에서 서술한 원칙을 지키는 윤리적 행동 표준의 식별, 채택 및 적용
- 조직의 윤리적 행동 표준 준수를 장려하고 촉진함
- 조직의 거버넌스 구조, 인력, 공급자, 계약자 그리고 적절한 경우 소유자와 관리자 그리고 지역 문화의 정체성을 보존하면서 조직의 가치, 문화, 진실성, 전략 및 운영에 중대한 영향을 미칠 기회를 가진 사람들과 조직을 대신해서 행동하는 사람들이 기대하는 윤리적 행동 표준을 정의하고 의사소통함
- 조직 전체에 걸쳐 비윤리적 행동으로 이끌 수 있는 이해 상충을 방지하거나 해결함
- 윤리적 행동을 모니터링, 지지 및 집행하는 감독 메커니즘과 관리를 수립하고 유지함
- 보복의 두려움 없이 비윤리적 행동 보고를 용이하게 하는 메커니즘을 수립하고 유지함
- 지역 법과 규정이 존재하지 않거나 윤리적 행동과 상충하는 상황을 인식하고 다룸

- 인간을 대상으로 하는 연구를 수행할 때 국제적으로 인식된 윤리적 행동 표준을 채택하고 적용함
- 동물을 기르고 번식시키고 생산하고 수송하고 이용할 경우 제대로 된 조건을 제공하는 것을 포함하여 동물의 생명과 존재에 영향을 줄 때 동물 복지를 존중함

4. 이해관계자 이해 존중

① 기본원칙: 조직은 이해관계자의 이해를 존중하고 고려하며 대응하여야 한다.

② 의미 및 실행

조직의 목적이 조직의 소유자, 회원, 고객이나 구성원의 이해에 의해 한정될 수도 있긴 하지만, 다른 개인이나 그룹도 조직이 고려해야 하는 권리, 클레임 또는 특정 이해를 가질 수도 있다. 이러한 개인이나 그룹이 단체로 조직의 이해관계자를 구성한다.

- 조직의 이해관계자를 식별하여야 한다.
- 조직 이해관계자의 법적 권리뿐만 아니라 이해를 인식하고 적정한 고려를 하며, 그들이 표현한 관심사에 대응하여야 한다.
- 일부 이해관계자가 조직의 활동에 중대하게 영향을 줄 수 있음을 인식하여야 한다.
- 조직에 접촉하고 참여하고 영향을 주는 이해관계자의 상대적 능력을 평가하고 고려하여야 한다.
- 이해관계자와 조직의 관계 본질뿐만 아니라 조직의 이해관계자 이해가 사회의 광범위한 기대와 지속가능발전에 대해 갖는

관계를 고려하여야 한다.
- 이해관계자가 조직 거버넌스에서 공식적인 역할이 없거나 자신들의 이해를 인식하지 못할지라도 조직의 결정이나 활동으로 영향받을 것 같은 이해관계자의 견해를 고려하여야 한다.

5. 법치 존중
① 기본원칙: 조직은 법치 존중이 의무적이라는 것을 받아들여야 한다.
② 의미 및 실행

법치란 법의 우위를 말하며, 특히 어떠한 개인이나 조직도 법 위에 있지 않으며 정부 또한 법을 따라야 한다. 법치는 권력의 자의적 행사와는 대조된다. 일반적으로 법치에서는 법과 규정이 성문화되고 일반 대중에게 공개되며, 수립된 절차에 따라 공정하게 집행되는 것을 암시한다. 사회적 책임 맥락에서 법치 존중은 조직이 모든 해당하는 법과 규정을 준수하는 것을 의미한다. 이는 조직이 해당하는 법과 규정을 인식하고, 그들이 준수해야 할 의무를 조직 내에 알리고, 그런 조치를 실행하는 조치를 해야 하는 것을 의미한다.

- 조직이 운영되는 모든 사법권 내의 법적 요구사항을 비록 이들 법과 규정이 제대로 집행되지 않더라도 준수해야 한다.
- 조직의 관계와 활동이 의도되고 해당되는 법적인 틀을 준수하고 있다는 것을 보장하여야 한다.
- 모든 법적 의무를 스스로 알아야 한다.

- 해당되는 법과 규정의 준수를 주기적으로 검토하여야 한다.

6. 국제행동규범 존중

① 기본원칙: 조직은 법치 존중 원칙을 지키면서 국제행동규범을 존중하여야 한다.

② 의미 및 실행

- 법이나 법의 시행이 제대로 된 환경적 또는 사회적 보호수단을 제공하지 않는 상황에서, 조직은 최소한 국제행동규범을 존중해야 한다.
- 법이나 법의 시행이 국제행동규범과 상충하는 국가에서, 조직은 가능한 최대한 국제행동규범을 존중하도록 노력해야 한다.
- 법이나 법의 시행이 국제행동규범과 상충하고 이런 국제행동규범을 따르지 않는 것이 중대한 결과를 야기할 수 있는 상황에서, 조직은 실행 가능하고 적절한 경우, 해당 사법권 내에서의 조직의 관계와 활동 본질을 검토하여야 한다.
- 조직은 그러한 상충을 처리하기 위해 관련 조직과 당국에 영향을 미치도록 노력하는 정당한 기회와 채널을 고려하여야 한다.
- 조직은 국제행동규범을 지키지 않는 다른 조직의 활동과 연루되는 것을 회피하여야 한다.

7. 인권 존중

① 기본원칙: 조직은 인권을 존중하고 인권의 중요성과 보편성을 인식하여야 한다.

② 의미 및 실행

- 국제인권장전에 규정된 권리를 존중하고, 가능한 이를 촉진하여야 한다. 국제인권장전이라 함은, 1948년 성립된 세계인권선언과 1966년의 2개의 국제인권규약을 의미한다.
- 이러한 권리의 보편성, 즉 인권은 모든 국가, 문화 및 상황에 불가분하게 적용 가능하다는 것을 존중하여야 한다.
- 인권이 보호되지 않는 상황에서 인권을 존중하는 조치를 취하고 이러한 상황을 이용하는 것을 피한다.
- 법이나 법 실행이 인권의 적절한 보호를 제공하지 못하는 상황인 경우, 국제행동규범 존중 원칙을 따른다.

이해관계자 참여의 중요성

사회적 책임 인식은 지속가능발전에 기여하기 위해 이러한 쟁점들이 다루어지는 방법뿐 아니라 조직의 결정과 활동의 영향으로 야기된 쟁점 식별, 그리고 조직의 이해관계자 인식을 포함한다. 앞에 서술되었듯이 사회적 책임의 기본 원칙은 조직이 조직의 결정과 활동으로 영향받을 이해관계자의 이해를 존중하고 고려해야 한다.

조직의 사회적 책임을 다룰 때 조직은 다음 세 가지 관계를 이해하여야 한다.

- 조직과 사회 간 관계 조직은 조직의 결정과 활동이 어떻게 사회와 환경에 영향을 미치는지를 이해하고 인식하여야 한다. 조직은 또한 이러한 영향에 관한 조직의 책임 있는 행위에 대한 사회의 기대를 이해하여야 한다. 이는 사회적 책임의 핵심 주제와 쟁점을 고려함으로써 이루어져야 한다.
- 조직과 조직의 이해관계자 간 관계 조직은 조직의 다양한 이해관계자를 인식하여야 한다. 이해관계자는 조직의 결정과 활동으로 인해 그들의 이해가 영향을 받을 수 있는 개인이나 그룹이다.
- 이해관계자와 사회 간 관계 조직은 한편으로는 조직 때문에 영향을 받는 이해관계자의 이해와 다른 한편으로는 사회의 기대 사이의 관계를 이해하여야 한다. 이해관계자는 사회의 일부임에도, 이들은 사회의 기대와 부합하지 않는 다른 이해를 가질 수도 있다. 어떤 쟁점에 대해 이해관계자는 사회적으로 책임 있는 행위에 대한 사회적 기대와 구별되는 조직에 대한 특정 이해를 가진다. 예를 들어, 대가를 지불받는 공급자의 이해와 계약 존중에 관한 사회의 이해는 같은 쟁점에 대해 관점이 다를 수 있나.

조직의 이해관계자 및 사회와의 관계

이해관계자는 사회의 기대와 일치하지 않는 이해를 가질 수 있다. 사회적 책임을 인식함에 있어, 조직은 세 가지의 모든 관계를 고려해야 할 필요가 있다. 각각의 목표가 같지 않을 수 있기 때문에 조직, 조직의 이해관계자와 사회는 각기 다른 관점을 가지기 쉽다. 개인들과 조직들은 조직의 결정과 활동으로부터 영향을 받을 수 있는 많고 다양한 이해를 가질 수도 있다고 인식하여야 한다.

이해관계자의 식별

이해관계자는 조직의 결정과 활동에 있어 하나 이상의 이해를 가지는 조직이나 개인이다. 이러한 이해는 조직에 의해 영향을 받을 수 있다는 점에서 조직과의 관계를 만든다.

이해가 만드는 관계는 당사자가 알든 모르든 항상 존재한다. 조직은 조직의 모든 이해관계자를 식별하려고 시도해야 하지만, 항상 모든 이해관계자를 인식하지는 못할 수 있다. 이와 비슷하게 많은 이해관계자가 자신의 이해에 영향을 미치는 조직의 잠재력을 알지 못할 수도 있다.

이러한 맥락에서 이해는 주장의 실제적 또는 잠재적 근거를 뜻하는데 즉, 지급의무가 있는 어떤 것을 요구하거나 권리 존중을 요구하는 것이다. 그런 주장은 금융적 요구나 법적 권리를 포함할 필요는 없다. 때때로 주장은 단순히 의견을 낼 수 있는 권리일 수 있다. 이해의 관련성이나 중대성은 지속가능발전과의 관계에 의해 가장 잘 결정된다.

개인이나 그룹이 조직의 결정과 활동에 어떻게 영향을 받고 있고 받을 수 있는지를 이해하면 조직과의 관계를 만드는 이해를 식별할 수 있다. 그러므로 조직의 결정과 활동의 영향 결정은 조직의 가장 중요한 이해관계자를 식별하도록 도와줄 것이다.

조직은 많은 이해관계자를 가질 수 있다. 게다가 서로 다른 이해관계자들은 다양하고 때로는 경쟁적인 이해를 가진다. 예를 들어 지역사회 주민의 이해는 오염 같은 조직의 부정적인 영향뿐만 아니라 고용 같은 동일한 조직의 긍정적인 영향을 포함한다.

일부 이해관계자는 조직의 필수불가결한 일부이다. 이러한 이해관계자는 조직의 회원, 피고용인 또는 소유자를 포함한다. 이러한 이해관계자는 조직의 목적과 성공에 있어 공통의 이해를 공유한다.

그러나 이는 조직에 관한 그들의 모든 이해가 같을 것이라는 의미는 아니다.

대부분의 이해관계자 이해는 조직의 사회적 책임과 관련이 있을 수 있으며, 종종 사회의 이해 일부와 아주 비슷하다. 새로운 오염원으로 인해 자신이 소유한 재산이 가치를 잃는 재산 소유자의 이해가 한 예다.

조직의 모든 이해관계자가 특정 조직에 대해 자신의 이해를 대표할 목적을 가지는 조직화된 그룹에 속해있는 것은 아니다. 많은 이해관계자는 전혀 조직화 되어있지 않을 수 있고, 이런 이유로 간과되거나 무시될 수 있다. 이 문제는 취약그룹과 미래세대와 관련하여 특히 중요할 수 있다.

사회 또는 환경 명분을 지지하는 그룹은 이러한 명분에 관련되고 중대한 영향을 주는 결정과 활동을 하는 조직의 이해관계자일 수 있다.

조직은 특정 이해관계자를 대신하여 발언한다고 주장하거나 특정 명분을 지지하는 그룹이 대표적이고 믿을 만한지를 조사하여야 한다. 어떤 경우에는 중요한 이해가 직접적으로 대표되는 게 가능하지 않을 수 있다. 예를 들어, 아동은 조직화된 그룹을 소유하거나 통제할 수 없고 야생동물도 그렇게 할 수 없다. 이런 상황에서 조직은 그런 이해를 보호하려는 믿을만한 그룹의 견해에 주의를 기울여야 한다.

이해관계자를 식별하기 위하여, 조직은 스스로 다음과 같은 질문을 한다.

- 조직은 누구에게 법적 의무가 있는가?
- 조직의 결정이나 활동에 누가 긍정적 또는 부정적으로 영향을 받을 수 있는가?
- 조직의 결정과 활동에 대해 누가 관심을 표할 것인가?
- 유사한 관심사가 다루어질 필요가 있을 때 과거에 누가 관여하였는가?
- 조직이 특정 영향을 다루는 것을 누가 도울 수 있는가?
- 조직이 책임을 지는 능력에 누가 영향을 미치는가?
- 만일 참여에서 제외된다면 누가 불이익을 받는가?
- 가치사슬 내에서 누가 영향을 받는가?

이해관계자 참여 방법

이해관계자 참여는 조직과 하나 또는 그 이상의 조직 이해관계자 간의 대화를 수반한다. 이해관계자 참여는 조직의 결정을 위한 정보에 입각한 근거를 제공함으로써 조직이 사회적 책임을 다루는 것을 지원한다.

이해관계자 참여는 여러 형태를 취할 수 있다. 조직에 의해 시작될 수도 있고, 조직이 하나 이상의 이해관계자에 대응함으로써 시작될 수도 있다. 비공식적이거나 공식적 회의로 이루어질 수 있으며, 개별회의, 컨퍼런스, 워크숍, 공청회, 원탁토의, 자문위원회, 정기적이고 구조화된 정보와 협의 절차, 단체협상 및 웹 기반 포럼 같은 다양한 형식을 따를 수 있다. 이해관계자 참여는 상호작용하고, 이해관계자의 견해를 들을 기회를 제공하기 위한 것이어야 한다. 이해관계자 참여의 중요한 특징은 양방향 의사소통을 포함하는 것이다.

조직이 이해관계자를 참여시키는 데에는 다양한 이유가 있다. 이해관계자 참여는 다음과 같은 목적으로 이용될 수 있다.

- 조직의 결정과 활동이 특정 이해관계자에게 미칠 것 같은 결과에 대한 조직의 이해를 높인다.
- 조직의 결정과 활동의 유익한 영향은 증가시키고 해로운 영향은 감소시키는 최선의 방법을 결정한다.
- 조직의 사회적 책임에 대한 주장이 믿을 만한 것으로 인지되는지를 결정한다.
- 조직성과를 향상할 수 있도록 조직의 성과 검토를 돕는다.
- 전체적으로 조직 자체의 이해, 이해관계자의 이해와 사회 전체의 기대와 관련된 상충을 조정한다.
- 이해관계자의 이해와 넓게는 사회에 관한 조직의 책임 간 연결을 다룬다.
- 조직이 하는 지속적인 학습에 기여한다.
- 법적 의무를 다한다. (예를 들어 피고용인에 대해)
- 조직과 이해관계자 간 또는 이해관계자 간에 상충하는 이해를 다룬다.
- 다양한 관점이 주는 이득을 조직에 제공한다.
- 조직의 결정과 활동의 투명성을 높인다.
- 상호 호혜적인 목표를 달성하는 파트너십을 만든다

대부분의 경우, 조직은 조직에 미치는 영향을 다루는 방식에 대한 사회의 기대를 이미 알고 있거나 쉽게 배울 수 있다. 그러한 상황에서 비록 이해관계자 참여 프로세스가 다른 이득을 준다고 할지라도, 이러한 기대를 이해하기 위해 특정 이해관계자의 참여에 의존할 필요는 없다. 사회의 기대들은 또한 법과 규정, 널리 수용된 사회나 문화적 기대 및 특정 사안에 대한 기존의 표준이나 모범사례에서 찾을 수 있다. 이해관계자의 이해에 대한 기대는 다양한 쟁점 해설에 이은 "관련 활동과 기대"에서 찾을 수 있다. 이해관계자 참여를 통해 수립된 기대는 조직 활동에 대한 기존의 기대를 대체하기보다는 보충한다.

가장 관련성 있는 이해관계자 참여를 토대로 하는 공정하고 적절한 프로세스가 개발되어야 한다. 이해관계자로 식별된 조직이나 개인의 이해(또는 이해들)는 거짓이 없어야 한다. 식별 프로세스는 이해관계자가 조직의 결정과 활동으로부터 영향을 받아 왔거나 받을 것 같은지를 확인하도록 노력하여야 한다. 가능하고 현실적인 경우, 참여는 이런 이해를 반영하는 가장 대표적인 조직과 하여야 한다. 효과적인 이해관계자 참여는 선의에 기반을 두며 홍보를 초월한다.

이해관계자 참여 시, 조직은 조직에 보다 "우호적"이거나 다른 그룹에 비해 조직의 목적을 더 지원하기 때문에 조직화된 그룹을 선호해서는 안 된다. 조직은 참여 이해관계자가 단지 침묵하고 있다는 이유만으로 이들을 소홀히 해서는 안 된다. 조직은 소위 파트너가 사실상 독립적이지 못할 때, 대화 파트너가 있다는 모습을 보이기 위해 특정 그룹을 만들거나 지원해서는 안 된다. 진실한 이해관계자 대화는 독립적인 당사자와 어떠한 자금이나 그와 유사한 지원에 대한 투명한 공개를 수반한다.

조직은 조직의 결정과 활동이 이해관계자의 이해와 욕구에 끼칠 영향에 대해 의식하고 있어야 한다. 조직은 조직에 접촉하고 참여하는 이해관계자의 다양한 역량과 욕구뿐만 아니라 이해관계자에 대해서도 충분히 고려하여야 한다.

이해관계자 참여는 다음 항목이 나타날 때보다 의미가 있다. 즉 참여의 명확한 목적이 이해된 경우, 이해관계자의 이해가 식별된 경우, 조직과 이해관계자 간에 설정한 이해가 직접적이거나 중요한 경우, 이해관계자의 이해가 지속가능발전과 관련되고 중대한 경우, 이해관계자가 자신의 결정을 내리는 데 필요한 정보와 상황을 이해하고 있는 경우 등이다.

일곱 가지 핵심 주제와 상호 관계

ISO26000은 사회적 책임의 적용범위를 정의하고, 관련 이슈 사항들을 식별하며, 우선순위를 정하기 위해 모든 조직은 다음의 7가지 핵심 주제들을 다루도록 하고 있다.

❶ 조직 거버넌스
❷ 인권
❸ 노동관행
❹ 환경

❺ 공정 운영관행
❻ 소비자 이슈
❼ 지역사회 참여와 발전

  보건과 안전, 그리고 가치사슬과 관련된 측면과 아울러 경제적 측면은 7가지 핵심 주제 전체에 걸쳐서 다루어진다. 7가지 핵심 주제가 각각 남녀 즉, 성 평등 문제에 미칠 수 있는 다른 방식 역시 고려되어야 한다.

  각 핵심 주제는 사회적 책임의 쟁점을 포함한다. 핵심 주제들은 관련 활동과 기대와 함께 서술된다. 사회적 책임은 동적이고, 사회적·환경적·경제적 관심사의 진화를 반영하므로 향후 추가 쟁점이 나타날 수 있다.

  이러한 핵심 주제와 쟁점에 관한 활동은 사회적 책임의 원칙과 관행에 근거를 두어야 한다. 각 핵심 주제를 위해, 조직은 조직의 결정과 활동에 관련되거나 중대한 모든 쟁점을 식별하고 다룬다. 쟁점의 관련성을 평가할 때 장단기 목적을 고려하여야 한다. 그러나 조직이 핵심 주제와 쟁점들을 다루는데 사전에 결정된 순서는 없다. 순서는 조직과 그 조직의 특정 상황이나 맥락에 따라 달라질 것이다.

  모든 핵심 주제가 상호 관련되고 보완적임에도, 조직 거버넌스의 본질은 나머지 핵심 주제와는 다소 다르다. 효과적인 조직 거버넌스는 조직이 나머지 다른 핵심 주제와 쟁점에 대한 활동을 취하고, 7가지 원칙을 실행하도록 해준다.

  조직은 핵심 주제를 총체적으로 살펴보아야 하는데, 즉 조직은 하나의 쟁점에 집중하기보다는 모든 핵심 주제와 쟁점 그리고 이들의 상호의존성을 고려하여야 한다. 조직은 한 쟁점을 다루기 위한 노력이 다른 쟁점들과의 상반관계를 포함할 수 있다는 것을 인식하여야 한다. 특정 쟁점을 대상으로 한 특정 개선은 다른 쟁점에 해로운 영향을 주거나, 조직의 제품이나 서비스의 전 과정, 조직의 이해관계자나 가치사슬에 해로운 영향을 주어서는 안 된다.

7가지 핵심 주제별 상호관계를 그림으로 살펴보면 다음과 같다.

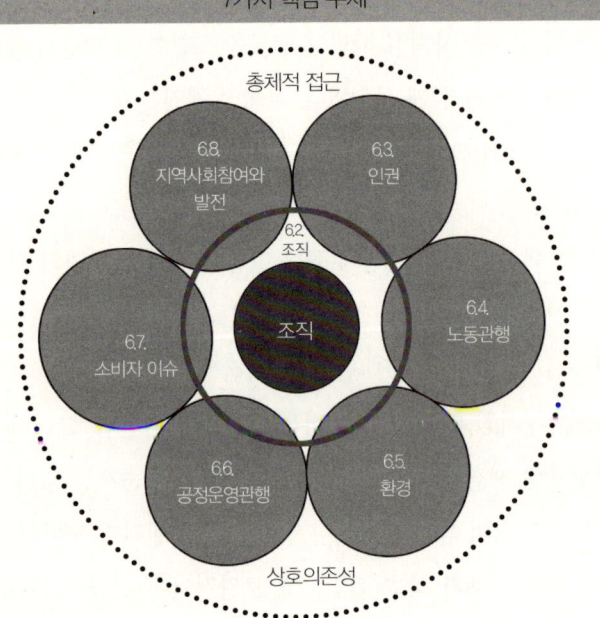

이들 핵심주제와 쟁점을 다룸으로써, 그리고 사회적 책임을 조직의 결정과 활동 안에 통합시킴으로써, 조직은 몇 가지 중요한 이득을 얻을 수 있다.

- 사회의 기대, 사회적 책임과 관련된 기회(법적 위험에 대한 좀 더 나은 관리를 포함) 및 사회적으로 책임을 지지 않으려는 위험에 대한 향상된 이해를 기반으로 보다 정보에 입각한 의사결정을 하도록 장려
- 조직의 위험 관리 관행을 개선
- 조직의 명성 제고와 더 큰 대중의 신뢰를 조성
- 조직의 사회에서의 운영허가를 지원
- 혁신 창출
- 금융과 선호되는 파트너 지위에 대한 접근성을 포함하여 조직의 경쟁력 제고
- 조직의 이해관계자와 조직의 관계를 개선하여, 조직을 새로운 관점과 다양한 범위의 이해관계자와 접촉하도록 노출
- 피고용인의 충성, 참여 및 사기를 높임
- 남녀 근로자 모두의 안전과 보건 제고
- 조직의 피고용인 채용, 동기 부여 및 유지 능력에 긍정적으로 영향을 미침
- 생산성과 자원 효율성 증가, 에너지와 물 소비 줄이기, 폐기물 감소, 가치 있는 부산물의 재생과 관련된 절약을 달성
- 책임 있는 정치 참여, 공정 경쟁 및 부패 근절로 거래의 신뢰성과 공정성을 제고
- 제품이나 서비스에 대한 소비자와의 잠재적인 갈등을 예방하거나 줄임

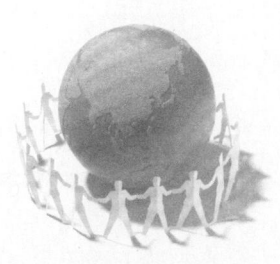

VI 사회책임 자가진단법

이솝우화로 읽는 SR 이야기 6

번데기를 놀린 개미

화창한 봄날, 먹이를 찾아 분주히 돌아다니던 개미 한 마리가 나비가 되기 직전의 번데기를 만났다. 개미와 번데기는 서로 처음 만난 상태였다. 꾸물꾸물 몸을 움직이지만, 그 자리에서 꼼짝 못하는 번데기를 보고 개미는 매우 안됐다는 얼굴로 무시하듯 말했다. "불쌍한 운명을 타고난 동물이구먼, 나는 다니고 싶은 곳을 맘대로 다니고 나무 꼭대기까지 올라갈 수 있는데. 쯧쯧." 번데기는 개미의 말을 듣기만 했다. 며칠 후, 개미는 번데기를 만난 곳을 다시 지나게 되었고 번데기의 빈껍데기만 놓여 있는 것을 보게 되었다. 그때였다. 갑자기 개미 머리 위에 그늘이 지더니, 멋진 날개를 가진 나비가 말을 걸어왔다. "어이, 개미 친구. 지난번처럼 자랑 좀 해보지." 그리곤 나비는 멋진 날개를 펄럭이며 날아올라 개미의 눈에서 사라져 버렸다.

> 지금 사회책임SR 수준이 조금 낮다고 해도 실망할 필요는 없다. 더 멋진 조직으로 거듭날 수 있다고 생각하자. 곧 좋아질 수 있다는 자신감과 자부심을 갖고 우리 조직에 맞는 최적의 사회책임SR을 지속적으로 추진해 나가면 된다.

우리 기업의 사회책임지수는 몇 점일까?

기업을 포함한 모든 조직의 사회책임^{SR} 수준을 종합적으로 평가하기는 쉽지 않다. 환경보호는 잘하는데, 노동자 인권을 무시할 수가 있고, 제품에 대해 철저하게 책임지며 소비자보호에서도 모범적인데, 분식회계 등 불공정거래를 일삼는 경우도 많다.

사회공헌 활동은 잘하면서, 종업원들의 근로조건 보장에는 소홀히 하기도 하고, 불법 비자금을 조성하여 사회에 물의를 일으키며 회사에 손해를 끼치는 경우도 있다.

사회책임에 대한 이행 수준 진단은 보는 관점에 따라서 다양한 접근이 가능하겠지만, ISO26000에서 제시하는 7대 원칙과 7대 핵심주제를 기반으로 종합적으로 평가해 보면 자가진단도 해 볼 수 있고, 많은 시사점을 얻을 수 있다.

어떤 경우는 전체를 보고, 이를 토대로 부분을 보면 문제점과 개선방향을 더 잘 파악할 수 있을 것이다.

필자가 대표로 있는 SR코리아에서는 ISO26000에 기반을 두고 위 [표]와 같이 사회책임지수$^{SRK\ index}$를 활용하여 각 조직의 사회책임 수준을 자가 진단할 수 있는 시스템을 개발했다. 사회책임지수는 7대 핵심주제별로 100점의 점수를 부여하고 통합 부문에 300점을 부여하여 전체 1000점으로 구성된다.

ㅇㅇ기업에 대한 ISO26000 사회책임지수 진단 사례를 살펴 보면 다음과 같다.

ISO26000 사회책임지수 약식 진단 결과 ('○○기업'의 경우)

핵심주제	주요이슈	진단	비고	평가
지배구조	이슈 1: 조직 지배구조	개선필요		B
	(이사회 구성, 운영)	적정		
	(금융자원,인적자원 효율성)	개선필요		
	(여성 임직원 비율)	개선필요		
인권	이슈 1: 실사	적정		A
	이슈 2: 인권 위험상황	적정		
	이슈 3: 공모회피	적정		
	이슈 4: 고충처리	적정		
	이슈 5: 차별과 취약그룹	적정		
	이슈 6: 시민권과 정치적 권리	적정		
	이슈 7: 경제적, 사회적 및 문화적 권리	적정		
	이슈 8: 근로에서의 근본원칙과 권리	적정		
노동관행	이슈 1: 고용과 고용관계	적정		A
	이슈 2: 근로조건과 사회적 보호	적정		
	이슈 3: 사회적 대화	적정		
	이슈 4: 근로에서의 보건과 안전	적정		
	이슈 5: 작업장에서의 인적 개발과 훈련	적정		
환경	이슈 1: 오염 방지	개선필요	환경영향 평가 등 준수	C
	이슈 2: 지속가능한 자원 이용	적정		
	이슈 3: 기후변화 완화와 적응	적정	온실가스 관리 필요	
	이슈 4: 환경보호, 생물다양성 및 자연서식지 복원	개선필요		
공정운영 관행	이슈 1: 반부패	적정		C
	이슈 2: 책임 있는 정치 참여	적정		
	이슈 3: 공정 경쟁	개선필요	임직원 부정 행위 방지	
	이슈 4: 가치사슬 내에서 사회적 책임 촉진	적정		
	이슈 5: 재산권 존중	적정		

소비자 (고객)	이슈 1: 공정 마케팅, 사실적이고 치우치지 않은 정보와 공정 계약관행	개선필요	B
	이슈 2: 소비자의 보건과 안전 보호	적정	
	이슈 3: 지속가능소비	적정	
	이슈 4: 소비자 서비스, 지원 및 불만과 분쟁 해결	적정	
	이슈 5: 소비자 데이터 보호와 프라이버시	적정	
	이슈 6: 필수 서비스에 대한 접근	적정	
	이슈 7: 교육과 인식	적정	
지역사회 참여발전	이슈 1: 지역사회 참여	적정	A
	이슈 2: 교육과 문화	적정	
	이슈 3: 고용창출과 기능 개발	적정	
	이슈 4: 기술 개발과 접근성	적정	
	이슈 5: 부와 소득 창출	적정	
	이슈 6: 보건	적정	
	이슈 7: 사회적 투자	적정	
[통합] 중대성 평가 및 우선순위 설정		적정	B
[통합] 이해관계자 의사소통과 사회보고		개선필요	지속가능 보고서 발간 필요	C
[통합] 검토 및 개선		적정	B

자가진단체계 개요

ISO26000 자가진단 구조 및 체계

* 일러두기

1. 이 체크리스트는 가이던스로 발간된 ISO26000(6~7장)을 각 조직이 스스로의 이행 수준을 점검할 수 있도록 재구성한 것입니다.
2. 전체적인 평가가 반드시 부분적인 평가의 합과 일치하지는 않습니다. ISO26000 에서는 전반적인(혹은 총체적인 holistic) 평가를 중시합니다.
3. 분량이 많다고 생각되는 경우, 우선 BAND 평가를 진행해 보시기 바랍니다.
4. 세부 항목별 평가는 3단계 또는 5단계 평가 방법을 사용하였습니다. 각 조직의 특성을 감안하여 세부적인 배점 기준을 수정, 보완하여 진단해 볼 수도 있을 것입니다.
5. 다양한 이해관계자의 BAND 평가와 세부 항목별 자가 진단 결과는 다를 수 있습니다. 그 간격을 줄여 나가는 것이 '객관적인 시각'을 갖는 것이며, '참여 engagement'와 '커뮤니케이션' 입니다.
6. 각 주제별 참고자료로 첨부한 것은 ISO26000 DIS 버전을 참고한 것으로 각 조직에서 공식적으로 사용할 때는 ISO26000 최신 버전을 구입해서 사용하기 바랍니다.

ISO26000에 근거한 사회책임지수 자가진단 총괄표

구성	주제	주요이슈	BAND 평가	소계 합계	합계 기준	총계
1~5장	개요, 용어, 원칙 등	개요, 원리, 배경 설명으로 6장 및 7장에서 점검함.	-	-	-	
6장	1. 지배구조	이슈 1: 조직 지배구조			100	
	2. 인권	이슈 1: 실사			100	
		이슈 2: 인권 위험상황				
		이슈 3: 공모회피				
		이슈 4: 고충처리				
		이슈 5: 차별과 취약그룹				
		이슈 6: 시민권과 정치적 권리				
		이슈 7: 경제적, 사회적, 문화적 권리				
		이슈 8: 근로에서의 근본원칙과 권리				
	3. 노동관행	이슈 1: 고용과 고용관계			100	
		이슈 2: 근로조건과 사회적 보호				
		이슈 3: 사회적 대화				
		이슈 4: 근로에서의 보건과 안전				
		이슈 5: 작업장에서의 인적 개발과 훈련				
	4. 환경	이슈 1: 오염 방지			100	
		이슈 2: 지속가능한 자원 이용				
		이슈 3: 기후변화 완화와 적응				
		이슈 4: 환경보호, 생물다양성, 자연서식지 복원				
	5. 공정운영 관행	이슈 1: 반부패			100	
		이슈 2: 책임 있는 정치 참여				
		이슈 3: 공정 경쟁				
		이슈 4: 가치사슬 내에서의 사회적 책임 촉진				
		이슈 5: 재산권 존중				
	6. 소비자 (고객)	이슈 1: 공정 마케팅, 사실적이고 치우치지 않은 정보와 공정 계약관행			100	
		이슈 2: 소비자의 보건과 안전 보호				
		이슈 3: 지속가능소비				
		이슈 4: 소비자 서비스, 지원 및 불만과 분쟁 해결				
		이슈 5: 소비자 데이터 보호와 프라이버시				
		이슈 6: 필수 서비스에 대한 접근				
		이슈 7: 교육과 인식				
	7. 지역사회 참여발전	이슈 1: 지역사회 참여			100	
		이슈 2: 교육과 문화				
		이슈 3: 고용창출과 기능 개발				
		이슈 4: 기술 개발과 접근성				
		이슈 5: 부와 소득 창출				
		이슈 6: 보건				
		이슈 7: 사회적 투자				
7장	8. 중대성 평가 및 우선순위 설정				100	
	9. 이해관계자 의사소통과 사회보고				100	
	10. 검토 및 개선				100	

BAND 평가 등급

등급	수준
A	우수
B	양호
C	보통
D	개선
E	불량

세부 항목별 평가 등급

수준	환산점	가중문항수			소계	합계
		x1	x2	x3		
우수	5					
양호	4					
보통	3					
개선	2					
불량	1					

7대 원칙 적용 수준 평가

7대 원칙	거버넌스	인권	노동	환경	공정운영	소비자	지역사회	조직에 통합		
								우선순위	사회보고	검토개선
설명책임 Accountability										
투명성 Transparency										
윤리적 행동 Ethical Behavior										
이해관계자 이해존중 Stakeholder										
법치존중 Law										
국제행동규범 존중 Int. Norms of Behavior										
인권존중 Human Rights										
BAND 평가										
세부 항목 평가										

종합 평가

등급	수준	점수대 (1000점 기준)
AA	최우수	901 이상
A	우수	801 ~ 900
BB	우량	701 ~ 800
B	양호	601 ~ 700
CC	보통	501 ~ 600
C	개선	500 이하

진단사례: 국내 대기업 35곳 사회책임지수 공개

최우수·우수등급은 한곳도 없고 매출 상위 삼성전자·현대차 '양호' 포스코·SKT 등 12곳 '우량' 평가

대기업 '사회책임' 성적은 매출순이 아니다

매출과 이익이 많다고 해서 해당 기업이 꼭 사회의 존경을 받는 것은 아니다. 그럼, 사회적으로 존경받는 기업이 되기 위해 꼭 필요한 사회책임 이행을 기준으로 한 기업 순위는 어떨까?

VI. 사회책임 자가진단법 151

사회책임에 관한 국제표준인 ISO26000 전문기관인 SR코리아는 28일 매출액 기준 상위 35개 기업의 사회책임 수준을 평가한 '국내 주요 기업 사회책임지수 진단' 보고서를 발표했다. 보고서를 보면, 국내 대기업의 사회책임 수준은 평균적으로 양호(B) 등급으로 평가됐다. 등급별로 보면 최우수(AA)와 우수(A) 등급은 없고, 우량(BB) 12개, 양호(B) 9개, 보통(CC) 8개, 개선(C) 6개 등이었다.

우량 등급을 받은 대기업은 철강업의 포스코와 현대제철, 정보기술과 전자업종의 SK텔레콤·LG디스플레이·SK하이닉스·삼성SDI·삼성전기, 항공업의 대한항공·아시아나항공, 조선업의 대우조선해양, 석유화학업의 한화석유화학, 생활용품업의 유한킴벌리 등이다. 매출 순위 1, 2, 3위 업체인 삼성전자, 현대자동차, 한국전력은 모두 양호 등급에 그쳤다.

이번 평가는 지배구조·인권·노동·환경·소비자·공정경쟁·지역사회 참여발전 등 ISO26000의 7개 핵심 주제를 바탕으로 이뤄졌다. 기업의 사회책임 이행은 각 기업에서 발행하는 지속가능보고서와 정부 발표, 언론 보도 등을 종합해서 평가됐다. 그동안 정부나 연구소, 언론사 등에서 기업의 지속가능경영 수준을 평가한 적은 있지만, ISO26000 핵심주제에 기반을 둔 평가가 이뤄지기는 처음이다.

사회책임 주제별로 보면, 국내 대기업들은 사회공헌을 포함한 지역사회 참여발전과 환경 분야에서 상대적으로 좋은 점수를 받은 반면, 비정규직 문제를 포함한 노동, 부패를 포함한 공정운영 분야에서 낮은 점수를 받은 것으로 나타났다.

기업별 개선과제를 보면, 삼성전자의 경우 무노조 방침 철회, 노동

기본권 보장, 산업재해·직업병 대책, 순환출자 구조 개선, 부패 방지 등이었다. 현대차에 대해선 사내하청 비정규직 문제, 배임·횡령·비자금 조성 등 부패 방지, 소비자안전과 제품 리콜 문제 등이 개선 과제로 제기됐다. SK에너지·GS칼텍스·에스오일 등의 정유회사들은 에너지와 온실가스 줄이기 노력, 정유사간 담합행위 근절 등의 과제를 해결해야 할 것으로 지적됐다.

 황상규 SR코리아 대표는 "기업의 재무적 성과 뿐만 아니라 사회적 성과 같은 비재무적 요소들이 기업가치에 큰 영향을 끼치는 시대가 됐다"며 "국내 대기업들의 평균적인 사회책임 이행은 양호 수준으로 나타났지만, 우수 등급 이상으로 올라가려면 사회에서 요구하는 개선과제들을 하루속히 해결해야 한다"고 말했다. (한겨레 2012. 6. 28)

국내 주요 기업의 사회책임지수 평가 결과

자료: SR코리아

등급	기업
AA(최우수)	없음
A(우수)	없음
BB(우량)	포스코, 에스케이텔레콤, 엘지디스플레이, 대한항공, 에스케이하이닉스, 현대제철, 대우조선해양, 삼성SDI, 아시아나항공, 삼성전기, 한화석유화학, 유한킴벌리
B(양호)	삼성전자, 현대차, 한국전력, 엘지전자, 기아차, 케이티, 엘지화학, 동국제강, 씨제이
CC(보통)	에스케이에너지, 지에스칼텍스, 현대중공업, 삼성중공업, 에스케이인천정유, 삼성토탈, 동부제강, 삼성코닝정밀유리
C(개선)	에쓰-오일, 현대오일뱅크, 현대건설, 삼성석유화학, 삼성에버랜드, 두산중공업

VI. 사회책임 자가진단법

NO.	기업명	거버넌스	인권	노동	환경	공정운영	소비자	지역사회	SRK 지수		
									2011	2007	2005
1	삼성전자	C	B	D	C	C	C	A	B	B-	B0
2	현대자동차	C	B	C	A	C	C	B	B	B-	B-
3	한국전력공사	B	B	C	D	C	B	B	B	B-	C+
4	SK	C	A	B	C	D	C	A	CC	C+	B-
5	엘지전자	B	A	C	B	B	B	B	B	B-	B-
6	포스코	A	A	D	C	B	A	B	BB	B0	B0
7	지에스칼텍스	B	C	D	C	B	D	B	CC	C+	C+
8	기아자동차	C	B	B	A	C	B	C	B	B-	B-
9	에쓰-오일	A	A	B	D	C	C	B	C	C0	C+
10	현대중공업	B	A	C	C	C	A	B	CC	C+	-
11	케이티	A	B	C	B	C	C	A	B	B-	C+
12	에스케이텔레콤	B	A	B	C	B	B	A	BB	B0	B-
13	엘지디스플레이	A	A	B	C	B	B	D	BB	B0	B0
14	엘지화학	B	A	B	B	D	B	B	B	B-	B0
15	현대오일뱅크	C	A	C	D	C	C	C	C	C0	B0
16	대한항공	C	A	B	B	B	B	B	BB	B0	B-
17	SK 하이닉스	B	A	C	B	B	A	A	BB	B0	B-
18	삼성중공업	B	A	D	C	B	A	C	CC	C+	C0
19	현대제철	B	A	C	C	B	B	A	BB	B0	B-
20	대우조선해양	A	B	C	B	B	A	C	BB	B0	C+
21	현대건설	B	B	B	D	D	B	B	C	C0	C0
22	삼성SDI	A	B	D	A	A	A	B	BB	B+	B0
23	(SK 인천정유)	C	A	A	D	B	B	D	CC	C+	C0
24	두산중공업	C	B	C	D	C	A	B	C	C0	C+
25	아시아나항공	B	A	B	A	B	B	B	BB	B0	B-
26	삼성토탈	B	A	D	C	C	B	A	CC	C+	C0
27	동국제강	B	A	A	C	B	B	B	B	B-	-
28	CJ	A	A	C	C	C	D	B	B	B-	C+
29	삼성전기	A	A	C	A	A	A	B	BB	B+	B-

30	한화석유화학	B	A	A	A	B	B	A	BB	B0	B0
31	동부제강	B	A	A	D	B	A	D	CC	C+	C+
32	삼성코닝정밀유리	C	A	D	B	B	A		CC	C+	–
33	삼성에버랜드	C	B	D	C	C	B	B	C	C-	C0
34	삼성석유화학	C	A	D	C	B	A	D	C	C0	–
35	유한킴벌리	C	A	A	A	A	B	A	BB	B+	B0

1. 조직 거버넌스 organizational governance

■ BAND 평가(holistic approach)

- 조직이 사회책임을 구현하는데 최적의 의사결정구조를 갖추고 있는 경우 => A
- 금융, 자연, 인적 자원을 효율적으로 운용하여 건전한 경우 => A
- 의사결정구조 및 자원 운용에 문제가 조금 있는 경우 => B
- 의사결정구조 및 자원 운용에 상당한 수준의 문제가 있는 경우 => C
- 의사결정구조 및 자원 운용에 심각한 수준의 문제가 있는 경우 => D
- 조직 거버넌스 문제로 사회적 이슈(갈등유발, 언론보도)가 된 경우 => C~D
- 무지, 무관심, 무응답의 경우 => E

세부 항목 평가

1-1. 최고경영자는 조직의 사회적 책임의 중요성을 잘 인식하고 있는가? (가중치 x 3)

　　1.불량(1)　2.개선(2)　3.보통(3)　4.양호(4)　5.우수(5)

1-2. 이사회 구성과 감사의 선임과 역할이 적절한가? (가중치 x 2)

　　1.불량(1)　2.개선(2)　3.보통(3)　4.양호(4)　5.우수(5)

1-3. 사외이사의 수 및 이사회 참석과 역할은 적절한가? (가중치 x 2)

　　1.불량(1)　2.개선(2)　3.보통(3)　4.양호(4)　5.우수(5)

1-4. 사회적 책임에 대한 조직의 의지표명을 반영하는 전략, 목적 및 목표가 개발되어 있는가? (가중치 x 2)

　　1.불량(1)　2.개선(2)　3.보통(3)　4.양호(4)　5.우수(5)

1-5. 사회적 책임 성과와 관련된 경제적 그리고 비경제적 유인 시스템이 구축되어 있는가? (가중치 x 2)

　　1.불량(1)　2.개선(2)　3.보통(3)　4.양호(4)　5.우수(5)

1-6. 금융, 자연 및 인적 자원이 효율적 사용 관련, 부채 비율이 잘 관리되고 있는가? (가중치 x 2)

　　1.불량(1)　2.개선(2)　3.보통(3)　4.양호(4)　5.우수(5)

1-7. 금융, 자연 및 인적 자원이 효율적 사용 관련, 1인당 생산성이 좋으며, 잘 관리되고 있는가? (가중치 x 2)

　　1.불량(1)　2.개선(2)　3.보통(3)　4.양호(4)　5.우수(5)

1-8. 대표자가 불충분한 그룹(여성, 인종 및 민족 그룹 포함)이 조직의 고위직을 차지할 공정한 기회를 촉진 관련, 여성임직원 비율 등 적절한가? (가중치 x 3)

　　1.불량(1)　2.개선(2)　3.보통(3)　4.양호(4)　5.우수(5)

1-9. 조직의 이해관계자와의 양방향 의사소통 프로세스가 수립되어 있는가?

　　1.우수 (5)　2.양호 (4)　3.보통 (3)　4.개선 (2)　5.불량 (1)

> 1-10. 사회책임 관련 성과 관리를 위해 KPI 등으로 관리하는 등 역할과 책임이 잘 규정되어 있는가?
>
> 1.불량(1)　　2.개선(2)　　3.보통(3)　　4.양호(4)　　5.우수(5)

이슈 : 의사결정 프로세스와 구조

사회적 책임에 도움이 되는 의사결정 프로세스와 구조는 표준에 기술되어 있는 원칙과 관행의 이용을 촉진하는 것들이다.

모든 조직은 의사결정 프로세스와 구조를 가지고 있다. 일부의 경우, 이것은 공식적이고 정교하며 심지어 법과 규정의 대상이 된다. 또 다른 경우, 이것은 비공식적이고 조직의 문화와 가치에 뿌리를 둔다. 모든 조직은 사회적 책임의 원칙과 관행을 적용할 수 있도록 프로세스, 시스템, 구조 및 그 외의 다른 메커니즘을 갖추어야 한다.

조직의 의사결정 프로세스와 구조는 조직이 다음을 하는 것을 가능하게 한다.

- 사회적 책임에 대한 조직의 의지표명을 반영하는 전략, 목적 및 목표를 개발
- 임원진의 의지표명과 설명책임을 입증
- 사회적 책임 원칙들이 실행되는 환경과 문화의 조성과 육성
- 사회적 책임 성과와 관련된 경제적 그리고 비경제적 유인 시스템의 조성

- 금융, 자연 및 인적 자원의 효율적 사용
- 대표자가 불충분한 그룹(여성, 인종 및 민족 그룹 포함)이 조직의 고위직을 차지할 공정한 기회를 촉진
- 즉각적인 욕구와 미래세대의 욕구를 포함하여, 조직과 조직의 이해관계자 간의 욕구를 균형 잡음
- 의견 일치와 불일치의 영역을 식별하며 발생 가능한 갈등을 해결하기 위한 협상을 하는 조직의 이해관계자와의 양방향 의사소통 프로세스를 수립
- 전 직급의 피고용인이 조직의 사회적 책임 활동에 효과적으로 참여할 것을 격려
- 조직을 대신해 의사결정을 하는 사람들의 권한, 책임 및 역량 수준의 균형
- 결정이 사회적으로 책임 있는 방법으로 이루어진다는 것을 보장하고, 긍정적이든 부정적이든 조직의 결정과 활동의 결과에 대한 설명책임을 결정하는 결정의 실행을 기록
- 조직의 거버넌스 과정을 정기적으로 검토하고 평가함. 검토 결과에 따라 프로세스를 조정하고 조직 전반에 걸친 변화를 의사소통함

> * 기업지배구조에 대하여
>
> 기업지배구조라 함은 (1) 기업이라는 경제활동의 단위를 둘러싼 여러 이해당사자 간의 관계를 조정하는 메커니즘이라고 정의되거나, (2) 경영자원의 조달과 운용 및 수익의 분배 등에 대한 의사결정과정과 이에 대한 감시기능의 총칭으로 정의되기도 한다.
>
> 기업지배구조라는 개념은 1960년대의 미국에서, 기업의 비윤리적, 비인도적인 행동을 억제한다는 의미의 문맥에서 사용되기 시작하여, 그 후 분식회계 등 투자자의 관점에서 본 기업 스캔들의 방지 등을 뜻하는 것으로도 사용되었다. 여기에 기업 가치, 주주 가치를 증대시키기 위해 어떻게 기업 조직을 구축할 것인가 하는 의미도 첨가되었다. 1980년대부터 1990년대의 미국에서는, 기업 매수가 진행된 것과 기관 투자가의 발언력이 강해진 것에 의해 지배구조에의 관심이 높아졌다. 1990년대 이후에는 유럽 여러 나라와 일본에서도 다수의 기업 스캔들이 발각됨과 함께 경제적인 정체가 계속되던 중 지배구조가 주목을 받기 시작하였다.
>
> 현대의 기업에 있어서 기업지배구조가 중요한 이유는 기업의 성장과 규모의 증가에 따라 기업을 소유한 주주와 기업을 경영하는 경영자가 분리되어 주주와 경영자 간 이해 상충과 대리인 문제가 발생하기 때문이다. 현재, 기업지배구조의 목적은 (1) 기업 스캔들을 방지한다는 것과 (2) 기업의 수익력을 강화한다는 것 두 가지가 있다. 또한, 이것을 사회 전체의 시점에서 본 논의와 투자가의 시점에서 본 논의가 있다.

2. 인권 human rights

- BAND 평가(holistic approach)

    - 조직의 인권 경영을 위한 시스템을 운영하고 있고, 인권 문제가 없는 경우 => A
    - 인권 이슈와 관련하여 전혀 연루되지 않은 경우 => A
    - 부분적으로 인권 이슈가 있었지만, 적절히 개선해 나가고 있는 경우 => B

- 인권 이슈가 있음에 불구하고, 인식하지 못하고 대응하지 못하는 경우 => C
- 인권 이슈와 관련하여 사회적 이슈(갈등유발, 언론보도)가 된 경우 => C~D
- 무지, 무관심, 무응답의 경우 => E

세부 항목 평가

2-1. 인권침해를 사전 예방하고, 실사하고 점검하는 시스템이 있는가? (가중치 x 2)

1.불량(1)　2.개선(2)　3.보통(3)　4.양호(4)　5.우수(5)

2-2. 인권침해 문제로 사회적 이슈가 되거나 갈등 유발한 사례가 전혀 없는가? (가중치 x 2)

1.불량(1)　2.개선(2)　3.보통(3)　4.양호(4)　5.우수(5)

2-3. 직간접적 및 무언의 공모(인권남용에 고의적으로 상당히 개입되는 상황)를 적극 회피하는 절차가 수립되어 있는가?

1.불량(1)　2.개선(2)　3.보통(3)　4.양호(4)　5.우수(5)

2-4. 조직의 보안체계에서 개인 정보 보호 등 인권이 존중되고 있는가? (가중치 x2)

1.불량(1)　2.개선(2)　3.보통(3)　4.양호(4)　5.우수(5)

2-5. 조직은 인권 문제가 발생했을 때의 치유 메커니즘이 수립되어 있는가?

1.불량(1)　2.개선(2)　3.보통(3)　4.양호(4)　5.우수(5)

2-6. 취약그룹(여성, 장애인, 아동, 원주민 등)의 인권침해를 예방 혹은 방지하고 있는가? (가중치 x 2)

1.불량(1)　2.개선(2)　3.보통(3)　4.양호(4)　5.우수(5)

2-7. 조직 내에서 차별(남녀차별, 학력차별, 장애인차별, 외국인노동자차별) 행위가 없는가? (가중치 x 3)

　1.불량(1)　　2.개선(2)　　3.보통(3)　　4.양호(4)　　5.우수(5)

2-8. 개인의 시민적 정치적 권리(개인의 삶, 의사표현자유, 집회결사자유 등)를 존중하고 있는가? (가중치 x 2)

　1.불량(1)　　2.개선(2)　　3.보통(3)　　4.양호(4)　　5.우수(5)

2-9. 조직은 결사의 자유와 단체교섭권을 보장하고 있는가? (가중치 x 3)

　1.불량(1)　　2.개선(2)　　3.보통(3)　　4.양호(4)　　5.우수(5)

2-10. 조직은 강제노동과 아동노동을 금지하고 있는가? (가중치 x 2)

　1.불량(1)　　2.개선(2)　　3.보통(3)　　4.양호(4)　　5.우수(5)

이슈1 : 실사

모든 조직은 인권 존중을 위하여, 조직 내 활동 또는 조직과 관계가 있는 사람들의 활동 때문에 발생하는, 실질적 또는 잠재적 인권 영향을 식별하고, 예방하며, 다루기 위해 실사를 수행할 책임이 있다. 또한, 실사는 조직이 연루되어 인권 침해의 원인이 될 수 있는 경우 조직에 이들 타인의 행동에 영향을 줄 책임을 경고할 수도 있다.

관련 활동과 기대사항

실사는 인권을 포함하여 모든 핵심 주제에 적용된다. 인권에 관한 실사 프로세스는 조직의 규모와 상황에 적합한 방식 내에서 다음과 같은 사항을 포함하여야 한다.

- 조직 내 사람들과 조직과 긴밀하게 연결된 사람들에게 의미 있는 지침을 제공하는 조직의 인권 정책
- 기존의 활동과 제안된 활동이 어떻게 인권에 영향을 미칠 수 있는가를 평가하는 수단
- 조직 전반에 걸쳐 인권 정책을 통합하는 수단
- 우선순위와 접근방식에 있어 필요한 조정을 할 수 있도록, 시간을 두고 성과를 모니터링하는 수단
- 조직의 결정과 활동의 부정적 영향을 다루는 행동

이슈2 : 인권 위험상황

조직이 인권 관련 도전과 딜레마에 직면하기 쉽고, 인권 침해의 위험이 악화될 수 있는 특정 상황과 환경이 있다. 이는 다음과 같은 상황을 포함한다.

- 충돌 또는 극단의 정치 불안, 민주 또는 사법 시스템의 실패, 정치권 또는 시민권의 부재
- 빈곤, 가뭄, 극단의 건강 위험 또는 자연재해
- 물, 산림, 대기 같은 자연자원에 중대한 영향을 미칠 수 있거나 지역사회를 혼란하게 할 채굴 또는 기타 활동에의 관여.
- 토착민 지역사회에 대한 운영의 근접성
- 아동에게 영향을 미치거나 아동을 포함하는 활동
- 부패 문화

- 법적 보호 없이 비공식 근거로 수행된 근로에 참여하는 복잡한 가치사슬
- 부지 또는 기타 자산의 안전을 보장하기 위한 포괄조치의 필요

관련 활동과 기대사항

조직은 위와 같은 상황을 다룰 때 특별한 주의를 기울이는 게 좋다. 이런 상황에서는 인권 존중을 확실히 하기 위해 좀 더 강화된 실사 프로세스가 필요할 수도 있다. 예를 들어 이는 독립적인 인권 영향평가를 통해 이루어질 수 있다.

하나 이상의 이런 상황이 적용되는 환경에서 운영될 때, 조직은 어떻게 수행할지에 대한 어렵고 복잡한 판단에 직면하기 쉽다. 단순한 공식이나 해결방안이 없을 수도 있지만, 조직은 전반적 인권 충족을 촉진하고 방어하는데 기여하면서, 조직의 결정을 인권 존중이라는 일차 책임에 기초하여야 한다.

이슈3 : 공모회피

공모는 법적 의미와 비법석 의미 모두를 가지고 있다.

법적 맥락에서, 공모는 일부 사법권에서, 불법행위를 알거나 이의 원인이 될 의도가 있으면서 범죄와 같은 불법행위를 저지르는데 상당한 효과가 있는 행위 또는 태만으로 정의하였다. 공모는 불법행위나 태만을 돕거나 교사하는 개념과 연관되어 있다.

비법적 맥락에서, 공모는 행위에 대한 광범위한 사회적 기대에서 비롯된다. 이런 맥락에서 조직은 실사를 통해 사회, 경제 또는 환경

에 상당한 부정적 영향을 초래할 것으로 알았거나 알고 있어야 했던, 국제행동규범에 일치하지 않거나 존중하지 않는 타인의 불법행위를 도울 때, 공모로 고려될 수 있다. 또한, 이런 불법행위에 대해 침묵하거나 이로부터 이득을 보는 경우 조직은 공모한 것으로 고려될 수 있다. 공모의 경계는 모호하고 계속 바뀌지만, 세 가지 형태의 공모로 서술될 수 있다.

- 직접공모는 조직이 알면서 인권 침해를 도울 때 일어난다.
- 이득공모는 조직이나 자회사가 타인이 저지른 인권침해로부터 직접적으로 이득을 얻는 것을 말한다. 예를 들어, 조직의 결정과 활동을 반대하는 평화시위를 진압하는 보안인력의 활동을 용인하거나 시설을 지키면서 억압적 조치를 사용하는 것을 용인하는 조직, 공급자의 근로에서의 기본권 침해로 경제적인 이득을 얻는 조직을 포함한다.
- 침묵 공모는 고용법에서 특정 그룹에 대한 체계적 차별을 반대하는 발언을 하지 않는 것과 같이, 조직이 체계적이거나 지속적인 인권침해에 대해 관련 당국에 문제를 제기하지 않는 것을 포함한다.

관련 활동과 기대사항

인권 침해에서 공모를 만들 잠재성이 있는 두드러진 영역은 보안방식과 관련이 있다. 이러한 관점에서 무엇보다도 조직은 조직의 보안방식이 인권을 존중하고, 법 집행을 위한 국제규범과 기준에 일치함을 입증하여야 한다. 보안직원(고용되거나 계약되거나 하청을 준)

은 인권 기준에 대한 준수를 포함하여 적절하게 훈련받아야 하며 보안절차 또는 보안직원에 대한 불만은 즉각적으로 그리고 적절한 경우 독립적으로 다루고 조사하여야 한다.

더욱이 조직은 공공 보안인력이 저지른 인권 침해에 참여하거나, 이를 촉진하거나, 또는 이로부터 이득을 얻지 않는다는 것을 보장하도록 실사를 하여야 한다. 추가로 조직은

- 인권을 침해하는 독립체에 상품이나 서비스를 제공하지 않아야 한다.
- 파트너십 맥락에서나 계약 업무를 수행할 때, 인권을 침해하는 파트너와 공식적이거나 비공식적 파트너십 또는 계약 관계를 맺지 말아야 한다.
- 조직이 구매한 상품과 서비스가 생산된 사회적 조건과 환경적 조건을 알아야 한다.
- 반사회 활동에 참여한 독립체와의 관계를 피하여야 한다.

모든 조직은 법적 그리고 사회적 비교 대상의 공통 특성을 실사 프로세스에 통합함으로써 공모의 위험을 알고 예방하며 다룰 수 있게 된다.

이슈4 : 고충 처리

제도가 최적으로 운영되고 있다 할지라도, 조직의 결정과 활동이 인권에 미치는 영향에 대한 논란은 항상 발생할 수 있다. 효과적인

고충 메커니즘은 인권을 보호하는 국가의 의무에 중요한 역할을 한다. 동등하게, 인권을 존중하는 조직책임을 이행하기 위해, 조직은 인권이 침해되었다고 믿는 사람들이 이를 조직의 관심 대상으로 가져와 구제받도록 하는 메커니즘을 수립하여야 한다.

<u>관련 활동과 기대사항</u>

조직은 조직 자신의 이용과 이해관계자의 이용을 위해 구제 메커니즘을 수립하거나, 직접 수립하지 않는 경우는 이용 가능성을 보장하여야 한다. 이러한 메커니즘이 효과적이려면 다음과 같아야 한다.

- 정당성 특정 고충 프로세스 당사자 누구도 그 프로세스의 공정한 관리에 간섭할 수 없음을 보장하는 명확하고 투명하며 충분히 독립적인 거버넌스 구조를 포함한다.
- 접근 가능성 고충 처리 메커니즘의 존재가 공표되어야 하고 언어, 문맹, 인식이나 재원 부족, 거리, 장애 또는 보복의 두려움 같이 접근 장벽이 있을 수 있는 피해 당사자를 위해 적절한 지원을 제공하여야 한다.
- 예측 가능성 명료하고 알려진 절차, 단계별 명확한 일정, 고충 처리 메커니즘이 제공할 수 있고 제공할 수 없는 프로세스와 결과의 유형에 대한 명료성, 그리고 어떤 결과의 실행을 모니터링하는 수단이 있어야 한다.
- 공평성 피해 당사자는 공정한 고충 프로세스에 참여하는 데 필요한 정보, 조언 및 전문지식의 출처에 접근할 수 있어야 한다.

이슈5 : 차별과 취약그룹

차별은 대우나 기회의 평등을 효력 없게 만드는 모든 구분, 배제 또는 선호를 포함한다. 인종, 피부색, 성별, 나이, 언어, 재산, 국적 또는 출생국, 종교, 민족 또는 사회적 출신, 카스트, 경제적 기반, 장애, 임신, 토착민 소속, 노동조합 소속, 정치적 소속, 결혼상황이나 가족상황, 개인적 관계(성 지향성을 뜻함)와 HIV/AIDS 상황과 같은 건강상황에서의 차별을 금지한다. 차별금지는 국제인권법의 가장 근본원칙 중의 하나다.

관련 활동과 기대사항

조직은 피고용인, 파트너, 고객, 이해관계자, 회원 및 조직이 접촉하거나 영향을 미칠 수 있는 모든 이들을 차별하지 않도록 보장하기 위해 주의를 기울여야 한다.

조직은 직간접적인 차별이 존재하는지를 결정하기 위해, 조직의 운영이나 영향권 내에 있는 다른 당사자의 운영을 조사하여야 한다. 조직은 또한 조직의 활동과 연계된 관계를 통해 차별적 관행의 원인이 되지 않을 것을 보장하여야 한다.

조직은 취약그룹의 구성원들 사이에서 그들의 권리에 대한 인식 제고를 촉진하는 것을 고려하여야 한다.

아래의 취약그룹의 예는 특정적 관련 활동과 기대사항과 함께 기술된다.

- 여성과 여자 아동은 세계 인구의 절반을 차지하고 있지만, 자

원에 대한 접근 및 남성과 남자 아동과의 평등한 자원과 기회에 접근하는 것을 빈번하게 거부당하고 있다. 여성은 결혼과 가족문제에 관해 결정할 권리와 자신의 출산보건에 대해 결정할 권리뿐만 아니라, 교육, 고용, 경제적 및 사회적 활동에서 차별 없이 모든 인권을 누릴 권리를 가진다.

- 장애인은 종종 취약한데, 이는 부분적으로 장애인의 기능과 능력에 대한 오해 때문이다.
- 아동은 특히 취약한데, 부분적으로 그들이 의존적 상황 때문이다. 아동에게 영향을 미칠 수 있는 행동을 할 때 아동의 최상 이익을 일차적으로 고려하여야 한다.
- 토착민은 식민지화, 토지 몰수, 다른 시민과의 분리상황, 인권 침해를 포함하는 전체적인 차별을 경험해왔기 때문에 취약그룹으로 간주할 수 있다.
- 이주자, 이주근로자 및 그 가족 또한 취약할 수도 있는데, 외국이나 지역 출신 때문에 특히 이들이 비정규 이주자이거나 불법 이주자일 경우 그러하다.
- 카스트를 포함하여, 혈통에 기초해서 차별받는 사람 수억 명에 이르는 사람들이 세습 지위 또는 혈통 때문에 차별받고 있다. 이런 종류의 차별은 일부 사람들이 그들이 태어난 그룹이 깨끗하지 않다거나 가치가 적다는 잘못된 생각으로 정당화되어 온 인권 침해의 역사에 기반을 둔다. 조직은 그런 관행을 피하여야 하며, 실행 가능하다면, 그런 편견을 없애는데 기여하도록 노력하여야 한다.
- 인종에 기초해서 차별받는 사람 이 사람들은 인종, 문화적 정

체성 및 민족 출신 때문에 차별받는다. 이는 일부 사람들이 그들의 피부색이나 문화가 열등하다는 잘못된 생각으로 정당화되어 온 인권 침해의 역사에 있다.

- 기타 취약그룹은 예를 들어, 고령층, 난민, 빈곤층, 문맹, HIV/AIDS 환자, 소수집단, 종교그룹을 포함한다.

이슈6 : 시민권과 정치권

시민권과 정치권은 생명권, 존엄하게 살 권리, 고문으로부터 자유로울 권리, 안전할 권리, 재산소유권, 개인의 자유와 존엄성, 형사상 기소에 처했을 때 정당한 법 절차와 항변할 권리와 같은 절대적 권리를 포함한다. 더 나아가 언론과 표현의 자유, 평화로운 집회와 결사의 자유, 종교 선택과 종교생활의 자유, 신앙의 자유, 프라이버시, 가족, 집 또는 통신에 대한 임의적 간섭으로부터의 자유, 명예나 명성에 대한 공격으로부터의 자유, 공공서비스 접근권 및 선거참여권을 포함한다.

관련 활동과 기대사항

모든 조직은 개별 시민권과 정치권을 존중하여야 한다. 그 예로는 다음과 같은 것이 있으나, 이에 국한되지는 않는다.

- 개인의 삶
- 언론과 표현의 자유. 조직은 내부 또는 외부로 조직에 대한 비판을 표현할 때라도, 그 사람의 견해 또는 의견을 억제할 목

적을 가져서는 안 된다.
- 평화로운 집회와 결사의 자유
- 국경과 관계없이, 어떠한 수단을 통해 정보와 아이디어를 얻고 받고 전하는 자유
- 단독으로 또는 타인과 함께, 재산을 소유할 권리와 임의로 재산을 빼앗기지 않을 자유
- 내부 징계조치를 취하기 이전에 정당한 프로세스에 접근하고 항변할 권리. 어떤 징계조치도 비례적이어야 하고 신체 처벌이나 비인간적이거나 모욕적 대우를 포함하지 않아야 한다.

이슈7 : 경제권, 사회권 및 문화권

모든 사람은 사회의 일원으로서, 그들의 존엄성과 개인발전을 위한 필요한 경제권, 사회권 및 문화권을 가진다.

이는 △교육의 권리 △공정하고 유리한 조건에서 일할 권리 △결사의 자유에 관한 권리 △적절한 건강수준에 대한 권리 △본인이나 그 가족의 신체적 그리고 정신적 보건과 행복에 적절한 생활 수준을 영위할 권리 △의식주, 의료, 실업, 질병, 장애, 배우자 사망, 고령 또는 기타 개인이 통제할 수 없는 상황에서의 생계수단 결핍 등의 상황에서의 보장 같은 필요한 사회보호의 권리 △종교와 문화 관행에 대한 권리 △그리고 이런 권리와 관련하여 긍정적인 관행을 지지하고 부정적 관행을 막는 결정 과정에서 차별 없이 참여할 수 있는 진정한 기회에 대한 권리 등을 포함한다.

관련 활동과 기대사항

　모든 조직은 경제권·사회권·문화권을 존중하기 위해, 이러한 권리 향유를 제한하거나 막거나 지연하는 활동에 개입하지 않는 것을 보장하기 위해 실사를 할 책임이 있다.

　다음은 조직이 이 권리들을 존중하기 위해 해야 할 일들의 예이다. 조직은 지역주민의 권리를 포함한 이런 권리에 대해, 새로운 프로젝트뿐만 아니라 조직의 결정, 활동, 제품 및 서비스의 가능한 영향을 평가하여야 한다. 나아가 조직은 물과 같은 필수제품이나 자원에 대한 접근을 직간접적으로 제한하거나 거부하지 않아야 한다.

　모든 조직은 예를 들어 다음의 내용을 고려할 수 있다.

- 지역사회 구성원을 위한 교육과 평생학습에 대한 접근을 촉진하고, 가능한 경우, 지원과 시설을 제공
- 경제권·사회권·문화권 존중과 실현을 지원하는 다른 조직이나 정부기관의 노력에 동참
- 이런 권리 이행에 기여하는 핵심 활동과 관련된 방식을 탐색
- 빈곤층의 구매능력에 맞게 제품이나 서비스를 조정

　다른 모든 권리처럼 경제권·사회권·문화권 또한 지역맥락에서 고려되는 게 좋다. 관련 활동과 기대사항에 대한 추가지침은 지역사회 참여와 발전에서도 제공된다.

이슈8 : 근로에서의 근본원칙과 권리

근로에서의 근본원칙과 권리는 노동 쟁점에 초점을 맞추고 있다. 이러한 원칙과 권리는 기본 인권으로서 국제사회에서 채택되었기에 인권 부분에서 다룬다. 국제노동기구ILO는 근로에서의 근본 권리를 식별해왔다. 이것은 다음을 포함한다.

- 결사의 자유와 단체교섭권의 효과적인 인식
- 모든 형태의 강제노동 또는 의무노동의 제거
- 아동노동의 효과적인 폐지
- 고용과 직업에서의 차별 제거

관련 활동과 기대사항

이러한 권리들이 여러 사법권 내에서 법으로 제정되어 있지만, 조직은 다음 사안들을 다루는 것을 독립적으로 보장하여야 한다.

- 결사의 자유와 단체교섭: 어떠한 구분 없이, 근로자와 고용인은, 관련 조직의 규칙만을 조건으로, 어떠한 사전 승인 없이 스스로 선택에 따른 조직을 설립하고 그에 가입할 권리가 있다.
- 강제 노동: 조직은 강제노동 또는 의무노동에 관여하거나 그로 인해 이득을 누리려고 해서는 안 된다. 불이익 위협이 있거나 근로가 자발적으로 이루어지지 않은 사람으로부터 근로나 서비스를 얻어서는 안 된다. 재소자가 법정에서 유죄를 선고 받지 않았거나, 재소자의 노동이 공권력의 감독과 통제 아래

있지 않을 경우, 조직은 재소 노동에 관여하거나 이로부터 이익을 얻어서는 안 된다.
- 평등한 기회와 비차별: 조직은 고용 정책이 인종·피부색·성별·종교·출신 국가·사회출신·정치견해·나이 혹은 장애에 기반을 둔 차별 등으로부터 자유롭다는 점을 확인하여야 한다.
- 아동노동: 최저 고용 연령은 국제문서에 결정되어 있다. 조직은 어떤 형태의 아동노동사용에 관여하거나 이를 통해 이익을 얻어서는 안 된다. 아동에게 해를 주지 않거나, 학교에 가거나 아동의 충분한 발달에 필요한 다른 활동을 방해하지 않는 가벼운 근로는 아동노동으로 간주되지 않는다.

ILO 협약은 고용 또는 근로가 허용되는 최저 연령이 의무교육을 마치는 연령보다 낮아서는 안 되며, 어떤 경우라도 15세 미만이어서는 안 된다고 정한 국내법을 위한 프레임워크를 제공한다. 경제시설과 교육 시설이 제대로 발전되지 못한 나라에서는 최저 연령이 14세 미만일 수도 있다. "가벼운 근로"에 대해서는 13세 또는 12세 이상의 예외가 만들어질 수도 있다. 위험한 근로 (근로의 본질 또는 근로를 수행하는 환경의 결과가 아동의 보건, 안전 또는 도덕관념을 해치기 쉬운 근로)의 최저연령은 모든 국가에서 18세다.

아동노동 기준

	선진국	개도국
일상 근로	최소 15세	최소 14세
위험한 근로	18세	18세
가벼운 근로	13세	12세

3. 노동관행 labour practices

- BAND 평가(holistic approach)

  - 노동기본권이 보장되고, 노사간에 원활한 대화가 이루어지고 있는 경우 => A
  - 노동분야의 불합리한 차별이 없는 경우 => A
  - 노동분야에 부분적으로 문제가 있지만, 합리적으로 개선해 나가고 있는 경우 => B
  - 노동분야에 문제가 있음에도 적극적으로 개선하지 못하고 있는 경우 => C
  - 조직 거버넌스 문제로 사회적 이슈(갈등유발, 언론보도)가 된 경우 => C~D
  - 무지, 무관심, 무응답의 경우 => E

세부 항목 평가

3-1. 조직은 노동조합의 자유로운 활동을 적극 보장하고 있는가? (가중치 x 3)
1.불량(1)   2.개선(2)   3.보통(3)   4.양호(4)   5.우수(5)

3-2. 조직은 고용자로서 완전하고 안정한 고용을 통하여 비정규직 문제를 적극 개선하고 있는가? (가중치 x 2)
1.불량(1)   2.개선(2)   3.보통(3)   4.양호(4)   5.우수(5)

3-3. 조직은 고용자로서 완전하고 안정한 고용을 저해하는 사내하청, 파견근로 형태를 조직의 전체 가치사슬에서 개선해 나가고 있는가? (가중치 x 2)

1.불량(1)   2.개선(2)   3.보통(3)   4.양호(4)   5.우수(5)

3-4. 조직은 국제노동기준 및 국내법에 따라 피고용자의 임금 수준을 적정하게 보장하고 있는가? (가중치 x 2)

1.불량(1)   2.개선(2)   3.보통(3)   4.양호(4)   5.우수(5)

3-5. 조직은 피고용자의 평균 근무시간, 총 근무시간을 적정하게 보장하고 있는가? 유사 업계와 비교해 볼 때 어느 정도인가? (가중치 x 2)

1.불량(1)   2.개선(2)   3.보통(3)   4.양호(4)   5.우수(5)

3-6. 조직은 노사정 대화 방식을 비롯하여 사회적 대화 프로그램을 적극 도입, 허용하고 있는가?

1.불량(1)   2.개선(2)   3.보통(3)   4.양호(4)   5.우수(5)

3-7. 조직은 직장에서의 보건안전경영시스템을 운영하고 있는가? (가중치 x 2)

1.불량(1)   2.개선(2)   3.보통(3)   4.양호(4)   5.우수(5)

3-8. 조직의 산업재해건수 및 산업재해율이 업계 평균과 비교하여 어느 정도인가? (가중치 x 2)

1.불량(1)   2.개선(2)   3.보통(3)   4.양호(4)   5.우수(5)

3-9. 조직은 근로자들의 능력 개발을 위하여 다양한 프로그램으로 지속적으로 노력하고 있는가?

1.불량(1)   2.개선(2)   3.보통(3)   4.양호(4)   5.우수(5)

3-10. 근로자들의 교육 훈련 횟수 및 시간은 업계 평균과 비교하여 어느 정도인가?

1.불량(1)   2.개선(2)   3.보통(3)   4.양호(4)   5.우수(5)

3-11. Value Chain 관점에서 협력업체, 하청업체의 노동조건을 적절한 방법으로 점검하고 있는가? (가중치 x 2)

1.불량(1)   2.개선(2)   3.보통(3)   4.양호(4)   5.우수(5)

이슈1 : 고용과 고용 관계

고용인으로서, 조직은 사회에서 가장 널리 받아들여지는 목표 중 하나인 완전하고 보장된 고용과 제대로 된 근로를 통해 생활 수준 향상에 기여한다.

모든 국가는 고용인과 피고용인 사이의 관계를 규제하는 법적 프레임워크를 제공한다. 고용 관계 여부를 결정하는 정확한 평가와 기준은 국가마다 다름에도 계약 당사자의 힘이 동등하지 않으며, 따라서 피고용인이 더 많은 보호가 필요하다는 사실은 보편적으로 받아들여지고 있으며 이것은 노동법의 근거를 이룬다.

관련 활동과 기대사항

모든 조직은

- 법에 따른 고용 관계로 인정받고자 위장 관계로 법이 고용인에게 부과한 의무를 회피하려고 해서는 안 된다.
- 개별 근로자의 안정된 고용이 중요함을 인식하여야 한다.
- 고용에 영향을 주는 작업장폐쇄와 같은 조직 운영상의 변화를 고려할 때, 가능한 최대한 부정적 영향을 어떻게 완화할지에 대한 고려와 함께 근로자 대표에게 합리적인 통지와 적시 정보를 제공하여야 한다.
- 모든 근로자에게 평등한 기회를 보장하여야 하며, 어떠한 노동 관행에 있어도 직간접적으로 차별해서는 안 된다.
- 임의해고나 차별해고 관행을 모두 제거하여야 한다.

- 근로자의 개인 데이터와 프라이버시를 보호하여야 한다.

이슈2 : 근로조건과 사회적 보호

근로조건은 임금과 여러 가지 보상, 근로시간·휴식기간·휴가·징계와 해고 관행·모성 보호와 안전한 식수·위생 시설·구내식당·의료 서비스 접근과 같은 복지 사안 등을 포함한다. 많은 근로조건은 국가법과 규정이나 근로 수행 요청인과 근로 수행자 사이의 법적 구속력을 가진 협정에 의해 결정된다. 고용인은 근로조건의 많은 부분을 결정한다. 근로조건은 근로자와 그 가족의 삶의 질과 경제와 사회 발전에 크게 영향을 미친다. 근로조건의 질은 공정하고 적절하게 고려되어야 한다.

사회적 보호란 고용상해, 질병, 모성, 부모 역할, 노령, 실업, 장애나 재정난일 경우 소득의 감소나 손실을 완화하기 위해, 그리고 의료와 가족급부를 제공하기 위한 모든 법적 보증, 조직의 정책과 관행을 의미한다. 사회적 보호는 인간 존엄성을 지키고 공정성과 사회 정의 구축에 중요한 역할을 한다. 일반적으로 사회적 보호의 주된 책임은 국가에 있다.

관련 활동과 기대사항

모든 조직은

- 근로조건이 국내법과 규정을 준수하고, 적용 가능한 국제노동기준을 지키고 있음을 보장하여야 한다.

- 단체협약과 같이, 다른 적용 가능한 법적 구속력을 지니는 문서를 통해 성립된 보다 높은 수준의 조항들을 존중하여야 한다.
- 특히 국가 법률이 아직 채택되지 않은 경우, 적어도 ILO가 수립한 국제노동기준에 정의된 최소조항을 준수하여야 한다.
- 임금·근로시간·주별 휴식·휴가·보건과 안전·모성 보호와 근로와 가족 책임에 대한 결합 능력과 관련하여 제대로 된 근로조건을 제공하여야 한다.
- 가능한 경우, 국가 또는 종교 전통과 관습 준수를 허락하여야 한다.
- 근로와 삶의 균형을 가능한 최대한 허용하고, 관련 지역에서 비슷한 고용인이 제공하는 근로조건과 유사한 근로조건을 모든 근로자에게 제공하여야 한다.
- 국내법, 규정 또는 단체협약에 따른 임금과 여러 가지 보수를 제공하여야 한다. 조직은 근로자와 그 가족의 필요에 최소한 적절한 임금을 지급하여야 한다.
- 동일 가치의 근로에 대해 동일 임금을 제공하여야 한다.

이슈3 : 사회적 대화

사회적 대화는 경제적, 사회적 관심사와 관련된 공통 이해 사안에 대해 정부와 고용인, 그리고 근로자 대표와 그들 간에 이루어지는 모든 형태의 협상·협의 또는 정보 교환을 포함한다. 사회적 대화는 자신들의 이해에 영향을 주는 사안에 대해 고용인과 근로자 대표 사이에서 일어날 수도 있고, 법률과 사회 정책과 같은 보다 넓은 요인이 문제가 될 경우에는 정부 역시 참여할 수 있다.

사회적 대화에는 독립된 당사자들이 필요하다. 근로자 대표는 국내법, 규정 또는 단체협약에 따라 노동조합원이나 관련 근로자들이 자유롭게 선출하여야 한다. 근로자 대표를 정부나 고용인이 지명해서는 안 된다.

국제적인 사회적 대화가 점차 늘어나는 추세이며, 국제적으로 운영되는 조직과 국제 노동조합 조직 간의 지역적·세계적 대화와 협약이 이에 포함된다.

관련 활동과 기대사항

모든 조직은

- 국제적 수준을 포함해서, 사회적 대화 제도 조직들과 적용 가능한 단체교섭 구조의 중요성을 인식하여야 한다.
- 근로자가 자신들의 이해를 증진하거나 단체교섭을 하기 위해 자신들의 조직을 구성하거나 가입하는 권리를 항상 존중하여야 한다.
- 예를 들어 근로자를 해고하거나 차별하는 방법으로, 보복으로, 또는 협박이나 두려움의 분위기를 만들려는 직간접 위협으로 자신들의 조직을 구성하거나 가입하고 단체교섭을 하려는 근로자들을 방해해서는 안 된다.
- 국제적으로 인정되는 결사와 단체교섭의 자유 권리를 제한하도록 정부를 부추기는 행위를 하지 말아야 한다.

이슈4 : 근로에서의 보건과 안전

근로에서의 보건과 안전은 근로자의 최상 수준의 신체적·정신적·사회적 행복의 촉진과 유지, 그리고 근로조건으로 야기된 건강 훼손의 예방에 영향을 미친다.

근로 관련 질병, 상해와 사망이 사회에 주는 재정적이고 사회적인 부담은 크다. 근로자에게 피해를 주는 우발적이고 만성적인 오염과 기타 작업장 위험은 또한 지역사회와 환경에도 영향을 끼칠 수 있다. 보건과 안전 쟁점은 위험한 장비, 프로세스, 관행과 물질(화학적·물리적·생물학적)에서 발생한다.

관련 활동과 기대사항

모든 조직은

- 강한 안전과 보건 기준과 조직성과는 서로 도움이 되며 서로 보강한다는 원칙에 기초해서 직업 보건과 안전 정책을 개발, 실행 및 유지하여야 한다.
- 조직 활동과 관련된 보건과 안전 위험을 분석하고 통제하여야 한다.
- 근로자가 항상 모든 안전관행을 따르도록 하는 요구사항에 대해 소통하고, 근로자가 적절한 절차를 따르고 있음을 보장하여야 한다.
- 개인보호장비를 포함하여 비상사태 대처는 물론 직업상해, 질병과 사고 예방에 필요한 안전장비를 제공하여야 한다.

- 모든 보건과 안전사고와 문제를 줄이거나 제거하기 위해 이를 기록하고 조사하여야 한다.

이슈5 : 작업장에서의 인적 개발과 훈련

인적 개발은 인간 역량과 기능을 확장함으로써 사람들의 선택이 확장되는 프로세스를 포함하며 그 결과 남녀가 장수와 건강한 삶을 누리게 하고 식견이 있게 하고 제대로 된 생활 수준을 누리게 한다. 또한, 인적 개발은 창의적이고 생산적이고, 자기존중과 지역사회 소속감 및 사회에 기여하고 있다는 감정을 누릴, 정치적·경제적·사회적 기회에의 접근을 포함한다.

조직은 차별 철폐, 가족에 관한 책임 균형, 보건과 행복 촉진, 인력의 다양성 제고와 같은 중요한 사회 관심사들을 다룸으로써 인적 개발을 위한 작업장 정책과 이니셔티브를 활용할 수 있다.

관련 활동과 기대사항

모든 조직은

- 근무 경력의 모든 단계에 있는 모든 근로자에게 동등하고 비차별적인 기초 위에서, 기능개발과 훈련, 그리고 견습직 및 경력발전의 기회 접근을 제공하여야 한다.
- 필요한 경우, 정리해고된 근로자가 새로운 고용을 찾는 데 대한 지원, 훈련 및 상담에 접근하는 것을 돕도록 보장하여야 한다.
- 보건과 행복을 증진하는 노사 공동 프로그램을 만들어야 한다.

4. 환경 environment

- BAND 평가(holistic approach)

    - 환경경영이 체계적으로 되고 있고, 환경 이슈를 거의 발생하지 않은 경우 => A
    - 환경 이슈가 있지만, 지속적으로 개선하고 있는 경우 => B
    - 환경 이슈가 발생하고 있는데, 잘 개선되지 않고 있는 경우 => C
    - 환경문제로 사회적 이슈(갈등유발, 언론보도)가 된 경우 => C~D
    - 무지, 무관심, 무응답의 경우 => E

세부 항목 평가

4-1. 환경보고서 혹은 지속가능보고서 등을 통하여 환경정보가 체계적으로 공개, 제공되고 있는가? (가중치 x3) 1.불량(1) 2.개선(2) 3.보통(3) 4.양호(4) 5.우수(5)	
4-2. 조직은 여러 유형의 환경오염 방지를 위하여 노력과 환경영향평가 결과를 준수하는가? (가중치 x2) 1.불량(1) 2.개선(2) 3.보통(3) 4.양호(4) 5.우수(5)	
4-3. 조직은 에너지를 절약하고, 자연의 에너지(재생가능에너지)를 적극 활용(생산,사용)하고 있는가? (가중치 x2) 1.불량(1) 2.개선(2) 3.보통(3) 4.양호(4) 5.우수(5)	

4-4. 조직의 저탄소 재생가능에너지 생산량 및 사용량과 그 비율은 동종업계와 비교하여 양호한가?

1.불량(1)   2.개선(2)   3.보통(3)   4.양호(4)   5.우수(5)

4-5. 조직은 수자원을 보전하고, 각종 원자재를 효율적으로 이용하고 있는가?

1.불량(1)   2.개선(2)   3.보통(3)   4.양호(4)   5.우수(5)

4-6. 조직의 원자재 소모량은 동종 업계와 비교하여 양호한 편인가?

1.불량(1)   2.개선(2)   3.보통(3)   4.양호(4)   5.우수(5)

4-7. 조직은 온실가스를 줄이고, 지구온난화와 기후변화를 방지하는 계획을 수립하고 있는가?

1.불량(1)   2.개선(2)   3.보통(3)   4.양호(4)   5.우수(5)

4-8. 조직 총 에너지 사용량 및 온실가스 배출량은 산정, 보고, 검증되고 있는가? (가중치 x 2)

1.불량(1)   2.개선(2)   3.보통(3)   4.양호(4)   5.우수(5)

4-9. 조직 총 에너지 사용량 및 온실가스 배출량을 지속적으로 감축하고 있는가? (가중치 x 2)

1.불량(1)   2.개선(2)   3.보통(3)   4.양호(4)   5.우수(5)

4-10. 조직은 기후변화로 인한 위험에 적극 대응, 적응하는 프로그램을 운영하고 있는가?

1.불량(1)   2.개선(2)   3.보통(3)   4.양호(4)   5.우수(5)

4-12. 조직은 자연환경을 보호하고 복원하기 위한 프로그램과 계획을 수립하고 있는가?

1.불량(1)   2.개선(2)   3.보통(3)   4.양호(4)   5.우수(5)

이슈1 : 오염 방지

조직은 다음을 포함한 오염 예방을 통해 조직의 환경 성과를 개선할 수 있다.

- 대기로의 방출 납·수은·휘발성 유기화합물·아황산가스·질소산화물·미세분진·오존 파괴물질 등과 같은 오염물질을 조직이 대기에 배출하는 것은 환경과 개인들에게 각각 다르게 영향을 미치는 환경 영향과 보건 영향을 야기할 수 있다. 이러한 배출은 조직의 시설과 활동으로부터 직접 나올 수도 있고, 조직의 제품과 서비스를 사용하거나 종말 처리를 통해서 또는 조직이 소비하는 에너지 발생을 통해서 간접적으로 일어날 수도 있다.
- 물로의 배출 조직은 해양환경을 포함한 지표수에로 직접, 의도적 또는 우발적 배출, 지표수로 의도하지 않은 유출 또는 지하수로의 침투를 통해 물 오염을 야기할 수도 있다. 이러한 배출은 조직의 시설로부터 직접 배출될 수도 있고, 조직 제품과 서비스 사용을 통해 간접적으로 일어날 수도 있다.
- 폐기물 관리 조직의 활동이 부적절하게 관리될 경우, 대기·물·토지·토양·대기권 등의 오염을 야기할 수 있는 액체나 고체 폐기물을 발생시키게 된다. 따라서 모든 조직은 책임 있는 폐기물 관리는 폐기물 발생의 회피를 추구한다.
- 독성과 위험 화학물질의 사용과 폐기 독성 그리고 위험 화학물질(자연적으로 발생하고 인간이 만들어낸 것 모두)을 이용

하거나 생산하는 조직은 배출 또는 방출로 인한 급성(즉각적인) 또는 만성적인(장기적인) 영향을 통해 생태계와 인간 보건에 악영향을 끼칠 수 있다. 이들은 연령과 성별에 따라 개인에게 다르게 영향을 줄 수 있다.

관련 활동과 기대사항

조직의 활동으로 인한 오염방지를 개선하기 위해, 모든 조직은

- 주변 환경에 끼치는 조직의 결정과 활동의 측면과 영향을 식별하여야 한다.
- 조직의 활동과 관련된 오염과 폐기물의 출처를 식별하여야 한다.
- 조직이 가지는 오염의 중대한 출처와 오염 감소, 물 소비, 폐기물 발생 및 에너지 사용에 대해 측정·기록 및 보고하여야 한다.
- 폐기물 관리체계를 활용하여, 오염과 폐기물 예방과 피할 수 없는 오염과 폐기물의 제대로 된 관리 보장을 목적으로 하는 소치를 실행하여야 한다.

이슈2 : 지속가능한 자원 이용

미래의 자원 입수 가능성을 보장하기 위하여, 소비와 생산의 현재 방식과 규모는 지구의 지탱능력 내에서 운영되도록 변화할 필요가 있다. 재생가능하며 지속가능한 자원 이용이란 자연적으로 다시 보

충되는 속도보다 느리거나 같은 속도로 이용되는 것을 말한다. 조직은 전력·연료·원재료·가공재료·토지·물 등을 보다 책임 있게 이용함으로써, 예를 들어 혁신적인 기술을 이용하여 재생 불가능한 자원을 지속가능하고 재생가능한 자원과 결합하거나 재생가능 자원으로 교체함으로써, 지속가능한 자원 이용을 향해 나아갈 수 있다. 효율 향상을 위한 네 가지 핵심 영역은 다음과 같다.

- 에너지 효율 조직은 건물, 수송, 생산 프로세스, 기기와 전자 장비, 서비스 제공 또는 다른 목적을 위해 필요한 에너지 수요를 줄이는 에너지 효율 프로그램을 실행하여야 한다.
- 물 보존, 사용과 물에 대한 접근 식수의 안전하고 믿을 수 있는 공급과 위생 서비스에 관한 접근은 근본적인 인간 욕구이고 기본 인권이다.
- 원자재 이용에서의 효율 조직은 조직의 활동 또는 조직의 서비스 전달에 이용된 생산 프로세스나 완제품을 위한 원재료 이용으로 인한 환경적 영향을 줄이기 위해 원자재 효율 프로그램을 실행하여야 한다.

관련 활동과 기대사항

모든 조직은

- 에너지, 물 및 기타 이용된 자원의 출처를 식별하여야 한다.
- 에너지, 물 및 기타 자원의 중대한 이용에 대해 측정·기록 및 보고하여야 한다.

- 모범사례 지표와 다른 벤치마크를 고려하여, 조직의 에너지, 물 및 기타 자원의 이용을 줄일 수 있는 자원 효율성 조치를 실행하여야 한다.
- 가능한 경우, 재생 불가능 자원을 대체할 수 있는 지속가능하고 재생가능한 자원과 환경에 대한 영향이 작은 출처로 보완하거나 교체하여야 한다.
- 가능한 재활용 재료를 이용하고 물을 재사용하여야 한다.
- 분수계 내 모든 이용자들에게 공정한 접근을 보장할 수 있도록 수자원을 관리하여야 한다.
- 지속가능 조달을 촉진하여야 한다.
- 확장된 생산자 책임 채택을 고려하여야 한다.
- 지속가능소비를 촉진하여야 한다.

이슈3 : 기후변화 완화와 적응

이산화탄소, 메탄과 아산화질소와 같은 인간의 활동에서 발생한 온실가스 배출은 자연과 인간 환경에 중대한 영향을 미치는 세계 기후변화의 원인 중 하나일 가능성이 크다고 인식된다.

현재까지 관찰되고 예상된 추세 중에는 기온 상승, 강수방식 변화, 보다 잦아진 극단적 기후 현상의 발생, 해수면 상승, 물 기근 악화, 및 생태계, 농업과 어업 변화가 있다. 기후변화는 이런 변화가 훨씬 더 극적으로 바뀌고 다루기 어려워지는 지점을 넘었을 것으로 예상된다.

모든 조직은 (직접 또는 간접적인) 일부 온실가스 배출에 책임이 있으며, 어떠한 방식으로든 기후변화의 영향을 받게 될 것이다. 조직의 온실가스 배출 최소화(완화)와 변화하는 기후에 대한 기획(적응)의 두 측면은 조직에 시사점을 준다. 기후변화에 적응한다는 것은 보건, 번영 및 인권에 대한 영향의 형태로 사회적 시사점이 있다.

관련 활동과 기대사항

조직의 활동과 관련된 기후변화 영향을 완화하기 위해, 모든 조직은

- 직간접적으로 누적된 온실가스 배출의 출처를 식별하고, 조직의 책임 경계(범위)를 정의하여야 한다.
- 국제적으로 합의된 표준(GHG 배출량 산정 관련)에 잘 정의된 방법을 될 수 있으면 많이 활용해서 조직의 중대한 온실가스 배출을 측정, 기록 및 보고하여야 한다.
- 조직의 통제 내에서 일어나는 직간접적 온실가스 배출을 점진적으로 줄이고 최소화시키기 위한 조치를 시행하고, 조직의 영향권 내에서 유사한 행동을 격려하여야 한다.
- 조직 내에서의 중대한 연료 사용의 양과 유형을 검토하고, 효율성과 효과성을 증진시킬 프로그램을 시행하여야 한다.
- 토지이용, 토지이용 변화, 난방, 환기 및 공기조절기기를 포함하나 그에만 제한되지 않는 프로세스나 장비로부터의 온실가스 (특히 또한 오존층 파괴도 초래하는 가스) 배출을 예방하거나 줄여야 한다.
- 에너지 효율 재화 구매와 에너지 효율 제품과 서비스 개발을 포함해서, 조직 내의 가능한 곳에서 에너지 절약을 실현

하여야 한다.

그리고 기후변화에 대한 취약성을 줄이기 위해, 모든 조직은

- 위험을 식별하고, 기후변화 적응을 조직의 의사결정 안에 통합하기 위해, 미래의 국제적·국지적 기후변화 예측을 고려하여야 한다.
- 기후변화와 관련된 피해를 피하거나 최소화할 기회를 식별하고, 가능한 경우 변화하는 조건에 적응할 기회를 이용하여야 한다.
- 기존의 또는 미래에 예상되는 영향에 대응하는 조치를 시행하고, 조직 영향권 내에서 이해관계자의 적응 역량을 구축하는데 기여하여야 한다.

이슈4 : 환경 보호와 자연 서식지 복원

1960년대 이후로, 인간 활동은 역사상 그 어떤 기간보다 더욱 급속하고 광범위하게 생태계를 변화시켜 왔다. 자연자원에 대한 수요가 빠르게 증가하면서 지구 상의 서식지와 생명 다양성에 상당한 그리고 때로는 돌이킬 수 없는 손실을 가져왔다. 도시와 농촌 모두의 광활한 지역은 인간 행위로 인해 변모하였다.

조직은 환경을 보호하고, 자연서식지와 (식량과 물, 기후조절, 토양 형성 및 휴양 기회와 같은) 생태계가 제공하는 다양한 기능과 서비스를 복원하기 위한 행동을 함으로써 사회적으로 좀 더 책임 있게 될

수 있다. 이 쟁점의 주요 측면은 다음 사항을 포함한다.

- 생물 다양성의 가치와 보호 생물 다양성은 모든 형태, 수준, 결합에서의 생명의 다양성이다. 이는 생태계 다양성, 종의 다양성 및 유전적 다양성을 포함한다.
- 생태계 서비스의 가치, 보호 및 복원 생태계는 식량, 물, 연료, 홍수 조절, 토양, 가루받이 매개체, 자연 섬유, 휴양, 오염과 폐기물 흡수와 같은 기능을 제공함으로써 사회의 행복에 기여한다.
- 토지와 천연자원의 지속적 이용 조직의 토지 이용 프로젝트는 서식지, 물, 토양 및 생태계를 보호할 수도 또는 퇴화시킬 수도 있다.
- 환경친화적인 도시와 농촌 개발 촉진 조직의 결정과 활동은 도시나 농촌 환경 및 관련 생태계에 중대한 영향을 미칠 수 있다.

관련 활동과 기대사항

모든 조직은

- 생물 다양성과 생태계 서비스에 대한 잠재적인 부정적 영향을 식별하고, 이 영향을 제거하거나 최소화할 수 있는 조치를 취하여야 한다.
- 실행가능하고 적절한 경우, 조직의 환경 영향에 대한 비용 내부화를 위한 시장 메커니즘에 참여하며, 생태계 서비스를 보

호하면서 경제적 가치를 창출하여야 한다.
- 자연생태계 손실을 피하는 데 최고의 우선순위를 두며, 생태계 복구에 둘째 우선순위를 두며, 마지막으로 앞의 두 가지 활동이 불가능하거나 완전히 효과적이지 않은 경우, 시간에 걸쳐 생태계 서비스에서의 순이익에 이를 활동을 통해 손실을 보상하는 데 우선순위를 두어야 한다.
- 사회적으로 공평한 방식으로 보존과 지속가능한 이용을 촉진하는 토지, 물 및 생태계 관리를 위한 통합 전략을 수립하고 실행하여야 한다.
- 고유종 또는 멸종 위협종, 멸종 위기종이나 부정적 영향을 입을 수 있는 서식지를 보존하는 조치를 취하여야 한다.

5. 공정운영관행 fair operating practices

- BAND 평가(holistic approach)
  - 투명경영, 윤리경영이 뿌리내려 공정운영 관련 문제가 거의 없는 경우 => A
  - 공정운영에 저촉되는 사례가 부분적으로 있었으나, 지속적으로 개선하고 있는 경우 => B
  - 공정운영 저촉사례가 자주 발생하고, 개선되지 못하고 있는 경우 => C~D

- 공정운영 관련 문제로 사회적 이슈(갈등유발, 언론보도)가 된 경우 => C~D
- 무지, 무관심, 무응답의 경우 => E

세부 항목 평가

5-1. 조직은 조직운영과정에서 뇌물수수, 부패 방지에 연루된 사례가 없는가? (가중치 x 3)

   1.불량(1)   2.개선(2)   3.보통(3)   4.양호(4)   5.우수(5)

5-2. 조직은 조직운영과정에서 부패 방지 프로그램을 적극 운영하고 있는가? (가중치 x 3)

   1.불량(1)   2.개선(2)   3.보통(3)   4.양호(4)   5.우수(5)

5-3. 조직은 로비, 정치적 공헌, 정치적 참여와 관련된 활동은 투명하게 진행하고 있는가? (가중치 x 2)

   1.불량(1)   2.개선(2)   3.보통(3)   4.양호(4)   5.우수(5)

5-4. 조직은 각종 계약, 투자, 금전 거래, 협력업체 선정 등에서 공정하고 투명한가? (가중치 x 2)

   1.불량(1)   2.개선(2)   3.보통(3)   4.양호(4)   5.우수(5)

5-5. 조직은 지배적 지위의 남용으로 다른 사람의 재산권을 침해하고 있지는 않은가? (가중치 x 2)

   1.불량(1)   2.개선(2)   3.보통(3)   4.양호(4)   5.우수(5)

5-6. 조직은 각종 사업과 프로젝트 등으로 얼마나 많은 지역 주민의 재산권 침해 민원을 발생시켰나(최근 5년동안)? (가중치 x 3)

   1.없음(5)   2.3건 이하(4)   3.5~7건(3)   4.7~9건(2)   5.10건 이상(1)

5-7. 조직이 취득하거나 사용한 재산에 대해서는 정당한 대가를 지불하고 있는가, 이로 인한 이슈를 적절히 잘 관리하고 있는가?

   1.불량(1)   2.개선(2)   3.보통(3)   4.양호(4)   5.우수(5)

5-8. 공급망(Supply Chain)에 걸쳐서 공정경쟁을 유도하고 공정한 운영을 시행하고 있는가? (가중치 x 2)

1.불량(1)　2.개선(3)　3.보통(3)　4.양호(4)　5.우수(5)

5-9. 공정거래법, 하도급법 등 위반 사례 없는가? (가중치 x 2)

1.불량(1)　2.개선(3)　3.보통(3)　4.양호(4)　5.우수(5)

이슈1 : 반부패

부패는 사적인 이득을 위해 위임받은 권력을 남용하는 것이다. 부패는 다양한 형태를 취할 수 있다. 부패의 사례는 공직자 또는 민간부문 사람이 개입된 뇌물수수 · 이해상충 · 사기 · 돈세탁 · 횡령 · 은폐와 법 집행 방해 · 영향력이 행사된 거래 등을 포함한다.

부패는 인권 침해, 정치 프로세스의 잠식, 사회의 궁핍화와 환경 피해라는 결과를 초래할 수 있다. 부패는 또한 경쟁, 부의 분배 및 경제성장을 왜곡할 수 있다.

관련 활동과 기대사항

부패를 예방하기 위하여, 모든 조직은

- 부패의 위험을 식별하고, 부패와 부당취득에 대처하는 정책과 관행을 실행하고 유지하여야 한다.
- 조직의 임원진이 반부패 사례를 보일 것을 보장하고, 반부패 정책의 실행을 위한 의지표명, 격려 및 감독을 제공하여야 한다.

- 조직의 피고용인, 대표, 계약자 및 공급자에게 부패와 부패에 맞서야 한다는 인식을 제고하여야 한다.
- 조직의 피고용인과 대표에 대한 보수가 적절하고, 정당한 서비스에만 제한됨을 보장하여야 한다.
- 부패에 맞서기 위한 효과적인 시스템을 수립하고 유지하여야 한다.
- 보복의 두려움이 없이 보고와 후속 활동이 가능한 체계를 채택함으로써 조직의 피고용인, 파트너, 대표 및 공급자가 조직의 정책 위반과 비윤리적이고 불공정한 대우를 보고하도록 장려하여야 한다.

이슈2 : 책임 있는 정치 참여

조직은 공공 정치 프로세스를 지지하고, 사회 전반에 이익이 되는 공공 정책의 개발을 격려할 수 있다. 조직은 부당한 영향력의 이용을 금지하고, 조작, 협박, 강압과 같은 공공 정치 프로세스를 훼손할 수 있는 행위를 피하여야 한다.

관련 활동과 기대사항
모든 조직은

- 책임 있는 정치 참여와 기부 및 이해상충 처리방법에 대해 조직의 피고용인과 대표를 훈련하고, 이들의 인식을 제고하여야 한다.

- 로비, 정치기부 및 정치 참여와 관련된 조직의 정책과 활동은 투명하여야 한다.
- 조직을 대신하여 주장하기 위해 유지하고 있는 사람들의 활동을 관리하는 정책과 가이드라인을 수립하고 실행하여야 한다.
- 특정 명분을 지지하여 정치가나 정책결정자를 통제하기 위한 시도가 되는 것이거나 이들에게 부당한 영향력을 행사하는 것으로 인식될 수 있는 정치 기부를 피하여야 한다.
- 허위정보, 허위표시, 위협 또는 강요를 포함하는 활동을 금지하여야 한다.

이슈3 : 공정 경쟁

공정하고 광범위한 경쟁은 혁신과 효율을 자극하고, 제품과 서비스의 비용을 줄이고, 모든 조직이 동등한 기회를 갖도록 보장하며, 새롭거나 개선된 제품이나 프로세스를 개발하는 것을 장려하며, 장기적으로 경제성장과 생활수준을 높인다.

반경쟁적 행위에는 다양한 형태가 있다. 당사자 간 같은 가격에 같은 제품이나 서비스를 팔기로 공모하는 가격조작, 당사자 간 경쟁 입찰을 조작하기 위해 공모하는 입찰담합, 그리고 시장에서 경쟁자를 퇴출하고 경쟁자에게 불공정한 제재를 줄 의도를 가지고 매우 낮은 가격으로 제품이나 서비스를 판매하는 약탈적 가격 설정이 그 예이다.

관련 활동과 기대사항

공정 경쟁을 촉진하기 위해, 모든 조직은

- 경쟁법과 규정을 준수하는 방식으로 조직 활동을 수행하며, 적절한 당국에 협력하여야 한다.
- 반경쟁적 행위에 관여하거나 연루되는 것을 예방하기 위한 절차와 다른 보호수단을 수립하여야 한다.
- 경쟁 법률 준수와 공정경쟁의 중요성에 대한 피고용인의 인식을 촉진하여야 한다.
- 경쟁을 장려하는 공공정책뿐만 아니라 반독점, 반덤핑 관행을 지지하여야 한다.
- 조직이 운영되는 사회적 맥락을 염두에 두고, 불공정한 경쟁우위를 얻기 위해 빈곤 같은 사회조건을 이용하지 않아야 한다.

이슈4 : 가치사슬 내에서의 사회적 책임 촉진

조직은 조달과 구매 결정을 통해 다른 조직에 영향을 미칠 수 있다. 가치사슬을 따른 리더십과 멘토링을 통해, 조직은 사회적 책임의 원칙과 관행의 채택과 지지를 촉진할 수 있다.

조직은 조직의 조달과 구매결정이 다른 조직에 미치는 잠재적 영향이나 의도되지 않은 결과를 고려하며, 부정적인 영향을 피하거나 최소화하기 위해 마땅한 주의를 기울여야 한다.

가치사슬에서의 모든 조직은 적용가능한 법과 규정을 준수할 책임이 있으며, 사회와 환경에 미치는 자신의 영향에 책임이 있다.

관련 활동과 기대사항

가치사슬에서 사회적 책임을 촉진하기 위해, 모든 조직은

- 사회적 책임 목적과의 일관성을 높이기 위해 조직의 구매, 유통과 계약 정책 및 관행에 윤리적·사회적·환경적 및 성적 평등 기준 및 보건과 안전을 통합하여야 한다.
- 그렇게 할 때 반경쟁적 행위에 빠지지 않으면서, 다른 조직들이 이와 유사한 정책을 채택할 것을 격려하여야 한다.
- 조직의 사회적 책임에 대한 의지표명이 타협, 훼손되는 것을 예방할 목적으로, 조직과 관계를 맺고 있는 다른 조직에 대해 적절한 실사와 모니터링을 실시하여야 한다.
- 중소규모 조직이 사회적 책임 목표를 달성할 수 있도록, 사회적 책임의 쟁점에 대한 인식 제고, 모범사례 및 추가 지원(예를 들어 기술적, 역량 구축이나 기타 자원)을 포함한 지원을 제공을 고려하여야 한다.
- 사회적으로 책임 있는 목적을 달성하기 위해 가치사슬 내에서 조직의 역량을 높이는 것을 포함해서, 가치사슬 전반을 통해 사회적으로 책임 있는 관행을 실행하는 비용과 이득의 공정하고 실용적인 처리를 촉진하여야 한다. 이는 공정가격 지급, 적절한 운송시간 및 안정적 계약의 보장 같은 적절한 구매 관행을 포함한다.

이슈5 : 재산권 존중

재산을 소유할 권리는 세계인권선언이 인정한 인권이다. 재산권은 물적 재산과 지적 재산 모두를 포괄하며, 토지 및 기타 물적 자산, 저작권, 특허권, 지리적 지표권, 펀드, 저작인격권 및 기타 권리에 대한 이해를 포함한다. 또한, 토착민과 같은 특정 그룹의 전통지식 또는 피고용인이나 다른 사람의 지적 재산 같은 광범위한 재산권에 대한 고려를 포함할 수도 있다.

재산권의 인정은 창의성과 혁신을 촉진할 뿐만 아니라 투자, 경제적 및 물리적 안전을 촉진한다.

관련 활동과 기대사항

모든 조직은,

- 재산권과 전통지식에 대한 존중을 촉진하는 정책과 관행을 시행하여야 한다.
- 조직이 재산을 이용 또는 처분할 수 있는 합법적인 소유권을 가지고 있는지 확신하기 위한 적절한 조사를 수행하여야 한다.
- 지배적 지위의 오용, 위조, 저작권 침해를 포함한 재산권 위반 활동에 관여해서는 안 된다.
- 조직이 취득하거나 사용하는 재산에 대해 공정한 보상을 지급하여야 한다.
- 조직의 지적 재산권과 물적 재산권을 행사하고 보호할 때, 조직은 사회의 기대, 인권 및 개인의 기본욕구를 고려하여야 한다.

6. 소비자 이슈 consumer issues

■ BAND 평가(holistic approach)

- 소비자 보호, 고객 만족 경영을 통해 소비자 분야의 문제가 거의 없는 경우 => A
- 소비자 이슈가 발생하지만, 지속적으로 개선해 나가고 있는 경우 => B
- 소비자 보호, 고객 보호 관련하여 상당한 수준의 문제가 있는 경우 => C
- 소비자 보호, 고객 보호 관련하여 심각한 수준의 문제가 있는 경우 => D
- 조직 거버넌스 문제로 사회적 이슈(갈등유발, 언론 보도)가 된 경우 => C~D
- 무지, 무관심, 불량의 경우 => E

세부 항목 평가

6-1. 조직은 공정성과 투명성, 배려의 원칙으로 소비자(고객)를 대하고, 이를 시스템화하고 있는가? (가중치 x 2)
1.불량(1)　2.개선(2)　3.보통(3)　4.양호(4)　5.우수(5)

6-2. 소비자(고객) 불만 및 고충처리 건수 현황이 파악되어 있고, 지속적으로 개선되고 있는가? (가중치 x 3)
1.불량(1)　2.개선(2)　3.보통(3)　4.양호(4)　5.우수(5)

VI. 사회책임 자가진단법

6-3. 조직은 취약그룹에 대해 불리하게 대우하지 않고, 소비자의 선택권을 보장하고 있는가? (가중치 x 2)

1.불량(1)   2.개선(2)   3.보통(3)   4.양호(4)   5.우수(5)

6-4. 조직은 불공정한 계약 조건을 내세우고 강요하지는 않는가? (가중치 x 2)

1.불량(1)   2.개선(2)   3.보통(3)   4.양호(4)   5.우수(5)

6-5. 조직은 소비자의 보건과 안전을 보장하는 시스템을 가지고 있는가? (가중치 x 2)

1.불량(1)   2.개선(2)   3.보통(3)   4.양호(4)   5.우수(5)

6-7. 조직은 지속가능한 소비(도로이용, 보편적 이동권 보장등) 를 적극 권장하고 시행하고 있는가? (가중치 x 2)

1.불량(1)   2.개선(2)   3.보통(3)   4.양호(4)   5.우수(5)

6-8. 조직은 소비자 불만을 사전 예방하는 조치를 취하고, 적극 대응하는 실행 방안을 구비하고 있는가?

1.불량(1)   2.개선(2)   3.보통(3)   4.양호(4)   5.우수(5)

6-9. 소비자의 개인 정보를 적극 보호하고 있는가? (가중치 x 2)

1.불량(1)   2.개선(2)   3.보통(3)   4.양호(4)   5.우수(5)

6-10. 소비자(고객)에 대한 교육과 인식제고를 위해 지속적으로 노력하고 있는가?

1.불량(1)   2.개선(2)   3.보통(3)   4.양호(4)   5.우수(5)

6-11. 소비자(고객) 교육 현황 및 실시 건수 현황이 파악하고, 지속적으로 개선되고 있는가? (가중치 x 2)

1.불량(1)   2.개선(2)   3.보통(3)   4.양호(4)   5.우수(5)

이슈1 : 공정 마케팅, 사실적이고 치우치지 않은 정보와 공정 계약 관행

공정 마케팅, 사실적이고 치우치지 않은 정보 및 공정 계약 관행은 소비자가 이해할 수 있는 방식으로 제품과 서비스에 관한 정보를 제공하는 것이다. 이를 통해 소비자들은 소비와 구매에 대해 받은 정보를 결정할 수 있으며, 다른 제품과 서비스의 특징과 비교할 수 있다. 공정 계약 프로세스는 공급자와 소비자 간 협상력의 불균형을 완화함으로써 쌍방의 정당한 이익 보호를 목표로 한다. 책임 있는 마케팅은 전체 수명주기와 가치사슬에 걸친 사회적 · 경제적 · 환경적 영향에 대한 정보 제공을 포함할 수도 있다. 공급자가 제공하는 제품과 서비스의 세부사항은 소비자가 쉽게 접근할 수 있는 유일한 정보이기 때문에 구매 결정에서 중요한 역할을 한다. 불공정하거나, 불완전하고, 잘못 이끌거나 기만적인 마케팅 및 정보는 소비자의 욕구를 충족시키지 않는 제품과 서비스를 구매하도록 하고, 결국 돈, 자원과 시간을 낭비하게 되고, 심지어 소비자나 환경에 위험할 수도 있다. 또한, 이는 소비자가 누구를 또는 무엇을 믿어야 할지 모르므로 그들의 신뢰를 떨어뜨릴 수 있다. 보다 지속가능한 제품과 서비스를 위한 시장의 성장에 악영향을 미칠 수 있다.

관련 활동과 기대사항

소비자와 의사소통을 할 때, 모든 조직은

- 결정적 정보 누락을 포함하여 상대를 속이거나, 잘못 이끌거나, 사기 또는 불공정하거나, 불명확하며 애매한 어떤 관행에

도 개입하지 않아야 한다.
- 소비자의 정보를 받은 선택의 근거로서 용이한 접근과 비교를 가능하게 하는 투명한 방식으로 관련 정보를 공유하는 것에 동의하여야 한다.
- 제품과 서비스의(사용 시의 부대비용뿐 아니라) 가격 총액, 세금, 조건과 상황 및 운송비용을 솔직하게 공개하여야 한다.
- 아동을 포함해서 취약그룹의 최고의 이해에 맞는 광고와 마케팅을 주로 고려하고, 그들의 이해에 해가 되는 활동에는 관여하지 않아야 한다.
- 다음과 같은 계약을 사용하여야 한다.
  * 명확하고, 읽을 수 있으며, 이해 가능한 언어로 쓰인 계약
  * 채무의 불공정한 배제, 가격과 상황의 일방적인 변경 권리, 지급불능 위험을 소비자에게 전가 또는 부당하게 긴 계약 기간과 같은 불공정한 계약 조건을 포함하지 않으며, 비합리적인 신용등급을 포함한 약탈적 대출 관행을 피하는 계약
  * 가격, 특성, 조건, 비용, 계약기간과 철회기간에 대해 명확하고 충분한 정보를 제공하는 계약

이슈2 : 소비자의 보건과 안전 도모

소비자의 보건과 안전 도모는 안전하고, 받아들일 수 없는 피해 위험을 가지지 않은 제품과 서비스의 제공을 포함한다.
조직의 명성은 조직의 제품과 서비스가 소비자의 보건과 안전에 직접 영향을 줄 수 있다. 제품과 서비스는 법적 안전 요구사항의 존

재와는 상관없이 안전한 게 좋다. 안전이란 피해나 위험을 피할 수 있도록 잠재적인 위험을 예견하는 것을 포함한다. 모든 위험을 예측하거나 제거할 수는 없으므로, 안전 보호 조치는 제품 철수와 회수체계를 포함해야 한다.

<u>관련 활동과 기대사항</u>

  소비자의 보건과 안전을 도모하기 위해, 조직은 아래와 같은 활동들을 취하고 잠재적인 위험을 인지하거나 평가할 능력이 없는 취약 그룹(어린이에 대해서는 특별한 관심)에 특별한 주의를 기울여야 한다. 조직은 다음과 같이 해야 한다.

- 정상적으로나 합리적으로 예측할 수 있는 이용 조건에서, 이용자와 다른 사람, 이들의 재산 및 환경에 안전한 제품과 서비스를 제공해야 한다.
- 모든 보건과 안전 측면을 다루기 위해, 보건과 안전법, 규정, 표준 및 다른 규격명세서의 적절성을 평가해야 한다.
- 제품이 시장에 나온 후 예상하지 못한 위험이 있거나, 심각한 결함이 있거나, 잘못 이끌거나 잘못된 정보를 가진 경우에, 서비스를 중단하거나 아직 유통 사슬에 있는 모든 제품을 철수해야 한다.
- 제품 개발의 경우, 발암성·돌연변이 유발성·생식에 대한 독성·잔류성·생체 누적성 화학물질 등을 포함하나 여기에만 한정되지 않는 유해 화학물질의 이용을 피한다. 만약 그런 화학물질을 포함한 제품을 판매할 때는, 명확하게 표시해

야 한다.
- 소비자가 관리하는 동안 제품을 부적절하게 다루거나 보관함으로써 제품이 안전하지 않게 되는 것을 예방할 수 있는 조치를 채택한다.

이슈3 : 지속가능한 소비

지속가능소비는 지속가능발전과 일치하는 속도로 제품 및 자원을 소비하는 것이다. 이 개념은 환경과 개발에 관한 리우 선언 제8원칙에 의해서 촉진된 것으로, 제8원칙은 모든 사람의 지속가능발전과 더 높은 삶의 질을 달성하기 위해, 국가는 지속가능하지 않은 생산 및 소비 방식을 줄이고 제거해야 한다고 규정한다. 지속가능소비 개념은 또한 동물의 신체적 온전함을 존중하고 학대를 피하면서 동물복지에 관한 관심도 포함한다.

지속가능소비에서 조직의 역할은 조직이 제공하는 제품 및 서비스, 그 수명주기와 가치사슬, 그리고 조직이 소비자에게 제공하는 정보의 본질로부터 발생한다. 현재의 소비 속도는 분명히 지속가능하지 않으며, 환경피해와 자원고갈을 초래하고 있다. 소비자는 그들의 선택과 구매 결정에 있어서 정확한 정보를 토대로 윤리적, 사회적, 경제적, 환경적 요인을 고려함으로써, 지속가능발전에서 중요한 역할을 한다.

관련 활동과 기대사항

지속가능소비에 기여하기 위해, 조직은 적절하다면 다음과 같은 조치를 취해야 한다.

- 제품과 서비스의 선택이 소비자 행복과 환경에 같은 영향을 소비자가 이해하도록 하는 효과적인 교육을 촉진해야 한다. 소비방식을 바꾸는 방법과 필요한 변화를 일으키는 방법에 관한 실용적 조언을 제공할 수 있다.
- 아래 방법을 통해서 제품 및 서비스의 전체 수명주기를 고려하여 사회적으로나 환경적으로 유익한 제품 및 서비스를 소비자에게 제공하고, 사회와 환경에 입히는 부정적 영향을 줄여야 한다.
- 제품이나 서비스가 보건이나 환경에 대한 부정적인 영향을 제거하거나 최소화하고, 덜 해로우며 더 효율적인 대안이 가능할 시에는, 사회와 환경에 악영향이 덜 미치는 제품과 서비스의 선택을 제공해야 한다.
- 제품과 포장이 쉽게 이용하거나, 재이용되거나, 수선되거나 재활용될 수 있도록, 제품과 포장을 디자인하고, 가능한 경우 재활용 및 폐기 서비스를 제공하거나 제안해야 한다.
- 소비자에게 제품 및 서비스에 관한 정보를 제공해야 한다. 여기에는 보건에 미치는 영향, 원산지, (해당하는 경우) 에너지 효율성, (적절한 경우, 유전자 변형 유기체와 나노입자의 이용을 포함한) 내용물 또는 원자재, (적절한 경우, 동물실험 사용을 포함한) 동물 복지 관련 측면, 제품 및 제품 포장의 안전한 이용, 유지, 보관 및 폐기 등이 포함된다.

이슈4 : 소비자 서비스, 지원 및 불만과 분쟁 해결

소비자 서비스와 지원, 불만, 분쟁 해결은 제품 및 서비스를 구매하거나 제공받은 후 발생하는 소비자의 욕구를 다루기 위해 조직이 이용하는 체계다. 이런 체계는 환불, 수리와 유지 관련 조항뿐만 아니라 제대로 된 설치, 품질 보증, 이용 관련 기술적 지원 등이 포함된다.

제품의 결함이나 고장으로 인하거나 잘못된 이용 결과로 인해, 만족할만한 성능을 제공하지 못한 제품 및 서비스의 경우, 비용과 자원, 그리고 시간 낭비뿐만 아니라 소비자 권리 침해를 일으킬 수도 있다.

제품이나 서비스 공급자는 높은 품질의 제품 및 서비스를 제공함으로써 소비자의 만족을 높이고 불만 수준을 줄일 수 있다.

관련 활동과 기대사항

모든 조직은

- 모든 소비자에게 규정된 기한 내에 제품을 반환하거나 다른 적절한 구제방안을 받는 선택을 제공함으로써 소비자의 불만을 예방할 수 있는 조치를 취해야 한다.
- 소비자의 불만을 검토하고 이에 대응해서 관행을 개선해야 한다.
- 적절한 경우, 법률이 보장한 기간을 초과하고 제품 기대수명에 따라 적합한 보증을 제공해야 한다.
- 분쟁 해결과 구제 체계는 물론, 판매 후 서비스와 지원에 소비

자가 접근할 수 있는 방법을 소비자에게 명확하게 알려야 한다.
- 국내 및 국제표준을 기반으로 하고, 소비자에게 무료 또는 최소한의 비용을 부담시키며, 소비자의 법적 청구권 추구권리 포기를 요구하지 않는, 대체 분쟁 해결, 갈등 해결, 구제 절차를 사용해야 한다.

이슈5 : 소비자 데이터 보호와 프라이버시

소비자의 데이터 보호는 소비자가 개인정보를 보호할 권리를 지키기 위한 것으로, 수집되는 정보의 종류와 그런 정보들을 확보하고 이용하며 저장하는 방법을 제한함으로써 소비자의 권리를 지킬 수 있도록 한다. 금융 거래와 같은 전자 통신 이용의 증가, 유전자 테스트와 함께 대용량 데이터베이스가 증가하면서, 소비자의 개인정보가 보호되는 방법, 특히 개인 신상과 관련한 정보들의 보호 방식에 대한 우려가 커지고 있다.

따라서 조직은 소비자 정보 수집, 이용, 보호를 위해 더욱 엄격한 시스템을 적용함으로써 조직의 신용을 유지하고 소비자의 신뢰도 높일 수 있다.

관련 활동과 기대사항

개인 데이터 수집과 처리가 프라이버시를 제한하는 것을 막기 위해, 모든 조직은 다음과 같은 일을 해야 한다.

- 제품 및 서비스의 제공을 위한 필수적이거나, 소비자에게 미

리 알리고 자발적인 동의를 받아 얻은 정보로 한정해서, 개인정보를 수집해야 한다.
- 합법적이고 공정한 수단으로만 정보를 얻어야 한다.
- 정보 수집 이전과 수집 중에 개인 데이터의 수집 목적을 구체화해야 한다.
- 소비자에게 미리 알려 소비자가 자발적으로 동의한 경우, 또는 법률이 요청한 경우를 제외하고는, 마케팅을 포함해서, 구체적으로 명시된 목적 이외에 개인 데이터를 공개하거나, (타인이) 이용할 수 있게 하거나, 기타 다른 방식으로 이용하지 않아야 한다.
- 법률이 규정한 바에 따라, 조직이 자신과 관련한 데이터를 가졌는지 확인하고, 그 정보에 이의를 제기할 권리를 소비자에게 제공해야 한다.
- 적절한 보안 보호수단을 통해 개인 데이터를 보호해야 한다.
- 조직은 데이터 보호를 책임질 사람 (종종 데이터 관리자라고 함)의 신분과 통상적 소재지를 공개해야 하고, 이 사람은 위에 언급된 조치 및 적용될 수 있는 법률을 준수할 책임 있는 사람이어야 한다.

이슈6 : 필수 서비스에 대한 접근

기본적인 욕구에 대한 충족권 존중을 보장하는 것이 국가의 책임이긴 하지만, 국가가 이 권리가 보호되고 있지 않은 장소나 조건이 많이 있다. 보건관리와 같은, 일부 기본 욕구의 충족이 보호되고 있는 경우라 하더라도, 전기, 가스, 물, 폐수처리 서비스, 배수, 하수와 통신 같은, 필수 공공 서비스에 대한 권리가 충분히 달성되지 못할 수도 있다. 조직은 이런 권리들을 충족시키는 데 기여할 수 있다.

관련 활동과 기대사항

필수 서비스를 공급하는 조직은 다음과 같은 일을 해야 한다.

- 소비자 혹은 소비자의 그룹이 지불할 수 있는 합리적 시간을 가질 기회를 주지 않고, 요금을 지불하지 않았다고 해서 필수 서비스를 중단해서는 안 된다.
- 가격과 요금을 정할 때, 상황이 허락된다면, 도움이 필요한 사람들에게 보조금을 지급하는 요금체제를 제공해야 한다.
- 가격과 요금 책정에 관한 정보를 제공하고, 투명한 방식으로 운영해야 한다.
- 공급 범위를 늘리고, 모든 소비자 그룹에게 차별 없이 같은 질과 수준의 서비스를 제공해야 한다.
- 공급의 단축 또는 중단은 공평한 방식으로 관리하며, 어떤 소비자 그룹에 대한 차별은 피해야 한다.
- 서비스 중단 예방을 돕기 위한, 조직의 시스템을 유지하고 업그레이드해야 한다.

이슈7 : 교육과 인식

교육 및 인식 이니셔티브는 소비자가 잘 정보를 받도록 하고, 자신의 권리와 책임을 의식할 수 있게 하며, 적극적인 역할을 할 가능성을 크게 하고, 식견을 가진 구매 결정과 책임감 있는 소비를 할 수 있도록 한다.

소비자 교육의 목적은 지식을 전달하는 것뿐만 아니라, 소비자가 그런 지식에 따라 행동하도록 권한을 주는 것이다. 이는 제품과 서비스를 평가하고, 비교할 수 있는 기능을 개발하는 것을 포함한다. 또한, 다른 사람들이나 지속가능발전에 소비 선택이 미치는 영향에 대한 인식을 높이는 의도도 있다. 만약 소비자가 제품이나 서비스를 이용할 때 해를 입었다면, 교육했다는 것이 조직의 책임을 면제시켜주진 않는다.

관련 활동과 기대사항

소비자 교육을 시행할 때, 적절한 경우 조직은 다음 사항을 다루어야 한다.

- 제품의 유해성과 같은, 보건 및 안전
- 적절한 법과 규정, 구제를 받는 방법, 소비자 보호를 위한 기관 및 조직에 관한 정보
- 매뉴얼이나 설명서에 제공된, 제품 및 서비스의 표시와 정보
- 무게 및 크기, 가격, 품질, 신용 조건, 그리고 필수 서비스의 이용 가능성에 관한 정보
- 이용 관련 위험과 필요한 예방조치에 대한 정보
- 금융 및 투자 제품과 서비스
- 환경 보호

- 원자재, 에너지 및 물의 효율적 이용
- 지속가능소비
- 포장, 폐기물 및 제품의 제대로 된 폐기

7. 지역사회 참여와 발전 community involvement and development

■ BAND 평가(holistic approach)

- 지역사회와 적극 소통하며 지역사회 발전에 적극 기여하고 있는 경우 => A
- 지역사회 참여 발전에 대해 보통 수준의 관심과 노력을 투여 하는 경우 => B
- 지역사회에서 문제를 일으키는 경우 (정도에 따라) => C~D
- 지역사회와의 관계에서 문제가 발생하여 사회적 이슈(갈등 유발, 언론보도)가 된 경우 => C~D
- 무지, 무관심, 무응답의 경우 => E

세부 항목 평가

7-1. 조직은 지역사회에 적극 참여하고 있고, 직원들의 참여를 적극 권장하고 있는가? (가중치 x 2)

1.불량(1)   2.개선(2)   3.보통(3)   4.양호(4)   5.우수(5)

7-2. 지역사회 공헌활동을 할 수 있는 재무적 성과(매출액,순이익등)가 업계와 비교하여 양호한가? (가중치 x 3)

1.불량(1)   2.개선(2)   3.보통(3)   4.양호(4)   5.우수(5)

7-3. 지역사회의 교육과 문화 창달에 적극 기여하고 있는가?

1.불량(1)   2.개선(2)   3.보통(3)   4.양호(4)   5.우수(5)

7-4. 지역사회의 고용 창출과 기술 개발을 위하여 노력하고 있는가, 그 사례가 다수 있는가? (가중치 x 3)

1.불량(1)   2.개선(2)   3.보통(3)   4.양호(4)   5.우수(5)

7-5. 지역사회의 보건과 안전을 위하여 노력하고 있는가? 그 사례가 다수 있는가? (가중치 x 3)

1.불량(1)   2.개선(2)   3.보통(3)   4.양호(4)   5.우수(5)

7-6. 지역 사회에 적극적인 사회 투자를 위한 내부 규정이나 프로그램을 갖고 있는가? (가중치 x 2)

1.불량(1)   2.개선(2)   3.보통(3)   4.양호(4)   5.우수(5)

7-7. 사회투자 건수 및 투자 규모는 업계와 비교하여 어느 수준인가? (가중치 x 3)

1.불량(1)   2.개선(2)   3.보통(3)   4.양호(4)   5.우수(5)

7-8. 사회적 기업 활성화를 위해 투자하거나 활동한 사례가 많은가? (가중치 x 3)

1.불량(1)   2.개선(2)   3.보통(3)   4.양호(4)   5.우수(5)

이슈1 : 지역사회 참여

지역사회 참여는 조직의 지역사회에 대한 능동적인 지원활동이다. 이것은 문제를 예방하고 해결하고, 지역 조직과 이해관계자와의 파트너십을 육성하며, 지역사회의 좋은 조직시민이 되고자 하는 열망을 목적으로 한다. 또한, 지역사회 참여는 조직이 지역사회의 필요와 우선순위에 익숙해지도록 도와줌으로써, 조직의 발전적 그리고 다른 노력이 지역사회와 사회의 이런 노력과 양립할 수 있다.

전통 지역사회나 선주민 지역사회, 지역협회나 인터넷 네트워크 일부는 공식적인 '조직'을 구성하지 않고서도 스스로를 표현한다. 조직은 발전에 기여할 수 있는, 공식적이고 비공식적인, 많은 유형의 그룹이 있음을 알아야 한다. 조직은 그런 그룹의 문화, 사회 및 정치적 권리를 존중해야 한다.

관련 활동과 기대사항

모든 조직은

- 사회투자와 지역사회 발전 활동의 우선순위를 결정할 때 대표적인 지역사회 그룹과 협의해야 한다. 취약하고, 차별받고, 주변으로 밀려나고, 대표되지 못하며, 과소하게 대표되는 그룹에 특별한 관심을 가지며, 그들이 자신의 선택을 확대하고 권리를 존중하도록 돕는 방식으로 그들을 참여시켜야 한다.
- 그들에게 영향을 주는 발전의 조건에 대해, 선주민을 포함한, 지역사회와 협의하고 수용해야 한다. 협의는 발전에 앞서 하는 게 좋으며, 완전하고 정확하며 접근 가능한 정보에 근거해야 한다.
- 가능하고 적절하다면 공익과 지역사회 발전 목적에 기여하는 목표를 가진 지역 연합조직에 참여해야 한다.
- 지방정부 공무원과 정치 대표자는 뇌물이나 부적절한 영향력으

로부터 자유로우면서, 투명한 관계를 유지해야 한다.
- 사람들이 지역사회 서비스에 자원하도록 격려하고 지지해야 한다.

이슈2 : 교육과 문화

교육과 문화는 모든 사회발전과 경제발전의 토대이며, 지역사회 정체성의 일부이다. 문화 보존 및 촉진, 그리고 인권 존중과 양립하는 교육 촉진은 사회화합과 발전에 긍정적인 영향을 미친다.

관련 활동과 기대사항
모든 조직은

- 모든 수준의 교육을 촉진하고 지원하며, 교육의 질과 접근성을 높이고, 지역 지식을 촉진하고, 문맹 근절을 돕는 행동에 참여해야 한다.
- 취약그룹이나 차별받는 그룹의 학습 기회를 촉진해야 한다.
- 어린이들이 공식적인 교육에 등록하도록 격려하고, (어린이 노동과 같이) 어린이가 교육을 받으려는 데 대한 장벽을 없애는 데 기여해야 한다.
- 적절한 경우 문화 활동을 촉진하고, 인권 존중의 원칙에 부합되도록 지역 문화와 문화적 전통을 인식하고 가치 있게 여겨야 한다.
- 인권 교육과 인지 제고 촉진을 고려해야 한다.

- 문화유산, 특히 조직 운영이 문화유산에 영향을 미치는 경우, 문화유산을 보존하고 보호하도록 도와야 한다.
- 적절한 경우, 선주민 지역사회의 전통지식과 기술 이용을 촉진해야 한다.

이슈3 : 고용 창출과 기능 개발

고용은 경제 발전과 사회 발전에 관련된 세계적으로 인식된 목표다. 고용을 창출함으로써, 크고 작은 모든 조직은 빈곤 감소와 경제 발전과 사회 발전 촉진에 기여할 수 있다. 기능 개발은 고용 촉진의 필수 요소이며 사람들이 제대로 되고 생산적인 직업을 가지도록 지원하여 경제 발전과 사회 발전에 필수적이다.

관련 활동과 기대사항

모든 조직은

- 조직의 투자 결정이 고용 창출에 미치는 영향을 분석하고, 경제적으로 독자유지가 가능하다면, 고용을 창출함으로써 빈곤을 완화하는 직접 투자를 해야 한다.
- 기술 선택이 고용에 미치는 영향을 고려하고, 장기적인 관점에서 경제적으로 독자유지가 가능하다면, 고용기회를 극대화하는 기술을 선택해야 한다.
- 아웃소싱 의사결정을 하는 조직 내부와 그런 결정에 영향을 받는 외부 조직 양쪽의 고용 창출에 대한 아웃소싱 결정의 영

향을 고려해야 한다.
- 임시 근로 방식을 이용하기보다 직접적 고용 창출로의 혜택을 고려해야 한다.
- 고용과 능력배양에 대해 취약그룹에 특별한 주의를 기울이는 게 좋다.
- 고용 창출에 필요한 프레임워크 조건을 촉진토록 돕는 것을 고려해야 한다.

이슈4 : 기술 개발과 접근성

경제 발전과 사회 발전 추진을 돕기 위해, 지역사회와 그 구성원은 무엇보다도 현대기술에 대한 완전하고 안전한 접근이 필요하다. 조직은 인적자원 개발과 기술 확산을 촉진하는 방법으로 전문 지식, 기능과 기술을 적용함으로써 조직이 운영되는 지역사회의 발전에 기여할 수 있다.

정보와 통신 기술은 현대 생활의 많은 부분을 특징지으며, 수많은 경제 활동을 위한 가치 있는 기반이다. 정보 접근성은 국가, 지역, 세대 및 성별 등에 존재하는 불균형을 극복하는 핵심이다. 조직은 훈련, 파트너십과 다른 행동을 통해 이런 기술에 대한 접근성을 향상하는데 기여할 수 있다.

관련 활동과 기대사항
모든 조직은

- 지역사회의 사회, 환경적 쟁점 해결을 도울 수 있는, 혁신적인 기술 개발에 기여하는 것을 고려해야 한다.
- 쉽게 복제할 수 있고 빈곤과 기아 퇴치에 매우 긍정적 영향을 가진, 저비용의 기술 개발에 기여하는 것을 고려해야 한다.
- 경제적으로 실현 가능하다면, 해당 지식과 기술에 대한 지역사회의 권리를 보호하면서, 잠재적으로 지역적이고 전통적인 지식과 기술을 개발하는 것을 고려해야 한다.
- 지역사회의 파트너들과 과학과 기술 개발을 높이기 위해 대학이나 연구 실험실 같은 조직과 파트너십을 구축하는 것을 고려하고, 이런 일에 지역주민을 고용해야 한다.
- 경제적으로 실현 가능하다면, 기술 이전과 확산을 가능하게 하는 관행을 채택해야 한다.

이슈5 : 부와 소득 창출

경쟁적이며 다양한 기업과 협동조합은 어느 지역사회에서나 부를 창출하는 데 있어서 아주 중요하다. 조직은 기업가정신이 번영하고 지역사회에 끊임없이 혜택을 제공하는 환경이 조성되도록 도울 수 있다.

여성에 대한 권한 부여가 사회의 행복에 지대하게 기여한다는 것이 널리 인식됨에 따라, 여성을 대상으로 하는 기업가정신 프로그램이나 협동조합이 특히 중요하다. 또한, 부와 소득 창출은 경제활동 혜택의 공정한 분배에 달려있다. 정부는 아주 중요한 발전 쟁점을 다루기 위한 수입을 얻기 위해 납세 의무를 충족하는 조직에 의존한다.

많은 상황에서 지역사회의 물리, 사회 및 경제적 고립은 지역사회 발전을 저해할 수 있다. 조직은 그들의 활동이나 가치사슬에 지역 주민, 그룹, 그리고 조직을 통합함으로써 지역사회 발전에 긍정적 역할을 할 수 있다.

관련 활동과 기대사항

모든 조직은

- 지역사회의 지속가능발전에 필요한 기초자원에 대한 영향을 포함하여, 지역사회에 들어가거나 떠나는 것의 경제적 그리고 사회적 영향을 고려해야 한다.
- 지역사회의 기존 경제 활동의 다양성을 활발하게 하는 적절한 이니셔티브를 지지하는 것을 고려해야 한다.
- 제품과 서비스의 지역 공급자를 선호하며, 가능하다면 지역 공급자의 발전에 기여할 것을 고려해야 한다.
- 지역사회 내에서 어려운 그룹에 특별한 주의를 기울이는 한편, 가치사슬에 기여하기 위해 지역 공급자의 능력과 기회를 강화하기 위한 이니셔티브의 실행을 고려해야 한다.
- 지역사회에 기반한 기업가 단체의 발전에 도움이 되는 적절한 방법들을 고려해야 한다.
- 조직의 세금 책임을 충족해야 하고, 내야 할 세금을 올바르게 결정하는 데 필요한 정보를 당국에 제공해야 한다.
- 피고용인을 위한 퇴직연금과 노령연금에 대한 기여를 고려해야 한다.

이슈6 : 보건

보건은 사회에서 삶에 필수적인 요소이며 인식된 권리이다. 공공 보건에 위협이 되는 것들은 지역사회에 심각한 영향을 미칠 수 있고, 지역사회 발전을 방해할 수 있다. 따라서 규모가 크든 작든, 모든 조직은 보건에 대한 권리를 존중하며, 조직의 수단 내에서, 그리고 적절한 경우, 보건 증진과 보건위협 및 질병 예방, 그리고 지역사회에 대한 어떠한 피해의 완화에 기여해야 한다.

조직은 또한 가능하고 적절한 경우에, 특히 공공 서비스를 보강하고 지원함으로써, 보건 서비스에 대한 접근 개선에 기여해야 한다. 공공 보건 시스템을 제공하는 것이 국가의 역할인 나라에 있더라도, 모든 조직은 지역사회의 보건에 기여하는 것을 고려할 수 있다. 건강한 지역사회는 공공부문의 부담을 줄이고, 모든 조직을 위한 좋은 경제·사회적 환경을 만드는 데 기여한다.

관련 활동과 기대사항
모든 조직은

- 조직이 제공하는 어떠한 제조과정, 제품 또는 서비스가 보건에 미치는 부정적 영향을 제거하도록 노력해야 한다.
- 예를 들어, 약품이나 백신에 대한 접근성에 기여하거나, 운동과 좋은 영양, 질병 조기검진, 피임법에 대한 인식 제고, 건강하지 않은 제품과 물질의 소비 억제를 포함한, 건강한 생활방식을 권장함으로써, 보건증진을 촉진하는 것을 고려해야 한

다. 어린이 영양에는 특별한 주의를 기울여야 한다.
- HIV/AIDS, 암, 심장질환, 말라리아, 결핵과 비만 같은, 건강 위협과 주요 질병 및 이들의 예방에 대한 인식 제고를 고려해야 한다.
- 질병예방의 수단으로서 필수 의료서비스, 깨끗한 물, 적절한 위생에 대한, 오래 유지되고 보편적인 접근을 지원하는 것을 고려해야 한다.

이슈7 : 사회적 투자

사회투자는 조직이 지역사회 삶의 사회적 측면을 개선할 목적으로, 자신의 자원을 이니셔티브와 프로그램에 투자할 때 발생한다. 사회투자의 유형은 교육, 훈련, 문화, 보건관리, 소득 창출, 기반시설 개발, 정보 접근성 개선 또는 경제적 발전이나 사회적 발전을 촉진할 가능성이 있는 다른 어떤 활동과 관련된 프로젝트를 포함할 수도 있다.

사회투자를 위한 기회 식별에 있어, 조직은 지역·국가의 정책결정자들이 세운 우선순위를 고려하면서, 조직이 운영되는 지역사회의 필요와 우선순위에 조직의 기여를 맞추어야 한다. 정보 공유, 협의, 협상은 사회투자를 식별하고 실행하기 위한, 참여적 접근방식을 위한 유용한 도구다. 사회투자는 자선 (예를 들어, 보조금, 자원활동과 기부) 을 배제하지 않는다.

조직은 또한 프로젝트의 디자인이나 실행에 지역사회 참여를 독려해야 하는데, 이는 조직이 더 이상 참여하지 않을 때, 프로젝트가 계속 유지되고 번영할 수 있도록 도울 수 있기 때문이다. 사회투자는 장기적으로 스스로 유지될 수 있고 지속가능발전에 기여하는 프로젝트를 우선시해야 한다.

관련 활동과 기대사항

모든 조직은

- 사회투자 프로젝트를 기획함에서 지역사회 발전 촉진을 고려해야 한다. 예를 들어 지역 발전을 지원하기 위해 지역조달이나 아웃소싱을 늘림으로써 시민에 대한 기회를 넓혀야 한다.
- 조직의 자선 활동, 조직의 계속되는 존재와 지원에 대한 지역사회 의존을 영속시키는 행동은 피해야 한다.
- 기존의 지역사회 관련 이니셔티브들을 평가해서 지역사회와 조직 내의 사람들에게 보고하고, 개선이 이루어질 수 있는 곳을 확인해야 한다.
- 시너지 효과를 최대화하고, 보완적인 자원, 지식과 기능을 이용하기 위해 정부, 기업, 또는 NGO를 포함한, 다른 조직과 파트너를 맺는 것을 고려해야 한다.
- 조직의 늘어나는 능력, 자원, 기회에 대한 기여의 중요성을 감안하여, 취약그룹이나 차별받는 그룹 그리고 저소득층을 위한 식량과 다른 필수제품에 대한 접근성을 제공하는 프로그램에 기여하는 것을 고려해야 한다.

8. 통합 1: 중대성 평가와 우선순위 결정

- BAND 평가(holistic approach)

  - 조직의 사회책임 관련하여 중대성 평가를 하고, 우선순위가 적절히 결정된 경우 => A
  - 중대성 평가와 우선순위 결정 과정이 다소 미흡하게 진행된 경우 => B
  - 중대성 평가와 우선순위 결정 과정에 일부 문제가 있는 경우 => C
  - 중대성 평가와 우선순위 결정 과정에 문제가 많은 경우 => D
  - 무지, 무관심, 무응답의 경우 => E

세부 항목 평가

8-1. 최고경영진에서부터 사회책임 담당부서에 이르기까지 조직의 관련성과 중대성에 대하여 공감대를 잘 형성하고 있는가? (가중치 x 3)
1.불량(1)   2.개선(2)   3.보통(3)   4.양호(4)   5.우수(5)

8-2. 조직의 사회책임 전반에 대한 실사(due diligence)가 체계적으로 진행하는 프로그램이 있는가? (가중치 x 2)
1.불량(1)   2.개선(2)   3.보통(3)   4.양호(4)   5.우수(5)

8-3. 조직 내부에 사회책임 제고를 위한 매체나 의사소통 프로세스가 존재하는가? (가중치 x 2)
1.불량(1)   2.개선(2)   3.보통(3)   4.양호(4)   5.우수(5)

8-4. 조직의 주요 이해관계자 현황에 대하여 조직 내에 공감대가 형성되어 있는가? (가중치 x 2)

1.불량(1)　2.개선(2)　3.보통(3)　4.양호(4)　5.우수(5)

8-5. 조직의 사회책임 활동의 관련성과 중대성을 결정하는 프로세스가 수립되어 있는가? (가중치 x 2)

1.불량(1)　2.개선(2)　3.보통(3)　4.양호(4)　5.우수(5)

8-6. 조직 활동과 직간접적으로 관련되고 있는 법률적 요건들이 적절히 검토되고 있는가?

1.불량(1)　2.개선(2)　3.보통(3)　4.양호(4)　5.우수(5)

8-7. 조직의 사회책임 영향권의 개념을 이해하고 적절히 적용하고 있는가? (가중치 x 2)

1.불량(1)　2.개선(2)　3.보통(3)　4.양호(4)　5.우수(5)

8-8. 조직의 사회책임 활동과 관련한 우선순위를 적절한 방법으로 결정하고, 이를 조직 전반에 공유하고 있는가? (가중치 x 3)

1.불량(1)　2.개선(2)　3.보통(3)　4.양호(4)　5.우수(5)

8-9. 조직의 사회책임 제고를 위한 영향 행사를 위한 검토를 하고, 이를 실행하고 있는가? (가중치 x 3)

1.불량(1)　2.개선(2)　3.보통(3)　4.양호(4)　5.우수(5)

조직의 핵심 주제와 쟁점에 대한 관련성과 중대성 결정하기

관련성 결정하기

핵심 주제들은 모두 조직과 관련성이 있다. 조직은 어떤 쟁점이 관련 있는가를 식별하기 위해 모든 핵심 주제를 검토해야 한다. 식별 프로세스를 시작하기 위해, 적절한 경우 조직은 다음과 같이 해야 한다.

- 조직 활동의 모든 범위를 열거해야 한다.
- 이해관계자를 식별해야 한다.
- 조직 자체 활동과 영향권 아래 놓인 조직들의 활동을 식별해야 한다. 공급자와 계약자의 결정과 활동은 조직의 사회적 책임에 영향을 미칠 수 있다.
- 적용될 수 있는, 모든 법률을 고려함과 동시에, 조직과 그의 영향권 그리고/혹은 가치사슬 내의 다른 조직들이 이러한 활동을 수행할 때 일어날 수도 있는, 핵심 주제와 쟁점을 결정해야 한다.
- 조직의 결정과 활동이 이해관계자와 지속가능발전에 영향을 미칠 수 있는 방식을 조사해야 한다.
- 이해관계자와 사회적 책임 쟁점이 조직의 결정, 활동, 그리고 계획에 영향을 줄 수 있는 방식을 조사해야 한다.
- 매우 구체적 상황에서 때때로 벌어지는 일뿐만 아니라 일상적 활동에 관련된 사회적 책임의 모든 쟁점을 식별해야 한다.

조직 스스로 자신의 사회적 책임을 이해한다고 믿을지라도 이러한 핵심 주제와 쟁점에 대한 관점을 넓힐 수 있도록 식별과정에 이해관계자를 참여시키는 것을 고려해야 한다. 이해관계자들이 이러한 쟁점들을 식별하지 못한다 할지라도 쟁점이 관련성 있을 수 있다는 점을 인식하는 것이 중요하다. 법이 다루고 있는 핵심 주제나 쟁점이라도, 법 정신에 대응한다는 것은, 어떤 경우, 단순히 법을 준수하는 것 이상의 행동을 포함할 수 있다.

<u>중대성 결정하기</u>

 조직이 그의 결정과 활동에 관련된 폭넓은 범위의 쟁점을 식별했다면, 조직은 식별된 쟁점들을 조심스럽게 조사하고, 조직에게 가장 큰 중대성을 가지고, 가장 중요한 쟁점이 어떤 것인지를 결정하기 위한, 일단의 기준을 마련해야 한다. 가능한 기준에는 다음과 같은 사항이 포함된다.

- 이해관계자와 지속가능발전에 대한 쟁점의 영향 정도
- 쟁점들에 대한 행동을 취하거나 행동을 취하지 못했을 때의 잠재적 효과
- 이해관계자들이 쟁점을 우려하는 수준
- 이러한 영향과 관련한 책임 있는 행동에 대한 사회적 기대의 식별

 일반적으로 중대하다 생각되는 쟁점들로는 법을 준수하지 않는 것, 국제행동규범과 일치하지 않는 것, 잠재적 인권 위반, 삶과 보건을 위험에 처하게 할 수 있는 관행, 그리고 환경에 심각하게 영향을 줄 수 있는 관행이 있다.

쟁점을 다루기 위한 우선순위 설정

 모든 조직은 일상 관행 전반에 걸쳐서 사회적 책임을 통합하기 위한 우선순위를 결정하고 그 의지를 표명해야 한다. 우선순위는 중대하고 관련된다고 여겨지는 쟁점 내로부터 설정되어야 한다. 조직

은 우선순위를 식별하는 작업에 이해관계자들을 참여해야 한다. 우선순위는 시간에 따라 달라질 가능성이 있다. 쟁점을 다루는 활동이 높은 우선순위를 가지는지를 결정할 때 조직은 다음 사항을 고려해야 한다.

- 법률 준수, 국제표준, 국제 행동 규범, 최신 기술적 수준과 모범 관행에 대한 조직의 현재 실적
- 중요 목표를 이뤄내는 조직의 능력에 쟁점이 상당한 영향을 끼칠 수 있는가 여부
- 실행에 필요한 자원에 비교하여, 관련된 행동의 잠재적 효과
- 원하는 결과를 이루기 위해 걸리는 기간
- 신속히 다루지 않으면 상당한 비용 결과를 초래할 수 있는가의 여부
- 실행의 용이성 및 속도, 이는 조직 내에서 사회적 책임에 관한 인지도 및 행동의 동기유발을 끌어올리는 데에 영향을 줄 수도 있다.

우선순위의 순서는 조직에 따라 달라질 것이다. 즉각적 활동을 위한 우선순위를 정하는 것에 덧붙여, 조직은 건물 건설, 신규 직원 고용, 계약자 고용, 또는 기금마련 활동 수행과 같은 조직이 향후 수행할 것으로 기대되는 결정과 활동과 관련된 쟁점을 고려하여 우선순위를 설정할 수 있다. 그리고 나면 우선순위 고려사항은 이들 미래 활동에 대한 기획의 일부를 구성하게 될 것이다. 우선순위는 조직에 적절한 시간 간격을 두고 검토하고 최신정보를 반영해야 한다.

사회적 책임을 향한 조직의 방향 설정

조직 임원진의 성명과 행동, 그리고 조직의 목적, 바람, 가치, 윤리 및 전략이 조직의 방향을 설정한다. 사회적 책임을 조직 기능의 중요하고 효과적인 일부로 만들기 위해서는 사회적 책임이 조직의 이러한 측면에 반영되어야 한다. 조직은 사회적 책임을 조직의 정책, 조직문화, 전략, 구조와 운영의 필수 부분으로 만들어서 조직의 방향을 설정해야 한다. 이를 시행할 수 있는 일부 방법에는 다음과 같은 것 있다.

- 조직의 바람이나 비전성명에 사회적 책임이 조직의 활동에 영향을 미치도록 하는 방법에 대한 언급을 포함한다.
- 조직의 운영방법을 결정하는 데 도움이 되는, 사회적 책임 원칙과 쟁점을 포함하여, 사회적 책임의 중요 측면에 대한, 구체적이고 명확하며 간결한 언급을 조직의 목적이나 사명성명에 포함한다.
- 원칙이나 가치를, 적절한 행동에 관한 성명으로 전환함으로써 조직의 사회적 책임에 대한 의지표명을 구체화하는 서면의 행동강령이나 윤리강령을 채택한다. 이러한 강령들은 사회적 책임 원칙과 지침에 기초해야 한다.
- 사회적 책임을 시스템, 정책, 과정 및 의사결정 행동에 통합함으로써 사회적 책임을 조직 전략의 주요 요소로 포함한다.
- 핵심 주제와 쟁점에 대한 행동의 우선순위를, 전략, 과정, 일정과 함께, 관리할 수 있는 조직 목표로 전환한다. 목표는 구

체적이고, 측정할 수 있거나 검증할 수 있어야 한다. 이해관계자의 의견은 이런 과정을 돕는데 가치가 있을 수 있다. 책임, 일정, 예산, 조직의 다른 활동에 미칠 효과를 포함하여, 목표를 달성하기 위한 세부계획은 이런 달성을 위한 목표와 전략을 수립하는 데 중요한 요소이다.

조직의 거버넌스, 시스템 및 절차 안에 사회적 책임 구축하기

사회적 책임을 조직 전반에 걸쳐 통합시키기 위한 중요하고도 효과적인 수단은 조직의 거버넌스를 통하는 것인데, 이는 조직의 목표를 추구하면서 조직의 결정이 이루어지고 실행되는 시스템이다. 조직은 기회와 긍정적 영향들은 최대화할 뿐 아니라, 사회적, 환경적 해악의 위험을 최소화하기 위해서, 각각의 핵심 주제와 관련된 조직 자신의 영향을 의식적이고 체계적으로 관리하고, 조직의 영향권 내에서 조직의 영향을 모니터링해야 한다.

조직은 사회적 책임 원칙이 조직의 거버넌스에 적용되고, 조직의 구조와 문화에 반영됨을 확인해야 한다. 조직은 조직의 사회적 책임을 고려하고 있음을 확실히 하기 위해 적절한 시간 간격을 두고 절차와 과정을 검토해야 한다. 일부 유용한 절차에는 다음을 포함할 수 있다.

- 기존 경영 관행이 조직의 사회적 책임을 반영하고 이를 다루는 것을 보장한다.
- 사회적 책임 원칙과 핵심 주제와 쟁점이 조직의 다양한 부분에 적용되는 방법을 식별한다.
- 조직의 규모와 본질에 적합하다면, 조직의 운영 절차가 사회

적 책임의 원칙과 핵심 주제에 부합하도록 운영 절차를 검토하고 개정하는 부서 또는 그룹을 조직 내에 설립한다.
- 조직을 위한 운영활동을 수행할 때는 사회적 책임을 고려한다.
- 구매와 투자 관행, 인적자원관리와 다른 조직 기능에 사회적 책임을 통합한다.

조직의 기존 가치와 문화는 조직 전반에 걸쳐 사회적 책임이 완전히 통합되는 용이성과 속도에 중대한 영향을 미칠 수 있다. 또한, 조직 전반에 걸친 사회적 책임 통합과정이 한 번에 일어나지 않고, 모든 핵심 주제와 쟁점에 대해 같은 속도로 이루어지지도 않는다는 것을 인식하는 것이 중요하다. 단기 및 장기간에 걸쳐 일부 사회적 책임 쟁점을 다루기 위한 계획을 개발하는 것이 유용할 수도 있다. 그런 계획은 현실적인 것이 좋으며, 조직의 역량과 이용할 수 있는 자원, 쟁점의 우선순위 및 관련 행동을 고려해야 한다.

9. 통합 2: 의사소통과 사회보고

■ BAND 평가(holistic approach)

- 조직이 이해관계자들과 적극 소통하고, 관련 정보를 사회적으로 적극 보고하는 경우 => A
- 통상적인 수준에서 이해관계자들과 소통하고, 사회보고를 하

는 경우 => B
- 이해관계자들과 소통이 충분치 못하고, 사회보고도 다소 부실한 경우 => C
- 이해관계자들과 소통과 사회보고가 제대로 이루어지고 있지 못한 경우 => D
- 무지, 무관심, 무응답의 경우 => E

세부 항목 평가

9-1. 조직 내외에 걸쳐 의사소통이 원활히 진행되고 있는가? (가중치 x 2)

1.불량(1)   2.개선(2)   3.보통(3)   4.양호(4)   5.우수(5)

9-2. 지속가능보고서 등을 통하여 사회보고(Social Reporting)가 지속적으로 진행되고 있는가? (가중치 x 2)

1.불량(1)   2.개선(2)   3.보통(3)   4.양호(4)   5.우수(5)

9-3. 조직의 사회책임 관련 정보가 완전성(completeness)에 부합하는가? (가중치 x 2)

1.불량(1)   2.개선(2)   3.보통(3)   4.양호(4)   5.우수(5)

9-4. 조직의 사회책임 관련 정보가 이해가능성(understandable)에 부합하는가? (가중치 x 2)

1.불량(1)   2.개선(2)   3.보통(3)   4.양호(4)   5.우수(5)

9-5. 조직의 사회책임 관련 정보가 대응성(responsible)에 부합하는가? (가중치 x 2)

1.불량(1)   2.개선(2)   3.보통(3)   4.양호(4)   5.우수(5)

9-6. 조직의 사회책임 관련 정보가 정확성(accurate)에 부합하는가? (가중치 x 2)

1.불량(1)   2.개선(2)   3.보통(3)   4.양호(4)   5.우수(5)

9-7. 조직의 사회책임 관련 정보가 균형성(balance)에 부합하는가? (가중치 x 2)

1.불량(1)   2.개선(2)   3.보통(3)   4.양호(4)   5.우수(5)

> 9-8. 조직의 사회책임 관련 정보가 적시성(timely)에 부합하는가? (가중치 × 2)
>
> 1.불량(1)　2.개선(2)　3.보통(3)　4.양호(4)　5.우수(5)

> 9-9. 조직의 사회책임 관련 정보가 접근가능성(accessible)에 부합하는가? (가중치 × 2)
>
> 1.불량(1)　2.개선(2)　3.보통(3)　4.양호(4)　5.우수(5)

> 9-10. 조직의 사회책임 보고의 신뢰성을 높일 수 있는 방안이 파악되어 있고, 실행되고 있는가? (가중치 × 2)
>
> 1.불량(1)　2.개선(2)　3.보통(3)　4.양호(4)　5.우수(5)

사회적 책임과 관련된 많은 관행은 내부와 외부 의사소통의 일부 형태를 수반할 것이다. 의사소통은 다음 사항을 포함하여 사회적 책임에서의 많은 다양한 기능에 매우 중요하다.

- 사회적 책임을 위한 조직의 전략과 목표, 계획, 성과와 과제에 대한 조직 내·외부 양 측면의 인식을 제고
- 사회적 책임 원칙에 대한 존중 입증
- 이해관계자와의 대화 참여와 대화 조성을 지원
- 사회적 책임과 관련된 정보공개를 위한 법적 및 기타 요구사항을 다룸
- 조직이 어떻게 사회적 책임에 대한 자신의 의지표명을 충족하고, 이해관계자의 이해관계와 사회의 기대에 대응하는지를 보여줌
- 시간에 걸친 영향의 변화에 관한 세부사항을 포함하여 조직의 활동, 제품, 서비스의 영향에 대한 정보 제공
- 조직의 사회적 책임 활동을 지지하도록 피고용인과 다른 사

람을 참여시키고 동기유발 하도록 지원
- 사회적 책임 성과 개선을 자극할 수 있는 동료조직 간 비교를 용이하게 함
- 조직에 대한 이해관계자들의 신뢰를 강화하기 위해 사회적 책임을 다하는 행동, 개방성, 진실성 및 설명책임에 대한, 조직의 명성을 제고

사회적 책임과 관련된 정보의 특성

사회적 책임과 관련된 정보는 다음과 같은 특성을 유지해야 한다.

- 완전성 complete 정보는 사회적 책임과 관련된 모든 중대한 활동과 영향을 다루어야 한다.
- 이해가능성 understandable 의사소통에 참여할 이들의 지식과 문화, 사회, 교육 및 경제적 배경에 관련해서 정보를 제공되어야 한다. 사용된 언어와, 자료구성방식을 포함한, 자료표현 방식이 정보를 받고자 하는 이해관계자들에게 접근할 수 있게 해야 한다.
- 대응성 responsive 정보는 이해관계자들의 이해에 대응해야 한다.
- 정확성 accurate 정보는 사실 측면에서 옳고, 정보목적에 유용하고 적합하도록 충분히 상세한 것을 제공해야 한다.
- 균형성 balanced 정보는 균형 잡히고 공정하며, 조직 활동의 영향에 관한 관련 부정적 정보를 빠뜨리지 말아야 한다.
- 적시성 timely 시기가 지난 정보는 잘못 이끌 수 있다. 정보가

특정 기간의 활동을 서술한다면, 정보가 다른 기간의 식별을 통해 이해관계자들은 해당 조직의 성과를 그 조직의 이전 성과, 그리고 다른 조직의 성과와 비교할 수 있을 것이다.
- 접근가능성accessible 구체적 쟁점에 대한 정보는 관련 이해관계자들이 이용할 수 있어야 한다.

사회적 책임 의사소통의 유형

사회적 책임과 관련된 많은 상이한 유형의 의사소통이 존재한다. 일부 예는 다음 사항을 포함한다.

- 이해관계자와의 회의나 대화
- 사회적 책임의 구체적 쟁점이나 프로젝트에 대해 이해관계자와 의사소통. 가능하고 적절한 경우, 이 의사소통에 이해관계자와의 대화를 포함해야 한다.
- 조직의 경영진과 피고용인 및 구성원 간의 의사소통.
- 조직 전반에 걸쳐 사회적 책임의 통합에 초점을 둔 팀 활동
- 조직의 활동과 관련한 사회적 책임에 대한 주장에 관심이 있는 이해관계자와 의사소통.
- 사회적 책임과 관련된 조달 요구사항에 대하여 공급자들과 의사소통
- 사회적 책임에 대한 결과를 낳는 긴급 상황에 대해 대중과 의사소통.
- 제품표시, 제품 정보 및 기타 소비자 정보와 같은, 제품 관련

의사소통.
- 동료 조직을 겨냥한 잡지나 신문의 사회적 책임 측면에 대한 기사
- 사회적 책임의 일부 측면을 촉진하기 위한 광고나 기타 공개 성명
- 정부기구나 공적 질의에 대한 제출
- 이해관계자 피드백의 기회를 가지는 정기적인 대중 보고서

의사소통에 사용될 수 있는 많은 다른 방법과 매체가 있다. 이것은 회의, 대중이벤트, 포럼, 보고서, 뉴스레터, 잡지, 포스터, 광고, 편지, 음성메일, 라이브 공연, 비디오, 웹사이트, 팟캐스트(웹사이트 오디오 방송), 블로그(웹사이트 토론 포럼), 제품 첨부물과 표시를 포함한다. 보도자료, 인터뷰, 사설 및 기사를 이용한 매체를 통해 의사소통하는 것 또한 가능하다. 이해관계자와의 대화를 통해, 조직은 이해관계자의 견해에 대한 직접적 정보를 얻고 교환함으로써 혜택을 얻을 수 있다.

사회적 책임에 대한 신뢰성 제고

신뢰성 제고 방법

조직이 자신의 신뢰성을 제고할 수 있는 방법은 여러 가지가 있다. 그중 한 가지는 이해관계자 참여인데, 이는 이해관계자와의 대화를 포함하며, 모든 참여자의 이해와 의도가 이해되었다는 신뢰를 증가시키는 중요한 수단이다. 이런 대화는 믿음을 구축하고 신뢰성을 제고한다. 이해관계자 참여는 조직의 성과 관련 주장을 검증하는데 이

해관계자들을 참여시키는 근거가 될 수 있다. 조직과 이해관계자들은 이해관계자들이 조직의 성과 측면을 정기적으로 검토하거나 그렇지 않으면 모니터링할 수 있도록 방식을 만들 수 있다.

어떤 쟁점에 대한 신뢰성은 때때로 구체적 인증제도 참여를 통해 제고될 수 있다. 제품 안전을 인증하거나, 환경 영향, 노동 관행, 기타 사회적 책임의 측면에 관해 과정 또는 제품을 인증하기 위한 이니셔티브가 개발되어 왔다. 그런 제도들은 그 자체로 독립적이고 신뢰되어야 한다. 어떤 상황에서, 조직은 신뢰성을 주기 위해 조직의 활동에 독립 당사자를 참여시킨다. 이 예로 신뢰할 수 있기 때문에 선정된 인사들로 구성된 자문위원회나 검토위원회의 설립을 들 수 있다.

조직은 때때로 자신의 활동 영역 내 또는 조직의 각 지역사회 내에서의 사회적 책임을 다하는 행동을 수립하거나 촉진하기 위해 동료조직의 협회에 참여한다. 조직은 적절한 조치를 취하고, 성과를 평가하며 진척과 결점에 대해 보고하는 것과 관련하여 특별한 의지표명을 함으로써 자신의 신뢰성을 높일 수 있다.

<u>사회적 책임 보고서와 클레임의 신뢰성 제고</u>
사회적 책임 보고서와 주장의 신뢰성 제고 방안은 많다. 이들은 다음을 포함한다.

　　- 보고서의 본질이 조직의 유형, 규모, 능력에 따라 좌우됨을 인지하면서, 사회적 책임 성과에 관한 보고서를 시간에 걸쳐 비교하고, 동료조직이 작성한 보고서와 비교할 수 있게 한다.
　　- 조직이 모든 중대한 사안을 다루는 노력을 했음을 보이기 위

해, 주제가 보고서에서 다뤄지지 않고 빠진 이유에 대해 간략한 설명을 제공한다.
- 데이터와 정보에 대한 정확성을 검증하기 위해, 해당 데이터와 정보를 믿을만한 출처로까지 모니터링하는, 엄격하고 책임 있는 검증과정을 이용한다.
- 검증 과정을 수행하기 위해, 조직 내 또는 외부에서, 보고서 준비 과정과 독립된 개인 또는 개인들의 도움을 이용한다.
- 검증을 증언하는 성명을 보고서의 일부로 발행한다.
- 보고서가 조직과 관련 있고 중대한 쟁점들을 반영하고 있으며 이것이 이해관계자의 요구에 대응하고 있고 다루는 쟁점을 완전히 포괄한다는 확인을 제공하기 위해 이해관계자 집단을 이용한다.
- 다른 사람이 쉽게 검증을 할 수 있는 정보의 종류와 형태로 제공함으로써 투명성을 확보하는 추가 조치를 취한다.
- 외부 조직의 보고 가이드라인에 부합하도록 보고한다.

조직과 이해관계자 간의 갈등이나 의견 불일치 해결

조직의 사회적 책임 활동 중, 조직은 단일 이해관계자나 이해관계자 그룹과의 갈등이나 의견 불일치를 겪을 수도 있다. 갈등 유형과 이를 다루기 위한 체계의 구체적 사례는 인권 소비자 이슈 맥락에서 다루고 있다. 갈등이나 의견 불일치 해결을 위한 공식 방법은 또한 종종 노동협약의 일부를 이룬다.

조직은 갈등이나 의견 불일치의 유형에 적절하고, 영향을 받은 이해관계자에게 유용한, 이해관계자와의 갈등이나 의견 불일치 해결 체계를 개발해야 한다. 이런 체계로는 다음과 같은 것들이 포함될 수 있다.

- 영향을 받고 있는 이해관계자들과 직접 논의
- 오해를 다루기 위한 서면 정보의 제공
- 이해관계자와 조직이 서로의 견해를 제시하고 해결책을 모색할 수 있는 포럼
- 공식 불만처리 절차
- 조정 또는 중재 절차
- 보복의 두려움 없이 잘못을 보고할 수 있는 시스템
- 불만을 해결하기 위한 다른 유형의 절차들

조직은 갈등과 의견 불일치를 해결하기 위해 이용할 수 있는, 절차에 관한 세부 정보에 이해관계자가 접근할 수 있도록 해야 한다. 이런 절차는 공평하고 투명해야 한다.

10. 통합 3: 검토 및 개선

■ BAND 평가(holistic approach)

- 조직의 사회책임 성과가 지속적으로 모니터링하고, 검토 및 개선하고 있는 경우 => A

- 보통의 수준에서 모니터링하고, 검토 및 개선하고 있는 경우
  => B
- 모니터링하고, 검토 및 개선하는 시스템이 없거나 거의 작동하지 않는 경우 => C~D
- 무지, 무관심, 무응답의 경우 => E

세부 항목 평가

10-1. 조직의 사회책임 성과를 지속적으로 정기적으로 모니터링하고 있는가? (가중치 x 2)

1.불량(1)　2.개선(2)　3.보통(3)　4.양호(4)　5.우수(5)

10-2. 조직의 사회책임 성과 모니터링 방법은 체계적으로 수립되어 조직 전체에 공유하고 있는가? (가중치 x 3)

1.불량(1)　2.개선(2)　3.보통(3)　4.양호(4)　5.우수(5)

10-3. 사회책임 진단 결과를 최고경영자에 정기적으로 보고하는가? (가중치 x 2)

1.불량(1)　2.개선(2)　3.보통(3)　4.양호(4)　5.우수(5)

10-4. 최고경영자 검토 결과가 각 부서 업무에 체계적으로 반영될 수 있는 시스템이 마련되어 있는가? (가중치 x 3)

1.불량(1)　2.개선(2)　3.보통(3)　4.양호(4)　5.우수(5)

10-5. 조직의 사회책임 관련 데이터와 정보 수집과 관리에서 신뢰성 제고 방안이 마련되고 시행되고 있는가? (가중치 x 2)

1.불량(1)　2.개선(2)　3.보통(3)　4.양호(4)　5.우수(5)

10-6. 조직의 사회책임 성과를 지속적으로 개선할 수 있는 방안이 마련되어 있는가? (가중치 x 3)

1.불량(1)　2.개선(2)　3.보통(3)　4.양호(4)　5.우수(5)

10-7. 조직의 사회책임 제고를 위해 다양한 이니셔티브(평가진단프로그램등)를 참고하고, 활용하고 있는가? (가중치 x 2)

1.불량(1)　2.개선(2)　3.보통(3)　4.양호(4)　5.우수(5)

> 10-8. 이들 이니셔티브를 비교 분석한 결과를 효과적으로 경영에 반영하는 절차를 수립하고 있는가? (가중치 x 3)
>
> 1.불량(1)　2.개선(2)　3.보통(3)　4.양호(4)　5.우수(5)

사회적 책임에 대한 모니터링 활동

조직의 모든 부분에서 사회적 책임을 실행하는 효과성과 효율성에 대해 신뢰하기 위해서는, 핵심 주제와 관련 쟁점과 관련된 활동에 대한 진행 중인 성과를 모니터링하는 것이 중요하다. 모니터링할 활동을 결정할 때, 조직은 중대한 활동에 초점을 맞추고, 모니터링 결과를 이해하기 쉽고, 신뢰할 만하고, 적시성이 있고, 이해관계자의 관심사에 대응하도록 만드는 노력을 해야 한다.

사회적 책임이 오염 감소나 불만 대응 같은 측정 가능한 활동에서의 구체적 성과 이상의 것임을 인식하는 것이 중요하다. 사회적 책임은 가치, 사회적 책임의 원칙 적용과 태도에 기초하므로 모니터링은 인터뷰, 관찰 및 행동과 의지표명을 평가하는 기타 기법과 같은 보다 주관적인 접근방식을 포함할 수 있다.

사회적 책임에 대한 조직의 진척과 성과 검토

사회적 책임 관련 활동에 대한 일상적인 감독과 모니터링뿐 아니라 조직은 사회적 책임을 위한 달성목표와 목표에 비해 어떻게 성과를 내고 있는지를 결정하기 위해서, 그리고 프로그램과 절차에 필요한 변화를 식별하기 위해서 적절한 시간 간격으로 검토해야 한다.

검토는 사회적 책임에 대한 태도, 조직 전반에 걸친 사회적 책임 통합, 원칙, 가치 성명 및 관행의 고수와 같이, 쉽게 측정되지 않는 성과 측면의 조사도 포함해야 한다. 이해관계자의 참여는 그런 검토에서 가치가 있을 수 있다. 검토할 때 다음과 같은 질문 유형을 포함한다.

- 목표와 달성목표를 생각한 대로 달성하였는가?
- 전략과 과정은 목표에 적합했는가?
- 무엇이 작동했고 왜 그랬는가? 무엇이 작동하지 않았고 왜 그랬는가?
- 목표가 적절했는가?
- 좀 더 잘할 수 있었던 것은 무엇인가?
- 모든 관련된 사람이 포함되었는가?

검토 결과에 따라 조직은 결함을 고치고 사회적 책임에 대한 개선된 성과를 가져올 조직 프로그램의 변화를 식별해야 한다.

데이터와 정보 수집, 관리의 신뢰성 제고

정부, 비정부조직, 기타 조직 또는 대중에게 성과 데이터의 제공을 요구받거나 민감한 정보를 포함한 데이터베이스를 유지하기 위해, 조직은 시스템에 대한 상세한 검토를 통해 조직의 데이터 수집과 관리 시스템의 신뢰를 높일 수 있다. 이러한 검토의 목적은 다음과 같아야 한다.

- 조직이 타인에게 제공하는 데이터의 정확성에 대한 조직의 신뢰 제고
- 데이터와 정보의 신뢰성 향상
- 적절한 경우, 데이터의 보안과 프라이버시를 보호하는 시스템의 신뢰성을 확인

이러한 세밀한 검토는 온실가스나 오염물질 배출에 관한 데이터를 공개하는 법이나 기타 요구사항, 자금기관이나 감독부서에 대한 프로그램 데이터 제공의 요구사항, 환경 라이선스나 허가 조건, 그리고 금융이나 의료 또는 개인 데이터와 같은, 개인정보 보호에 관한 관심에 의해 촉발될 수도 있다.

검토 결과는 조직이 조직의 시스템을 강화하고 개선하도록 도울 수 있다. 데이터 정확성과 신뢰성은 또한 데이터 수집가들에 대한 좋은 훈련, 데이터 정확성을 위한 명확한 설명책임, 오류를 범하는 개인에 대한 직접적 피드백, 그리고 보고된 데이터를 과거 데이터, 그리고 다른 비교 가능한 상황에서 나온 데이터와 비교하는 데이터 품질과정을 통해 개선될 수 있다.

성과 개선

정기적인 검토, 또는 적절한 시간 간격을 둔 검토에 기초하여, 조직은 사회적 책임에 관한 조직의 성과를 개선하는 방법에 관해 고려해야 한다. 검토 결과는 조직의 사회적 책임에 대한 지속적 개선을 가져오도록 돕기 위해 이용되어야 한다. 검토 과정에서 나타난 이해관계자들의 견해는 조직이 새로운 기회와 변화된 기대를 식별하도록

도움을 줄 수도 있다. 이는 조직이 사회적 책임에 대한 조직 활동의 성과를 개선하는데 도움을 주어야 한다.

조직의 목적과 목표 실현을 독려하기 위해, 일부 조직은 고위임원진과 관리자의 연간 또는 정기 성과 검토 안에 사회적 책임의 구체적 목표에 대한 달성을 연결한다.

사회적 책임을 위한 자발적 이니셔티브

많은 조직은 사회적 책임을 다할 것을 추구하는 다른 조직을 지원할 목적으로 자발적 이니셔티브를 개발해 왔다. 사회적 책임을 위한 이러한 이니셔티브의 일부는 한 가지나 그 이상의 핵심 주제나 쟁점의 측면을 다룬다. 다른 이니셔티브는 사회적 책임이 조직의 결정과 활동에 통합될 수 있는 다양한 방법을 다룬다. 일부 사회적 책임 이니셔티브는 조직 전반에 걸쳐 사회적 책임을 통합시킬 때 이용할 수 있는 구체적 도구나 실용적 가이드라인을 만들거나 촉진한다.

참여의 자발성

조직이 사회적 책임을 다하기 위해서 이런 사회적 책임 이니셔티브에 참여하거나 이런 도구 중 어떤 것을 이용하는 것이 꼭 필요하지는 않다. 더 나아가 이니셔티브 참여나 이니셔티브 도구의 이용만으로 조직의 사회적 책임에 대한 신뢰할 만한 지표가 되지도 않는다. 사회적 책임을 위한 이니셔티브의 평가에서, 조직은 모든 이니셔티브가 모든 이해관계자에게 잘 알려져 있거나 신뢰할 만하지는 않다는 것을 알아야 한다. 조직은 또한 특정한 이니셔티브가 조직이 사회적 책임을 다루는 데 도움을 줄 것인지, 그리고 그 이니셔티브가 주로 홍보의 한 형태이거나 구성원이나 참여하는 조직의 명성을 보호하는 수단인지를 객관적으로 결정해야 한다.

조직은 일종의 인식된 형태의 사회적 책임을 위한 이니셔티브를 이용할 수도 있다. 일부 사회적 책임을 위한 이니셔티브는 구체적 관행이나 구체적 쟁점과 관련된, 성과나 준수에 대해 대중의 인식의 믿을 만한 근거로서 널리 인식되고 있다. 이러한 사회적 책임을 위한 이니셔티브가 제공하는 실용적 지침은 자기평가 도구에서부터 제3자 검증에 이르기까지 다양할 수 있다.

고려 사항

사회적 책임을 위한 이니셔티브에의 참여 또는 이용 여부를 결정할 때, 조직은 다음 요인을 고려해야 한다.

- 이니셔티브가 사회적 책임의 원칙과 일치되는지의 여부
- 이니셔티브가 조직으로 하여금 특정한 핵심 주제나 쟁점을 다루고/다루거나 활동 전반에 걸쳐 사회적 책임을 통합하도록 하는 것을 지원하는 가치 있고 실용적인 지침을 제공하는지의 여부
- 이니셔티브가 조직의 특정 유형이나 조직의 특정 이해 영역을 위해 디자인되었는지 여부
- 이니셔티브가 국지적이거나 지역적으로 적용될 수 있는지 또는 전 세계적 범위를 가지는지, 그리고 모든 유형의 조직에 적용되는지 여부

- 이니셔티브가 조직이 구체적 이해관계자 그룹에 다가갈 수 있도록 지원하는지 여부

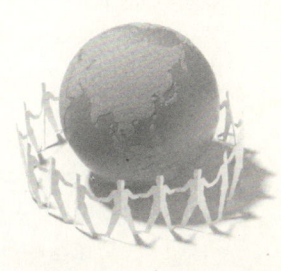

Ⅶ 각 분야의 사회책임 적용 사례

이솝우화로 읽는 SR 이야기 7

공작새와 까마귀

새들이 왕을 선출하는 날이다. 새들이 서로 자기가 왕이 돼야 한다고 말싸움을 하고 있었다. 공작새가 말했다. "나는 어떤 새보다도 아름다운 깃털을 가지고 있으니, 내가 왕이 돼야 한다." 모두가 공작새보다 아름다운 깃털을 가진 새는 없다고 생각했다. 새들은 공작새를 왕으로 선출할 참이었다. 그때, 지혜로운 까마귀가 반론을 제기했다. "당신은 독수리가 우리를 공격할 때, 우리를 지킬 수 있는 능력이 있나요?" 새들은 공작새가 왕이 되기에 부적합하다고 생각을 바꾸게 되었다.

> 어떻게 하는 것이 진정으로 우리 회사를 위한 것일까? 무엇이 진정 우리 공동체를 위한 일일까? 다양한 분야를 참여시켜 의견을 듣자. 다 함께 토론하면 혼자 생각할 때 보다 더 좋은 결과가 나온다.

사회책임의 시대를 열자!

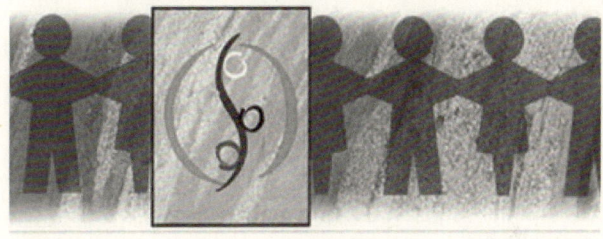

위에서 보는 ISO26000 로고는 지구촌(사회)의 지속가능한 발전과 이를 위한 다양한 이해관계자들의 소통과 연대와 협력을 의미하고 있다. 앞에서 살펴 본 바와 같이 사회적 책임SR에서 '기업의 사회적 책임CSR' 논의가 가장 많이 진행되어 왔지만, 정부, 공공기관, 언론, 노조, 시민단체들의 사회적 책임도 매우 중요하다. 대기업을 둘러싼 협력업체와 임직원, 소비자, 환경과 지역사회를 두루 살피며 소통하고, 합리적인 지배구조를 갖추고, 윤리적이고, 공정한 관행을 정착시키는 것은 새 정부의 경제민주화 정책을 넘어 국제표준(ISO26000)의 관점에서 볼 때도 필수불가결한 요소다.

ISO26000이 본격 시행됨에 따라 기업은 물론, 공공기관, 정부, 지자체, 대학교, 병원, 사회단체에 이르기까지 모든 조직은 지배구조, 인권, 노동, 환경, 소비자, 공정경쟁, 지역사회참여발전 등 7개 핵심 주제별로 국제적 가이드라인에 따라 운영 규범을 만들 필요가 있다.

2013년 새 정부 출범과 함께 경제민주화 담론과 상생경영, 공생발전, 동반성장의 목소리가 높은 이때, 우리 사회 각 분야의 조직들이 사회적 책임에 많은 관심을 두고 미래 한국 사회를 열어가는 사회적 토론이 활성화하기를 기대하며, 우리 사회의 16개 주요 분야별 사회적 책임을 제안해 보면 다음과 같다.

우리 사회 16개 주요 분야의 사회적 책임 제안

1. 대통령 · 국회의원의 사회적 책임
2. 경찰 · 검찰 · 법원의 사회적 책임
3. 관료 · 공무원의 사회적 책임
4. 기업의 사회적 책임
5. 공기업 · 공공기관의 사회적 책임
6. 언론(신문 · 방송)의 사회적 책임
7. 금융기관 · 연기금의 사회적 책임
8. 대학의 사회적 책임
9. 종교기관(교회 · 절)의 사회적 책임
10. 의료기관(병원 · 의원)의 사회적 책임
11. 노동조합의 사회적 책임
12. 평가 · 검증기관의 사회적 책임
13. 원조기관의 사회적 책임
14. 스포츠의 사회적 책임
15. 소비자 · 소비자단체의 사회적 책임
16. 시민단체(NGO · NPO · 재단)의 사회적 책임

1) 대통령 · 국회의원의 사회적 책임

선거를 통해 당선된 국민의 대표는 매우 중요한 사회적 책임을 진다. 국민의 대표로 선출된 사람들에게는 임기 동안 상당한 권한과 재량권이 주어진다. 자신의 소임을 자신의 정치 철학과 취향에 따라 운영할 수도 있겠지만, 가장 넓은 범위에서 수렴된 보편적 가치를 담은 '사회적 책임'의 관점과 부합하는지 점검해 볼 필요가 있다.

선진사회가 되기 위해서는 윤리적이고 투명한 사회가 되어야 한다. 정치인들은 우리 사회 각 부분에서 제대로 된 거버넌스(지배구조)를 만드는데 특별한 노력을 기울여야 한다. 대부분의 사회문제와 부조리는 왜곡된 거버넌스에서 파생한다. 사회 모든 분야에 걸친 인권 감수성이 중요하다. 세계인권선언은 1948년 12월에 채택된 국제규범이다. 우리 사회는 괄목할만한 성장을 이루었지만, 인권 분야에서는 후진국 수준이란 평가를 많이 받고 있다.

노동권 보호의 관점이다. 노동을 강조하면 보통 '좌파'로 치부하지만, 선진국 사회에서는 좌우를 가리지 않고, 노동권 보호에 정책 우선순위를 두고 있다. 정규직 문제 등 노동 문제를 해결하기 위한 노사민정勞使民政 차원의 이해와 소통과 협력이 절실하다.

환경보호, 소비자보호, 공정운영 관행을 뿌리내리도록 해야 한다. 지역사회 참여와 발전 관점이다. 모든 것은 지역에서 나와서 지역으로 돌아가면서 선순환 구조가 만들어지도록 해야 한다.

이슈 하나하나에 매몰되면 전체를 보기 어렵다. 우리 사회 각 분야를 동시에 업그레이드한다는 생각으로 국제표준이 된 사회적 책임 규범의 원리(설명책임, 투명성, 윤리적 행동, 이해관계자 참여와 소통, 법규 준수, 국제규범준수, 인권보호 원칙)를 활용하여 국민의 삶이 행복해지고, 미래세대의 지속가능한 삶을 보장할 수 있는 정책을 펴야 한다.

2) 경찰 · 검찰 · 법원의 사회적 책임

우리 국민은 검사, 판사, 경찰을 얼마나 신뢰할까? 뇌물 검사, 뇌물 판사, 스폰서 검사, 법조 비리 등 어두운 소식이 끊이지 않고 있다.

2012년 말 공공기관 청렴도 조사결과에서 수사 · 단속 · 규제를 담당하는 중앙행정기관 가운데 경찰청은 6.36점으로 해당 기관 14곳 가운데 가장 낮은 순위를 기록했다. 이어 검찰청이 6.81점으로 경찰청과 같은 최하위 5등급에 포함된 평가 결과가 나왔다.

국민권익위원회의 평가에 의하면, 일반 행정기관 가운데서도 법무부는 7.13점으로 해당 기관 25곳 가운데 가장 낮은 점수를 받았다. 이것이 법치국가의 법률을 집행하고, 정의를 세운다는 부처들의 청렴도 수준이다.

민주주의 국가에서 견제와 심판을 받지 않는 기관은 없다. 대통령과 국회의원도 임기 가운데 여러 가지 형태로 중간평가를 받고, 국회의원은 임기가 끝나면 다시 심판을 받는다. 그러나 유독 이들 기관은 견제장치가 없거나 미약하다. 그만큼 법적으로 중립성을 보장해 주고 있는데, 국민이 부여한 이러한 권한과 권위를 왜곡하고 남용하고 있는 셈이다.

물론 살신성인하는 훌륭한 경찰, 존경받는 검사와 판사가 없는 것은 아니다. 그러나 악화惡貨가 양화良貨를 구축하듯 지금의 법집행 기관들의 문제는 매우 심각하다는 것이 국민 대다수의 평가다.

 이러한 문제를 해결하기 위해 사회적 책임의 원리를 적용해보면 어떻게 될까? 경찰, 검찰, 법원 등에 대한 기본적인 시스템 변화가 필요하다. 상식을 가진 국민 일반의 참여 즉, 이해관계자들의 참여를 대폭 강화해야 하며, 각 단계별로 투명성을 높이고, 시민배심원 제도를 활성화해야 한다.

 대부분 정보에 접근이 가능하고, 다양성과 전문성이 고도화한 정보화시대에 수사독점, 기소독점, 변호독점, 재판독점의 구 시스템은 막을 내려야 하고, 시민이 주체가 되는 열린 사법 시스템을 도입해야 한다. SNS 시대에 이것은 너무나 쉽고 당연하며 좋은 일이다.

 국내외 많은 사례를 볼 때, 투명성 제고만으로도 사회 부조리와 비리가 상당 부분 근절된다는 교훈을 잘 살려나가야 한다.

 사회 각 분야의 쇄신 바람이 불고 있는데, 검찰, 경찰, 법원의 청렴 시스템과 부패방지 등 공정운영 시스템이 제대로 작동하여 국민으로부터 신뢰받는 기관으로 거듭나야 한다. 그래야 우리 사회에, 우리 다음 세대에 희망이 있다.

3) 관료 · 공무원의 사회적 책임

 이제 공무원 100만 시대가 되었다. 국민 50명당 공무원 1명씩이다. 공무원의 원래 역할은 국민의 심부름꾼이다. 그래서 국민을 위하여 일하는 공무원을 공복公僕이라고 부르기도 한다.

 관료와 공무원들의 사회적 책임에는 외형상으로는 큰 이견이 없는 듯 보인다. 공공의 이익을 위해 열심히 일하는 것. 그 과정에서 부정과 비리를 저지르지 않고 공정하고 투명하게 운영하며, 행정 업무의 효율을 지속해서 높여 나가는 것이다.

조직의 속성상 공무원 조직도 이익집단화하는 경향을 어떻게 극복할 것인지는 영원한 숙제다. 모든 정권은 작고 효율적인 정부를 추구하지만, 현실은 그 반대로 나아가는 경우가 많다. 우리도 예외는 아니다. 한국사회에서 공무원의 사회적 책임 담론은 공무원 노조 활동을 통하여 많이 알려졌다. 공무원 노조는 2010년 '공무원 노조의 사회적 책임을 위한 2010 대국민선언'을 발표했는데, 이는 아주 훌륭한 사례다.

부정부패가 만연하고, 관료주의에 찌들고, 줄서기, 불합리한 관행, 무사안일이 넘쳐나던 그동안의 공직 사회에 대한 반성에 기초한 새로운 출발이자, '권력의 하수인'이 되기를 단호히 거부한 일대 선언으로 평가된다.

공무원노조는 이미 2002년, "공직 사회 개혁! 부정부패 척결!"을 내세우며 출범했으며 공직 사회의 내부감시자이자 혁신자가 될 것을 선언한 바 있다.

공무원노조는 공직 사회 내 인사비리 척결 등 부정부패 추방 운동, 단체장 업무추진비 공개 및 제도개선 사업, 수의계약 관행 해소 및 공개입찰제 정착, 명절 떡값 안 주고 안 받기 운동, 비리 단체장 퇴출 운동, 지방의원해외연수 분석, 주민 관련 조례발의 현황분석, 대국민 봉사활동 및 복지정책 제안 등 다양한 계획을 발표했는데, 어떠한 성과를 냈는지 냉정히 되돌아볼 필요가 있다.

사회적 책임 국제 규범에 비추어 보면, 공무원 노조 운동이 성공하기 위해서는 좀 더 다양한 이해관계자들의 참여와 소통이 필요하다. 여기에 투명성의 원리, 윤리적 행동의 원리를 적용하여 공공부문의 대안적 모델도 만들어 내고, 이를 선도해 나갈 필요가 있다.

4) 기업의 사회적 책임

국제적으로 '사회적 책임' 논의의 출발점은 기업의 사회적 책임 즉, CSR Corportate Social Responsibility이다. 그동안 우리나라 기업에게 CSR을 강조하면, 경영하기도 바쁜데, 사회적 책임까지 져야 하느냐는 볼멘소리가 많았는데, 2013년 새해 들어 주요 대기업들의 경영 화두로 '기업의 사회적 책임'이 강조되고 있어 격세지감을 느끼게 된다.

삼성, 현대기아차, LG, SK 등 주요 대기업 그룹 총수들은 신년하례식에서 경제위기 극복을 위해 도전적으로 대응하겠다는 의지와 함께, 사회적 책임을 특히 강조하여 눈길을 끌었다. 정권이 바뀌면서 경제민주화 흐름에 부합해야 한다는 부담감도 작용하고, 경제 위기와 사회 각 분야의 어려움에 맞서면서 '기업 시민'으로서의 역할도 강화하겠다는 의지로 보인다.

특히 이건희 삼성 회장은 "작년의 성공을 잊고, 도전하고 또 도전해 새로운 성장의 길을 개척하자."고 말하면서 "경제가 어려울수록 기업의 책임은 더 무겁다."며 "협력업체와 동반성장에 적극 앞장서겠다."고 했다. 특히, 이 회장은 기자들의 질문에 "사회적 책임이란 항상 따르는 것이죠. 기업을 하는 이상…." 이라며 다시 한번 '사회적 책임'을 강조했다.

정몽구 현대기아차 회장은 '품질을 통한 브랜드 혁신'을 강조하면서, 다른 한편 '국민 행복과 국가 경제 발전에 공헌하는 모범적인 기업'이 될 것임을 약속했다. 구본무 LG 회장은 '함께 성장하는 기업'을 강조했고, 신격호 롯데 회장은 "지역상권과의 동반성장 노력을 배가하자"고 했으며, 조양호 한진 회장은 "동행으로 결실을 나누자"고 했다. 박삼구 금호아시아나 회장은 "국민에게 지탄받지 않는 기업을 만드는 게 올해의 목표"라고 말했다.

이렇듯 대기업 총수들이 사회적 책임을 강조한 것은 반가운 일이지만, 과연 기업의 사회적 책임 내용을 제대로 숙지하고, 경영의 큰 원칙과 목표로 제대로 설정하고 있는지는 알 길이 없다. 현대사회에서 기업의 영향력은 매우 크다. 기업의 사회적 책임이 따르는 것은 기업의 영향력이 급속도로 커졌기 때문이다. 기업 경영 방식도 기존의 주주중심 경영에서 주주, 종업원(노동자), 소비자 등을 포함한 다양한 이해관계자 경영으로 그 패러다임이 변하고 있다.

대기업을 둘러싼 협력업체와 임직원, 소비자, 환경과 지역사회를 두루 살피며 소통하고, 합리적인 지배구조를 갖추고, 윤리적이고, 공정한 관행을 정착시키는 것은 새 정부의 경제민주화 정책을 넘어 국제표준(ISO26000)의 관점에서 볼 때도 필수불가결한 요소다.

아직도 많은 기업이 '사회공헌'과 '사회책임'을 혼동하고 있는 경우가 많은데, 기업의 사회에 대한 책임의 1단계는 '법규 준수'다. 다음으로 윤리적 행동 등 사회책임을 이행해야 하는데, 이를 2단계의 사회책임으로 볼 수 있다. 사회공헌 활동은 법규 준수와 사회책임 단계를 완수한 후 고려해 볼 수 있는, 그리고 하면 더욱 좋은 일로서 이를 3단계로 볼 수 있다.

2013년, 새 정부 출범과 함께 경제민주화 담론과 상생경영, 공생발전, 동반성장의 목소리가 높은 이 때, 기업들의 사회적 책임 약속이 말로만 끝나지 않고, 사회 각 분야와 소통하면서 우리 사회에 도움이 되는 선순환 요소가 되기를 기대한다.

5) 공기업 · 공공기관의 사회적 책임

공기업, 공공기관의 주인은 국민이다. 그 만큼 사회적 책임이 크다. 방만한 운영, 임직원 비리, 입찰 비리, 임원진의 고임금과 철밥통 논란 등 문제점이 끊이지 않고 있는데, 경영의 효율성 제고와 투명경영, 윤리경영 차원에서 과제가 많다.

280여 개에 달하는 공공기관의 2011년 부채는 463조5000억 원으로 전년도보다 15.4%나 증가했다. 2012년도 부채는 500조 원이 넘을 것으로 예상한다. 5년 전 2006년 부채가 226조8000억 원이었는데, 거의 2배 가까이 증가한 셈이다. 국가부채를 넘어서는 수준의 공공기관 부채 문제는 심각한 수준이다.

공공기관에 종사하는 노동자들은 정규직만 약 30만 명, 비정규직을 포함하면 더 많이 늘어난다. 최근에는 국민 생활만이 아니라 국민 경제에도 큰 변수인 셈이다.

2012년 12월 국민권익위원회의 공공부문 청렴도 평가 결과에 따르면, 아직도 곳곳에 부정부패가 만연한 것으로 확인되고 있다.

공공기관의 청렴도를 세부적으로 보면, 한국남부발전(공기업부문), 축산물품질평가원(준정부부문), 한국수출입은행(금융공직유관단체부문), 부산환경공단(지방공사공단부문), 한국교직원공제회(기타공직유관단체부문)가 높은 점수를 받은 반면, 한국수력원자력이나 금융감독원도 청렴도가 낮았다. 한국수력원자력은 공기업 가운데 꼴찌로 조사됐는데, 원전부품 납품비리에 다수 직원이 연루되기도 하고, 내부적으로 인사나 예산집행과 관련 업무에서도 평가가 낮게 나왔다.

ISO26000의 사회적 책임의 관점에서 7대 핵심주제별로 진단해 보면, 가장 중요한 과제는 건전한 지배구조를 정착시키는 것이다. 해당 분야의 전문 경영인을 배제하고 정치적 고려를 한 낙하산 인사 행태는 공공기관의 건전한 발전을 저해한다.

공공기관이 국민의 기관으로 발전하기 위해서는 이해관계자 즉, 국민의 소통과 참여를 통해 지속적으로 사회에 보고하고 확인받는 투명경영과 이해관계자경영이 필요하다. 공공公共을 위한 개발이라는 명목으로 자연환경을 훼손하는 경우가 많은데, 환경보호의 관점에서 시정되어야 한다.

당면과제를 보면 과다한 부채구조 개선과 경영 효율화를 이뤄내는 것이 급선무다. 경제적 측면, 사회적 측면, 환경적 측면에서 각 기관의 지속가능성 수준을 진단하고, 개선해야 할 부분은 과감히 개선해 나가는 노력이 필요하다.

6) 언론(신문·방송)의 사회적 책임

언론의 목적이자 사명은 진실 보도를 통해 국민의 알권리를 충족하는 일이다. 언론 자유의 중요성은 토머스 제퍼슨(미국 3대 대통령)의 말에서도 다시금 확인할 수 있다. "나는 신문(언론)이 없는 정부보다 정부가 없는 신문(언론)을 택하겠다."

일반적으로 언론사는 기업형태를 취하고 있어서 이러한 공공성과 기업성을 동시에 실현하는 것이 큰 과제다. 특정 언론을 정치적으로 이용하고, 특정한 이권을 옹호하기 위해 돈으로 기사를 사고파는 것은 공공의 이익에 맞지 않고, 언론의 본문에 어긋나는 일이다.

ISO26000의 관점에서 보면, 언론사의 공공성을 위하여 중립적이고 공공적인 목적에 부합하는 지배구조(거버넌스)를 갖추는 것이 무엇보다 중요하다. 언론도 투명성의 원칙에 따라 공정하게 운영하여야 하며, 이를 위해 다양한 이해관계자들의 의견을 청취하고, 이를 공공적인 목적에 비추어 적극 반영해 나가야 한다.

언론이 공공성과 객관성을 잃게 되면 건전한 독자들과 대중들의 저항을 받는 것은 당연하다.

언론 또한 다양한 이해관계자들과의 소통과 참여를 통해 발전한다. 기업으로서 언론의 사회적 책임은 인권보호, 노동권보호, 환경보호, 소비자(독자, 시청자)보호, 공정운영 관행, 지역사회 참여 발전 분야로 나누어 점검해 볼 수 있다.

신문의 경우, 신문용지 사용으로 인한 산림자원 훼손은 심각한 환경문제를 낳는다. 유명무실해진 ABC(발행부수공사기구 Audit Bureau of Circulation 제도 - 신문이나 잡지 등의 발행, 판매 부수를 조사해서 인증하는 프로그램)를 활성화하여 언론의 투명성을 확보하고, 환경도 보호하는 노력이 필요하다.

권언유착, 금언유착의 고리를 끊고 진실을 전하는 언론, 우리 사회의 나아갈 바를 명확히 가리키는 언론이 많아져야 우리 사회의 장래가 밝아진다.

7) 금융기관·연기금의 사회적 책임

사회의 건전성을 보려면 돈의 흐름을 보라는 말이 있다. 현재와 같은 금융자본주의 사회에서는 금융기관들의 사회적 책임이 매우 중요하다. 금융기관 자체도 사회적 책임의 원칙에 맞게 운영되어야 하지만, 금융기관들이 운용하는 자본(돈) 또한 사회적 책임에 부합하게 투자되어야 한다.

우리나라의 국민연금 자산 규모는 대략 350조 원이다. 이 연금의 주인 또한 국민이다. 이 돈을 어떻게 하면 사회적 책임도 다하면서 수익성을 내도록 할 것인가가 중요한 사회적 과제다.

사회적 책임 투자SRI란 투자 상품의 투자, 또는 분석과 선택에 있어 재무적 성과 뿐만 아니라 사회, 환경적 사안에 대한 평가를 포함하는 투자를 말한다.

사회책임투자는 유엔 차원에서도 적극 권장하는 투자원칙이다. 유엔 PRI는 유엔 주도하에 세워진 국제 사회책임투자원칙인데, 유엔 환경계획/금융 이니셔티브(UNPE/FI)와 선진 금융기관과 다양한 전문가그룹이 제정한 것으로, 투자할 때 환경, 사회, 지배구조(ESG) 이슈를 반드시 고려하도록 규정하고 있다.

시중은행을 비롯한 금융권은 국민에게 지은 원죄原罪가 있다. 경제위기 때마다 은행들이 부도가 날 상황에서 공적자금으로 위기를 벗어난 기억은 그리 오래된 일이 아니다. 회수가 안 되면 국민 부담으로 돌아갈 수밖에 없는 공적자금 160조 원이 금융기관들을 살리는 데 쓰였다. 금융기관의 사회적 책임을 더욱 무겁게 받아들여야 할 이유다.

시중은행들은 2008년 글로벌 금융위기 당시 정부에서 약 4조 원의 공적자금(자본확충펀드)을 지원받아 아직도 2조 6530억 원을 갚지 않고 있는 상태다. 손실이 나면 공적자금을 받아 버티고(손실의 사회화), 예대마진(대출이자·예금이자)을 키워 수익이 생기면 은행원과 주주들이 먼저 챙기는(이익의 사유화) 행태는 사회적 책임을 다하는 자세와는 한참 거리가 있다.

우리 사회가 정의롭고 공정하게 가기 위해서는 돈의 흐름이 정의롭고 투명해야 한다. 금융기관들도 좋은 거버넌스(지배구조)를 바탕으로 이해관계자들의 참여 폭을 더욱 확대하여 투명하고 책임 있는 경영을 하여야 한다.

8) 대학의 사회적 책임

대학은 학문의 전당이며, 그 사회의 지적 수준을 담보하는 지혜의 산실이기도 하다. 그래서, 많은 사람은 대학을 중시하고, 대학에서 일하는 사람들을 존경한다.

최근 매스컴을 통해 대학의 비리와 비윤리적 행태가 알려지면서 많은 국민이 실망하고 있다. 대학 적립금을 수천억 원씩 쌓아두고 돈이 없다고 등록금을 인상해온 경영행태는 비난받아 마땅하다.

사회적 책임 국제표준의 관점에서 보면, 대학이 제대로 되기 위해서는 좋은 의사결정 구조를 갖추어야 한다. 투명하고 설명책임을 지면서 교직원과 학생과 학부모와 더 나아가 국민에게 신뢰받는 대학이 되어야 한다.

노동권과 인권을 보호하는 대학이 되어야 한다. 청소노동자 등 대학 내 비정규직 직원들과 시간 강사 처우의 부당함은 어제오늘의 일이 아니다. 동일 노동, 동일 임금의 원칙에 따라 공정한 노동 관행이 자리 잡아야 한다. 지성의 전당이라는 대학 사회에서 공정한 룰을 정착하지 못한다면 우리 사회에 희망은 없다.

미래 세대의 주역, 대학생들은 무엇을 하고 있는가? 독재시대에는 대학생들이 불의에 항거하여 오늘의 민주주의를 지키는데 앞장섰다면, 지금의 대학생들은 대학의 사회적 책임에 눈을 뜨고 작지만 귀중한 실천을 하나씩 해나가야 한다.

환경위기의 시대, 기후변화의 시대에 대응하여 그린캠퍼스를 구축하는 노력도 매우 중요하다. 대학은 공공건물 중에서 가장 많은 에너지를 소비하는 곳이다. 에너지 다소비 대학이 갈수록 늘고 있는 시점에서 에너지의 절약과 온실가스 배출 줄이기에 대학이 솔선수범 나서야 한다.

비리 사학의 경우, 등록금을 마치 제 돈처럼 사용해 사리사욕을 채우거나 재단 자산 부풀리기에 열을 올리는 사례가 많다. 전체 학생 수년 치에 해당하는 교비 적립금을 쌓아 놓거나 그 적립금을 펀드에 투자했다가 엄청난 평가손실을 입기도 하고, 학교 시설을 불법으로 사유화하는 예도 있다고 보도되었다.

국민권익위원회 조사에 의하면, 우리나라 35개 국공립대의 종합 청렴도에서 가장 높은 점수를 기록한 대학은 8.07을 기록한 DGIST(대구경북과학기술원)였고 이어 GIST(7.7점, 2위) 경남과기대(7.66점, 3위) 금오공대(7.62점, 4위) 군산대(7.59점, 5위)가 순서대로 청렴도 Top 5에 들었다. 청렴도 최하위 대학은 부경대로 5.3점을 기록했고, 부산대(5.37) 경북대(5.42점) 목포해양대(5.52점) 제주대

(6.06점)가 뒤를 잇고 있다고 한다.

대학의 청렴도는 대학의 투명성, 윤리적 행동과 관련한 사항으로 대학의 사회적 책임에서 가장 기본이 되는 사항이다. 우리 사회에서 대학의 사회적 책임이 무엇인지 새롭게 규명하고 우리 사회의 나아갈 바를 제시하는 존경받는 대학으로 거듭나길 기대한다.

9) 종교기관(교회·절)의 사회적 책임

원래 종교의 목적은 다중多衆을 어려움으로부터 구제하고 행복을 추구하며, 영생을 얻거나 절대 정신이나 도를 깨닫도록 하는 것이다. 종교가 서민 대중의 삶을 걱정해야 마땅하거늘, 요즘 들어 거꾸로 서민 대중이 종교를 걱정하는 상황을 자주 접하게 되어 씁쓸하다.

우리나라 종교 인구는 대략 2005년 기준으로 보면, 전국 인구 4704만 명 중 2497만 명(53%)이 종교를 가지고 있고, 종교 신자의 비율은 불교 1073만 명(42.9%) 개신교 861만 명(34.5%) 천주교 514만 명(20.6%) 순으로 집계되고 있다.

최근 종교를 둘러싼 비리가 연일 언론에 보도되고 있는데, 불투명한 재정 운용, 교회세습, 종교인 소득 과세문제, 승려들의 불법 도박, 성추행 사건 등 종교의 목적이 무엇인지 큰 회의를 느끼게 한다.

언론 보도에 따르면, 일부 대형교회 목회자들이 수십억 원대 아파트에 살고 있으며, 수억 원짜리 외제차를 몰고 다니며 세금은 한 푼도 내지 않고 있다고 한다. (많은 수의 목사님들은 법률에 의하지 않고서도 스스로 소득세를 납부하고 있다고 한다.)

최근 종교인 과세 계획이 부처에서 입안되었다가 최종적으로 청

와대의 반대로 폐기 직전이라 하는데, 이는 세계적 흐름에 역행하는 일이다. 일이 있고 소득이 있는 곳에 세금을 내는 것은 당연하다. 이럴 때마다 생각해 본다. 예수님이 살아계신다면 어떻게 하셨을까? 부처님이 살아계신다면 어떻게 하셨을까? (그 외 종교의 창시자들도 마찬가지 예를 들어 볼 수 있을 것임.)

종교인의 소득세 부과와 종교법인법 제정을 주장해 온 '종교법인법 제정 추진 시민연대'에 의하면, 일본, 서구 유럽과 미국 등과 비교하여 한국 교회가 타락할 수밖에 없는 근저에는 바로 세금 문제가 자리 잡고 있다고 분석한다. 이 단체의 조사에 의하면, '전 세계에서 유일하게 종교인이 세금을 내지 않는 나라가 한국'이라며 '종교관련 법규가 없는 나라도 유일하게 한국뿐'이라고 지적하고 있다.

종교에도 사회적 책임이 있다. 종교분야 또한 좋은 지배구조(의사결정구조)가 필요하다. 교인, 봉직자 등 다양한 이해관계자들의 참여를 활성화하여야 하며, 법규를 준수하고, 윤리적 행동을 해야 한다. 그동안 이것은 당연한 일이었으나, 종교기관들이 대형화하고 탈법적 행위를 일삼게 되면서 새롭게 요구되는 사회적 책임이라 할 수 있다.

그동안 종교기관들이 사회를 위하여 많은 활동을 한 것도 사실이다. 이웃돕기와 봉사활동, 올바른 삶의 가치관을 제공하고, 지역공동체 형성에 기여하고, 인권 복지 활동을 펼치고 북한 어린이 돕기 등 인도주의 활동에 많은 노력을 기울여 왔다. 그러나, 이러한 자선활동과 사회공헌 활동에 앞서 사회 구성원으로서의 책임 있는 역할을 다 했는지 점검해 보아야 한다.

불교, 기독교 등 우리나라 종교기관들도 이제 세계적 흐름에 맞추어 좋은 지배구조와 모범 운영 관행을 도입하여야 한다. 교회 세습, 종교인 과세, 회계 투명성 강화, 공정계약 등 공정운영 관행을 실천하고, 지역사회에 참여하면서 이웃들과 함께 발전해 나가는 '믿음공동체'가 되어야 할 것이다.

이제 종교기관도 '사회적 책임' 국제표준(ISO26000)에 따라 자신을 진단해 보고 문제점을 하나씩 개선해 나가면서 국민으로부터, 교인들로부터 신뢰받는 곳으로 거듭나기를 기대한다.

10) 의료기관(병원·의원)의 사회적 책임

인간 삶의 필수 조건을 의식주라 한다. 여기에 삶의 질을 유지하기 위해서는 교육과 의료와 일(직업)이 필요하다.

선진국이라는 유럽 사람들의 매달 매달의 재정운영을 보면, 월급 받으면 세금으로 3분의 1이 나가고, 집세로 3분의 1, 생활비로 3분의 1을 사용한다. 이 세금 속에 (공)교육비, 건강보험비, 기타 복지 비용 등이 포함된다. 그래서 은퇴 이후에 수입이 사라지면, 연금을 받으며 집세와 생활비를 부담하면서 산다.

한 사회에서 의료기관의 역할과 책임은 사람들이 병에 걸리지 않게 하고, 병에 걸리거나 사고가 났을 때 치료하고 건강을 지켜주는 일이다. 그러나 자본주의 사회에서는 의료기관도 수익을 내지 않으면 안 되는 조직이 되었고, 이로 인해 많은 부작용을 낳고 있다.

의료기관이 지속적으로 성장하기 위해서는 병원을 찾는 환자의 수가 많아져야 하고, 치료하기 어렵고 돈이 많이 드는 병이 많이 생겨야 하는 – 또는 그러한 병을 찾아내야 하는 – 본말전도의 상황이 발생한다.

일찍이 이반 일리히는 〈병원이 병을 만든다〉라는 저서를 통해 현대 의료체계의 모순점을 갈파했다. 최근에 나온 신간 허현회의 〈병원에 가지 말아야 할 81가지 이유〉는 잘못 알려진 의료상식을 전문적 지식을 배경으로 적나라하게 비판하고 있다.

우리나라는 OECD 30개국 중에서 항생제 처방률이 1위다. 항생제를 과다 사용하다 보니 웬만한 항생제로는 치료되지 않는 슈퍼박테리아 균이나 폐렴 구균의 출현빈도가 미국의 2배에 이른다고 한다. 정부발표에 의하면, 15개 대형병원 퇴원 환자 중에 4%가량은 병원에 있으면서 각종 세균에 감염되어 새로운 병을 얻고 있다고 한다.

의료기관의 가장 중요한 사회적 책임은 환자를 진료, 처방하는 것만이 아니고, 잘못된 건강상식과 의료상식을 바로 잡고, 문제가 있는 의료제도를 개선하는 일도 중요하다. 사회적 책임 국제표준의 관점에서 보면, 병원, 의원 등 의료기관들도 하나의 조직으로서 제대로 된 지배구조(거버넌스)를 갖추어야 한다.

재정 회계 투명성을 제고하고 공정운영 관행과 시스템을 전면적으로 진단해 볼 필요가 있다. 의사들에 대한 제약회사들의 로비와 리베이트 불법 수수 사건은 거의 모든 의료기관에 걸쳐 끊이지 않고 있다.

지금 이 순간에도 묵묵히 가난한 사람들을 위해 헌신하는 한국의 슈바이처들이 많이 있다는 사실은 우리 사회의 희망이다. 이러한 정신을 살려 의료기관 차원에서도 사회적 책임을 인식하고 국민으로부터 신뢰받는 기관으로 거듭나기를 기대한다.

11) 노동조합의 사회적 책임

한 사회에서 노동조합의 역할은 매우 중요하다. 국가 경제의 부가 모든 사람의 근로와 노동으로부터 나오고, 우리 사회의 절대다수가 바로 일하는 사람들이기 때문이다. 국가 미래의 안전을 위한 최소한의 재원(350조 원)을 비축하고 있는 국민연금의 주인도 바로 연금보험료를 꼬박 꼬박 납부해 온 노동자, 농민, 서민들이다. 그런데 우리나라 노동조합 조직률이 10% 이하로 떨어졌다는 것은 매우 안타까운 일이다.

노동부 발표에 의하면, 2011년 우리나라 노동자 1680만 명중 164만 명이 노동조합에 가입해 노동조합 조직률 9.8%를 기록함으로써 1989년 19.8%까지 치솟은 이후 지속적으로 감소한 끝에 최저를 기록하게 됐다는 것이다.

세계적으로 평균 노조 가입률(조직률)은 대략 23%수준이다. 전문가들은 노조 조직률이 최소 30%는 되어야 북유럽같은 복지국가를 이룰 수 있다고 진단한다.

이와 같은 저조한 노조 가입률의 원인은 바로 비정규직의 증가가 가장 중요한 요인이다. 바로 우리나라 노동조합의 조직률과 비정규직 문제의 심각성은 상호 연동되고 있다는 점에 주목해야 한다.

사회적 책임 국제표준 관점에서 볼 때, 노동조합의 사회적 책임은 일하는 사람들의 권리를 신장하고 사회의 공공선을 위해 노력하는 일이다.

이러한 관점에서 보면, 우리나라 노동조합의 가장 큰 과제는 같은 노동자인 비정규직 노동자들의 권리 보호와 차별 철폐 과제다. 동일

노동, 동일임금, 차별철폐의 가치는 헌법적 가치이자, 국제노동기구 등을 포함하여 국제 규범으로 보호하는 가치다.

비정규직 문제 해결에 대한 책임은 노동조합에만 있지 않다. 정부와 기업의 해결 의지와 노력이 동시에 중요하다. 기존의 노사정위원회에서 사회적 이해관계자 범주를 더욱 넓혀 노사민정勞使民政위원회 같은 사회적 대타협 구조를 만들어 동시에, 함께 풀어나가야 한다.

특정기업의 사례를 옹호할 의도는 없지만, 많은 노조가 참고할만한 것이라 소개한다.

LG전자 노동조합은 일찍이 2010년 1월 '노조의 사회적 책임'을 선언한 바 있다. 한국노총과 민주노총이 ISO26000에 대하여 다소 유보적인 판단을 하고 있는 가운데, LG전자의 사례는 시사하는 바가 크다. 이 선언으로 LG전자 노동조합은 한국기업 가운데 '노조의 사회적 책임'을 천명한 최초의 노동조합이 되었다. LG전자 노조위원장은 "노동운동도 사회의 흐름에 맞게 혁신과 변화과정을 거쳐야 살아남을 수 있다."며 노조의 사회적 책임의 중요성을 강조했다.

사회적 측면에서 LG전자 노동조합은 구성원들의 삶의 질과 역량 향상, 협력사와의 공존, 사회적 약자 배려와 차별 해소를 위해 노력하겠다는 것이다. 조합원들의 능력향상을 위해 직무센터, 산학연계 과정 등을 운영하고, 경제적 측면으로는, 현장 경영자로서의 역할, 회사의 투명성 제고, 윤리경영 촉진, 노조운영의 투명성 제고를 통해 노조의 경영혁신 테스크를 추진하고, 노조 윤리 규범을 제정하겠다고 약속했다. 이제 우리나라에도 노동조합의 사회적 책임과 기업의 사회적 책임을 제대로 이해하고 실천하는 곳이 생긴 것이다.

노동조합의 사회적 책임은 영문으로 uSR이라 표현하는 데, 이것은 대학의 사회적 책임 USR과 구별하기 위함이다.

12) 평가 · 검증기관의 사회적 책임

현대 사회는 '평가의 시대'라고 해도 과언이 아니다. 사람들은 스스로 생각하는 가치를 객관적으로 평가하고 싶어 한다. 어떻게 보면 인류 역사 자체가 평가를 기반으로 하고 있다고 볼 수 있다. 물물교환 시대나, 화폐경제 시대나 어떠한 주관적 객관적 평가에 기반을 두어 가치가 매겨졌고 사람들은 그 기준에 따라서 그것을 선택했다. 이렇듯 우리 인류는 평가 속에서 발전해 왔다고 할 수 있다.

사회책임의 관점에서도 평가rating는 매우 중요하다. 어떤 행위와 실천이 어느 정도 사회적 책임에 부합하는지 평가를 해야만 정책을 결정할 수 있기 때문이다.

최근 사회적 책임과 지속가능성 측면을 개선하기 위하여, 기업도 평가하고, 은행도 평가하고, 지자체도 평가하는 사례가 늘고 있다. 얼마 전에는 사회적 기업에 대해서도 평가를 한다는 소식이 들려왔다. 그만큼 우리 사회 곳곳에서 평가가 중요성이 높아지고 있다는 말이다.

평가는 한 단계 더 나은 단계로 나아가기 위하여 반드시 필요한 과정이다. 모든 분야가 평가를 통하여 발전한다. 우리의 어릴 적 경험도 시험을 보면서 학습능력을 배양해 오지 않았던가? 어린이들의 천국이라는 선진국에서도 평가는 다양하게 진행된다. 그래서 '측정과 평가 없이 발전은 없다.'라는 말도 생겨났다.

평가가 중요한 만큼 평가기관의 사회적 책임도 중요하다. 평가에서 가장 중요한 것은 역시 제도 운용의 투명성과 이해관계자 참여와 소통이다. 영광스럽게 1등을 했는데도 왜 1등을 했는지 모르겠다고 하면 심각한 문제다. 불명예스럽게 5등을 했는데, 왜 5등을 했는지 모르겠다면 어떻게 되겠는가?

평가기관들이 항상 견지해야 할 것은 '공평성Impartiality'과 '독립성 Independency' 원칙이다. 일부 언론과 기관의 사례이지만, 상당한 규모의 참가비 수입을 요구하고, 직간접적인 광고 수입을 노리고 평가를 하는 것은 공평성에 크게 어긋나는 일이다.

다음으로, 사회적 책임 국제표준인 ISO26000을 참고한다면, 설명책임Accountability과 투명성Transparency의 원칙을 살려야 한다. 어떤 목적과 어떤 과정으로 평가했는지, 누구는 왜 1등이고 누구는 왜 5등인지 논리적으로 설명되어야 한다. 이것이 가능하기 위해서는 모든 과정이 논리적이어야 하고, 투명해야 한다.

유럽 선진국에서는 평가기관을 평가하는 움직임이 새롭게 생겨나고 있는데, 우리나라도 평가 수준을 한 단계 높이기 위해서라도 이런 시스템 도입이 필요하다. 다양한 평가 과정에서 제대로 된 평가가 가능하기 때문이다.

이제 우리나라에서도 많은 부분에 새로운 평가 기법이 도입되고 있고, 다양한 평가가 이뤄지고 있다. 평가는 발전을 위해 꼭 필요한 과정이다. 그만큼 평가기관들의 독립성, 객관성, 공평성, 투명성이 중요하다. 이제 평가의 과정에도 이해관계자 참여 프로세스가 적극 도입되어야 한다.

평가기관 자신도 이러한 원칙에 입각하여 제대로 평가하고 있는지 항상 자문해 봐야 한다. 그렇지 않으면 평가의 잣대가 부메랑이 되어 다시 되돌아오는 것을 감수해야 한다.

13) 원조기관(ODA · KOICA)의 사회적 책임

우리나라는 50년 만에 원조援助를 받는 나라에서 원조를 주는 나라로 발전했다. 원조는 보통 ODA라는 말로 통하는데, 공적개발원조ODA란 개발도상국에 대한 공적자금을 말한다. 이는 정부 또는 정부의 원조기관에 의해 공여되는 것으로 개발도상국의 경제발전과 복지 향상에 기여하는 것 중 무상 부분을 일정 비율 이상으로 한 것을 말한다.

이와 달리 대외경제협력기금EDCF은 개발도상국의 산업화 및 경제발전을 지원하고 한국과 이들 국가 간 경제 교류를 증진하기 위해 설치한 한국수출입은행 내 정책기금을 말한다.

우리나라가 1945년 해방 이후 1990년대 후반까지 국제사회로부터 받은 원조액수는 127억 달러다. 현재 가치로 환산하면 약 600억 달러가 넘는다. 단적인 예로 예산규모가 3000억 원에 불과했던 1969년, 우리나라가 국제사회로부터 지원받은 금액은 800억 원으로 약 26%였다. 그야말로 공적개발원조로 연명하는 신세였다.

우리나라는 국제사회에서 세계 원조 역사에 한 획을 그은 나라로 주목받고 있다. 국제사회에 대한 우리의 체계적인 원조 제공은 1987년 한국수출입은행에 대외경제협력기금EDCF이 창설되고, 1991년 외교통상부 산하로 한국국제협력단KOICA이 설립되면서 본격화했다.

2005년 참여정부 당시 우리의 ODA 지출은 7억 5200만 달러로 처음으로 국민총소득GNI의 0.1%를 넘어섰다. 정부는 GNI 대비 ODA 지출 비용을 앞으로도 계속 늘려 2012년에 0.15%, 2015년에 0.25%(대략 30억 달러)를 달성한다는 계획이다.

원조는 국제사회에 매우 중요한 의미를 갖는다. 원조에도 최소한 윤리적 규범이 필요하고, 사회적 책임이 따른다. 원조할 때는 받는 쪽의 자존심을 상하게 해서는 안 된다. 그리고 일회적으로 생색내기 용으로 해서도 안 된다. 원조를 주면서 원조를 미끼로 앞으로의 이익을 도모하고 이해타산을 계산하면서 원조를 한다면 원조의 가치는 더욱 떨어지며, 어떤 경우는 주고도 욕을 먹을 수도 있다.

원조 방식을 크게 나누어 보면, 유럽식과 일본식이 있다. 유럽식은 원조의 경제적 효과를 고려하기 이전에 보편적 인류애와 세계 시민성에 부합하는지를 기준으로 판단한다. 그 나라의 민주주의와 인권, 지속가능한 발전에 도움이 되도록 원조를 추진한다.

일본식은 원조를 제공하는 처지에서 자기 나라의 국익에 기초하여 철저하게 경제성과 정치적 고려를 계산하면서 원조 활동을 수행한다. 일본에 있어서 원조는 역사적으로 동남아시아 진출과 주도권 형성을 위한 수단으로 기능했다는 분석이 있다.

우리나라의 원조 정책은 유럽식인가, 일본식인가? 공적개발원조를 해 주고도 고맙다는 소리를 듣기는 커녕 끝나고 나면 오히려 욕을 먹는 경우가 많다. 원조 사업을 하면서 자기 나라의 기업과 노동자들을 대거 참여시켜서 현지 사업을 독식하는 사례가 빈발하고 있어서 우리나라의 원조 방식도 개선이 필요하다.

최근에도 KOICA는 글로벌 사회공헌사업CSR이라 하여 대기업들을 주축으로 내세워 국제협력 사업을 한다고 홍보하고 있는데, 원조를 받는 나라의 입장에서 그 나라의 지속가능한 발전에 도움이 되는 것인지, 사회적 책임 관점에 부합하는 것인지 점검이 필요하다.

현재 우리나라에 다문화 가정이 나날이 증가하고 있는데, 이들 이주 노동자와 이주 여성 등을 중심으로 신뢰를 바탕으로 한 풀뿌리형, 참여형 원조 정책을 적극 모색할 필요가 있다. 이들은 우리나라와 자기들 모국을 잘 이해하고 있고, 상호 협력의 가교 역할을 성공적으로 해낼 수 있는 사람들이다.

이제 대외 원조를 하는 과정에서도 사회책임의 관점을 적극 반영할 필요가 있다. 원조를 받는 나라들과 함께 발전해 나가기 위해서는 그 나라의 사회 각 부분에 사회적 책임의 원칙이 확산하도록 해야 한다. 그러기 위해서는 NGO의 역할이 매우 중요하다.

다양한 이해관계자들이 서로 소통하면서 더 좋은 발전 방안을 낼 수 있도록 도와주고, 인권과 노동권이 보호되고, 환경을 보호하면서 지속가능한 경제 활동을 할 수 있도록 사회적 토대를 만들어 주는 것이 원조기관들이 해야 할 일이다.

14) 스포츠의 사회적 책임

2012년 우리나라 프로야구는 700만 관중 시대를 돌파했다. 2013년 10구단(수원KT)이 생기면서 800만 관중 시대를 뛰어넘을 것으로 전문가들은 내다보고 있다.

야구, 축구, 배구, 농구 등 프로스포츠에 대한 우리 국민의 관심과 사랑이 높은데, 몇 차례 불거진 프로축구, 프로배구의 승부조작 사건과 프로야구에서도 경기조작 사건은 국민에게 큰 실망감을 안겨주었다.

정부와 스포츠 관련 협회 책임자들은 승부조작 사태에 대한 대책을 발표하면서 앞으로 승부조작에 가담하는 선수들은 영구 제명하는 등 일벌백계할 것이라 밝혔다. 내부 비리를 고발할 경우 기존의 1천만 원에서 1억 원으로 포상금을 확대 지급하고, 불법 스포츠 도박 사이트를 근절하고, 암행감찰 등을 통해 비리를 막겠다는 것이다.

그러나 승부조작 사건으로 표출된 스포츠 비리가 이러한 대증요법으로 근본적인 방지대책이 될 수 있을지는 의문이다. 더구나 선수들만 책임이 있고, 스포츠 당국이나 초·중·고등학교의 선수 양성과정과 프로스포츠의 구단과 구단주, 감독, 팬들의 책임은 과연 없는지 성찰해 볼 일이다.

대부분의 사회 문제들은 고질적이고 부조리한 사회 구조에서 발생한다. 이번 승부조작 사건 또한 우리 사회의 비리를 양산하는 구조적인 측면에서 진단하고 대책을 세울 필요가 있다.

초중고등학교 시절 대부분의 선수는 운동 전문 선수가 되기 위해 대부분 시간을 운동에만 집중한다. 그 결과 기본적인 교양 수업과 정상적인 학교 교육을 받을 기회가 크게 부족한 실정이다. 대부분의 운동선수들이 은퇴 후 사회 활동에 잘 적응하지 못하는 사례가 많은데, 이는 선수들만의 책임이 아니다. 학교와 스포츠 당국, 구단, 협회 등에도 상당 부분의 책임이 있다.

언론에서도 몇 차례 집중하여 보도했지만, 지금도 체육전공 대학 및 학과에서는 전통이라는 핑계로 선후배 사이에 구타와 폭행이 만연하다. 폭력 문화에 길들여져서는 건전한 사회인이 되기 어렵다. 선수가 되기 이전에 '인간'이 되어야 한다는 한 스포츠 원로의 말을 깊이 되새겨야 한다. 건전한 생각을 가진 한 '인간'이 되기 위해서는 여러 방면에서 사회의 관심과 도움이 필요하다.

사회적 책임의 관점에서 보면, 스포츠에서도 좋은 지배구조(의사결정구조)를 갖추는 것이 매우 중요하다. 스포츠 행정도 선수와 팬이 중심에 서는 형태로 변해야 한다. 말로만 고객(팬)이 왕이라고 할 것이 아니라, 팬과 시민들이 스포츠 운영에 적극 참여할 수 있는 구조를 만들어야 진정으로 사랑받는 우리의 스포츠가 될 수 있다.

스포츠팬과 팬클럽들도 시민들의 참여를 활성화하고, 사회와 호흡하고 협력하는 모델을 만들어 가야 한다. 외국에서는 유명한 프로 선수들이 비행 청소년 선도 프로그램에 적극 나서는 등 다양한 사회공헌 활동을 하고 있다. 프로스포츠들이 연고지를 가지는 이유는 지역사회에 공헌하면서 지역 발전의 활력소가 되라는 의미다.

스포츠 당국도 선수들의 인권을 보호하고, 교육 받을 권리를 보장해야 하며, 스포츠의 운영 방식에서도 시대에 맞게 새로운 변화가 필요하다. 구단과 구단주가 돈벌이 수단으로만 프로스포츠를 활용한다면 지속가능한 경영이 되기 어렵다.

스포츠 행정이 투명하고 공정하게 다시 구축되고, 각종 부정 비리 관행들이 깨끗이 일소되어 국민으로부터 사랑받는 스포츠로 거듭나기를 기대한다. 이를 위해서는 스포츠 당국과 구단주와 구단, 감독, 선수, 팬, 국민의 참여와 소통이 무엇보다 중요하다.

15) 소비자 · 소비자단체의 사회적 책임

소비자란 생산된 재화와 서비스의 최종적 사용자로서, 일련의 기호나 선호도를 가지고 있는 개인을 말한다. 그러나 대량생산 대량소비의 시대에 소비자의 기호나 선호도는 매스컴을 통한 광고와 홍보를 통해 새로 만들어지기도 한다.

환경적으로 건전하고 지속가능한 미래가 되기 위해서는 소비 과정이 지속가능해야 하고, 이에 맞추어 생산과정도 지속가능한 방향으로 가야 한다. 소비자가 단순히 소비하는 사람에 머물지 말고, 소비자가 주체가 되어 오히려 주도적으로 생산양식을 결정하고, 우리 사회를 지속가능하도록 해야 할 책임이 있다는 주장이 바로 소비자주권이다.

특히, 자본주의 사회에서 소비자가 어떻게 행동하느냐에 따라 엄청난 힘을 발휘하기도 하고 사회를 좋은 방향으로 변화시킬 수도 있다. 소비자가 깨어 있고 단결할 수만 있다면, 문제가 있는 생산자(기업)들을 올바르게 변화시키는 것은 너무나 쉬운 일이다. 바로 여기에서 소비자의 사회적 책임 문제가 제기된다.

소비자는 과연 경제적인 관점에서 값싸고 좋은 물건만 사면 되는가? 사회책임의 시대에 소비자의 사회적 책임과 소비자단체의 사회적 책임도 점차 중요해지고 있다.

이제 소비자도 내가 구매하고자 하는 상품이 어떤 과정을 거쳐 여기까지 왔는지, 그리고 나의 선택이 어떤 결과를 초래하는지 깊이 생각하는 현명한 소비자가 되어야 한다. 그리고 우리에게 제품과 서비스를 제공하는 회사는 사회적 책임 – 투명경영, 윤리경영, 노동권보호, 환경보호, 부패방지, 공정운영 관행, 지역사회참여발전 등 – 을 다하고 있는지 꼼꼼히 챙겨보고 세심하게 판단해야 한다.

사회책임 국제표준인 ISO26000 지침을 만들도록 가장 먼저 제안한 곳이 ISO 내의 소비자정책위원회COPOLCO라는 조직이었다는 사실은 중요한 시사점을 준다.

이제 우리 국민 개개인은 '나 하나쯤이야.' 하는 안이함에서 벗어나 소비자의 사회적 책임을 인식하고, 지속가능한 소비와 생산을 주도한다는 관점에서 구매를 해야 한다. 그리하여 사회적 책임을 다하는 기업의 제품은 적극적으로 구매buycott해 주어야 하고, 문제가 있는 기업에 대해서는 개선을 요구하고, 불매boycott 운동도 불사하는 소비자주권 시대를 열어야 한다.

21세기 우리의 사회와 시장의 주도권은 소비자에게 넘어가고 있다. 소비자의 올바른 판단과 실천이 우리 사회를 자원고갈과 기후변화의 위기에서 구하고, 정치와 경제를 올바른 방향으로 가게 하는 원동력이 된다.

소비자의 사회적 책임을 영어로는 cSR로 사용하는 데 이것은 기업의 사회적 책임 CSR과 구별하기 위함이다.

16) 시민단체(NGO · NPO · 재단)의 사회적 책임

시민단체라 하면 공익성, 자발성, 자율성 및 독립성의 가치를 추구하는 비정부, 비영리 단체로 정의할 수 있다.

외국에서는 제 1섹터인 공공public 부문과 제 2섹터인 민간private 부문과 대비하여 시민사회 부문을 제 3섹터라고 부르기도 한다.

제3섹터는 원래 공공 부문과 민간 부문 어디에도 속하지 않은 제3의 부문을 일컫는 말인데, 시민사회로 대변되는 제3섹터의 등장에 대해 대부분의 학자는 전통적 관료제의 실패를 지적하고 정부(공공부문)의 재구조화를 강조하기도 한다.

시민단체 즉 NGO, NPO, 재단, 사단법인 등의 활동 목표는 공공公共의 가치 즉, 공공선公共善의 실현에 있다.

시민단체도 하나의 조직이기 때문에 ISO26000 지침에 따라 조직의 사회적 책임을 7대 원칙과 7대 핵심 주제별로 점검해 볼 수 있다.

사회책임의 규범으로 본다면, 우선 시민단체들의 미션(존립근거)이 무엇인지 정립하고, 이를 둘러싼 다양한 이해관계자를 규명하는 것이 필요하다. 그리고 이들과 대화하고 소통하는 과정에서 사회적으로 요구되는 부분을 조직의 과제로 설정할 수 있다.

시민단체가 추구해야 할 원칙과 가치는 특정의 이념이 아니라 실사구시 정신에 기초한 합리적 대안을 추구하는 것이며, 모두가 공감하는 보편적 가치들을 존중하는 것이다.

시민단체의 활동이 건전해지기 위해서는 좋은 거버넌스(의사결정구조)를 갖추는 것이 필요하다. 조직 운영의 민주성, 투명성, 공정성, 사회책임 측면을 점검하고 부족한 부분은 지속적으로 개선해 가야 한다. 개방적이고 투명적인 조직 체제를 기반으로 시민의 제안과 참여를 촉진하고, 조직 운영과 활동에 적극 반영해 나갈 필요가 있다.

그동안 시민단체들은 기업의 사회적 책임을 강조해 왔는데, 이제 스스로의 사회적 책임도 항상 챙겨보고, 그 내용을 사회적으로 공개, 공유하는 시스템을 가동해야 한다. 그래야 다른 조직의 사회적 책임도 더욱 떳떳하게 요구할 수 있다.

2007년 6월 경실련, 기윤실, 녹색미래, 대한YWCA, 흥사단 등은 '시민단체의 사회적 책임헌장과 행동규범'을 발표하고 〈NGO 사회적 책임 운동 준비위원회〉를 구성한 바 있는데, 이는 시민단체를 향한 사회 각 방면의 비판을 겸허하게 수용하여 시민의 신뢰를 회복하고 시민운동의 책임성을 제고시키고자 하는 노력의 일환으로 평가된다.

사회 각 분야의 사회적 책임이 강조되고 있는 이때, 우리나라 시민단체들도 사회책임 국제표준의 내용을 숙지하고, 적극 활용하여 우리 사회가 정치, 경제, 사회, 문화, 환경 측면에서 지속가능성을 더욱 높여 나갈 수 있도록 해야 한다.

VIII 기업생태계 패러다임의 전환

이솝우화로 읽는 SR 이야기 8

포도밭에 보물을 숨겨 놓은 농부

병상에 누워 죽음을 앞둔 농부가 있었다. 농부는 걱정이 있었다. 농사를 지어 보지 않은 자식들이 농부가 죽고 나면 포도밭을 팔아 흥청망청 써 버리면 어쩌나 하는 걱정이다. 하루는 농부가 자식들을 모두 불러 모아 유언을 했다. "내가 너희를 위해 포도밭에 보물을 숨겨 놓았으니, 그것을 찾도록 하여라." 유언을 남기고 농부는 죽었다. 자식들은 농부의 장례를 마치고 나서, 포도밭을 파헤쳤다. 온 포도밭을 파헤쳤지만, 보물은 하나도 나오지 않았다. 그러나 자식들이 온 포도밭을 파헤친 것이 포도밭을 잘 가꾼 결과가 되어, 그 해 포도농사에서 큰 성과를 거두게 되어 자식들은 큰돈을 벌고 부자가 되었다.

> 여러분의 포도밭에도 숨겨진 보물이 있다. 열심히 땅을 파고 일구어 보자. 사회적 책임을 다하는 것이 당장은 힘들지만 진정성을 갖고 꾸준히 나아간다면 큰 성공을 이룰 수 있다.

우리의 미래 어디로 갈 것인가?

———

현대 사회는 급속하게 변하고 있다. 특히 스마트폰 보급과 함께 인터넷 모바일과 SNS의 등장으로 세계의 모든 정보와 네트워크가 손바닥 안까지 들어왔다. 과연 앞으로 기술은 어디까지 발전할 것인가? 소위, 생산력의 발달은 또 어디까지 갈 것인가? 우리의 사회구조는 기술발달과 사회변화를 통해 지속적으로 발전해 갈 것인가? 아니면 새로운 사회구조와 경제시스템이 출현할 것인가?

정치, 경제, 사회, 문화적으로 보면 앞으로 더욱 많은 변화가 예상된다. 지금까지의 역사가 그랬던 것처럼, 우리 인류의 역사는 당대當代 사람들의 지식과 지혜로 최선의 판단을 하며 한발 한발 미래로 나아갈 것이다.

미래 준비에 여념이 없는 열강들

전 세계 50여 국가는 이미 정부 산하에 미래전략기구를 두고 있다. 또한 80여 국가는 미래예측보고서를 발표하고 있다. 미국, 영국, 프랑스, 캐나다, 호주와 같은 선진국은 물론 중국, 인도 등 개발도상국까지 앞 다퉈 미래 공부에 열중이다. 아랍권 국가들도 2000년대 들어 대부분 국가미래전략기구를 만들어 통치권자의 장기미래구상을 돕고 이를 정책에 적극 반영하고 있다. 지금까지 발표된 국가 미래 보고서로는 '미국 NIC 2010, 2015, 2020보고서', '호주2020', '영국 국가보고서 챌린지포럼 2020, 2025시나리오' 등이 있다.

영국 챌린지포럼 보고서 2025에 따르면 2025년에는 미국, 중국, 인도, 일본, 브라질, 러시아, 멕시코 등이 G7을 이루며 유럽 국가는 모두 빠지게 된다. 영국은 이 같은 예측 하에 국가경영전략을 짜며 미래에 대비하고 있다. 세계 각국이 이처럼 경쟁적으로 미래전략에 관심을 쏟는 이유는 단 한 가지다. 지속적인 국가발전과 국민들의 복지수준을 높이기 위해서다. 그렇다면, 우리의 상황은 어떠한가?

2050년은 어떤 세상일까?

미래를 예측하고 논할 때, 우리는 몇 가지 틀을 가지고 접근하게 된다. 첫 번째는 과학기술의 발달과 이것으로 인한 새로운 성장(내지 발전)의 동력은 무엇일까 하는 측면이고, 두 번째는, 이것을 뒷받침할 수 있는 사회·경제적인 수준과 수용 대응의 문제, 세 번째는, 이를 제약하는 성장의 한계 및 자연생태계 제약의 문제, 마지막으로는 인구변화와 변동의 틀이다.

사물을 바라보는 시각과 관점을 우리는 보통 〈패러다임〉이라고 한다. 이 글에서 논하고자 하는 〈2050년 기업생태계 패러다임의 전환〉도 이러한 미래예측의 연장선상에 놓여 있다. 미래 예측에는 여러 가지 방향과 방법론이 있지만, 여러 가지 이론을 종합해 보면, 기후변화와 환경문제, 정보통신 등 첨단기술의 발달, 세계화, 일과 삶의 균형, 고령인구 증가 등의 변수를 감안한 예측이다.

2020년 이후를 예측한 영국의 정부보고서 가운데 챌린지포럼이 제시한 자료는 200년 역사의 대의민주주의가 수명을 다하고 신 직접민주주의로 간다는 내용이 장황하게 설명되어 있다.

기본적으로 교통과 통신이 발달하지 않았고 사람들이 많지 않았을 처음에는 로마에서 타운홀을 중심으로 가까이 모여 사는 사람들이 직접민주주의를 했다. 그러나 인구가 많아지고 도시로 번져 나가니까 한 장소에 사람이 모일 수 없어 대의민주주의 형태인 의회, 국회로 변해왔다. 그러나 인터넷이 나오면서 대의민주주의가 소멸하고 정당이나 의회를 거치지 않고, 바로 정부기관의 과장, 담당자에게 직접 자신의 뜻을 전달하게 되는 '신직접민주주의'가 실현된다는 것이다.

의회나 국회의 기능이 법률 제정에 있다. 개개인의 뜻을 전체의 합의로 이끌어 내야하는데, 인터넷을 통해 법의 합의가 가능하고, 이것은 '신직접민주주의'로 이행한다는 것이다. 2025년에는 컴퓨터 한 대가 인간 한사람의 머리와 같아지고 2050년에는 91억명 인간의 머리와 같아진다. 법 적용도 전 세계의 법을 고루 참고해서 적용할 수 있고, 각 국가의 힘은 빠진다. 정보화가 많이 되면 될수록 개인이 더 많은 권력을 가지게 된다. 즉, 집단 중심에서 개인 중심으로 권력의 무게 중심이 낮을 쪽으로 급속히 이동하는 것이 미래의 주요 트렌드가 된다.

환경위기와 사회위기의 2050년

매년 6월 5일은 '세계환경의 날'이다. 2012년 세계환경의 날 테마는 '녹색 경제, 당신이 주인공이다.'였다. 녹색경제란 자원 효율적이고 함께하는 사회를 지향하는 경제를 뜻하며 환경과 생물다양성을 심각하게 훼손한 기존의 발전과 성장 패턴을 벗어나는 것을 의미한다. 녹색경제는 특히, 같은해 6월 20~22일 개최된 유엔지속가능발전회의(Rio+20)의 주제로서 전 세계가 중점을 두고 논의하는 의제이기도 했다.

이보다 앞선 2012년 3월 발간된 'OECD 환경전망 2050' 보고서는 사람들에게 환경문제에 대한 경각심을 다시금 일깨워줬다. 보고서는 기후변화, 물, 생물다양성, 환경과 보건 등 4개 분야로 구성됐으며, 2050년 지구환경 전망과 정책적 조언을 제시하고 있다. 특히 4개 분야에 대해 베이스라인Baseline 시나리오에 기초한 과학적 데이터를 근거로 분석한 결과, 전 세계가 지금 당장 야심찬 녹색정책을 채택하지 않는다면 회복할 수 없는 '임계점'을 넘어설 것이라고 경고하고 있다. 베이스라인 시나리오는 현존 정책만 유지되고 새로운 환경보호 정책들이 생기지 않는다고 가정했을 때의 결과를 제시하는 모델이다.

2050년 지구의 인구는 70억 명에서 90억 명 이상으로 증가하고, 세계 경제는 4배에 가까운 성장을 기록해 그 결과 에너지와 자연자원에 대한 수요가 증가할 것으로 예측된다. 더 효과적인 정책이 없다면, 에너지 믹스에서 화석연료 에너지의 비율은 현재와 비슷한 약 85%에 머무를 것이다. 2050년까지 두 세기 동안의 삶의 질 향상을 되돌릴 수 없는 수준으로 위협할 위험이 있는 자연환경과 자본의 파괴는 계속될 것으로 예상된다(OECD, 2050 환경전망).

2050 환경전망은 약간의 개선사항도 있긴 하지만 전체적인 전망은 지난 2008년 발간된 'OECD 환경전망 2030'보다 더 심각하게 우리의 미래를 우려하고 있다. 크게 기후변화, 물, 생물다양

성, 환경과 보건 4대 환경부문에 초점을 맞추면서도 이 모든 부분들이 상호 연결돼 있다는 점을 강조한다. 보고서를 통해 베이스라인 시나리오를 제시하는 한편, 여기에 멈추지 않고 긴급한 상황을 피할 수 있도록 새로운 정책도 함께 제시하고 있다. 특히 2050년이 되면 세계 경제가 지금의 4배로 성장해 에너지, 물 등의 수요가 급증할 것으로 예상된다. 이에 따라 고령화 추세에 있는 인구변화와 인구의 노동시장 참여에 있어서의 변화, 고용현황도 중요하다. 2050년이 되면 삶의 질, 라이프스타일, 소비패턴 역시 인구층의 변화로 인해 크게 바뀌게 될 것이며, 이러한 모든 것들이 환경에 미칠 압력에 있어 고려해야 할 요인들이다.

　기후변화와 관련해서도 이 보고서는 국제적으로 합의된 목표인 온도상승률 2℃ 제한을 넘길 것으로 전망했다. 2010년 기후변화협약의 칸쿤 합의문에서 약속한 온실가스 감축 행동만으로는 2020년 이후에 급격하고 비용이 높은 배출량 감축 실행 없이 세계 평균온도가 2℃를 넘지 않도록 하기에 역부족이라는 이유다. 보고서는 2℃를 넘길 경우 강수 패턴이 변화하고 빙하와 영구동토층의 해빙, 해수면 상승, 극한 기상 이변의 심화와 빈도수 증가가 야기될 것이라고 전망하며, 이것은 인류와 생태계 시스템의 적응 능력을 떨어뜨릴 것이라고 경고한다. 전 세계 기온 평균을 2℃로 유지하려면 대기 중 온실가스 농도가 450ppm이어야 한다. 그러나 2008년 이미 이 수치에 근접, 2100년까지 3℃ 정도 오를 것으로 예상되고 있다. 고지대의 경우는 온도변화가 더욱 클 것이라는 전망이다. 국립기상연구소(2011년 3월 2일)에 따르면, 지구온난화로 인해 우리나라는 2050년에 평균기온이 2

도 상승할 전망이며, 이로 인한 피해 규모는 800조원이 넘는 것으로 조사되었다.

탄소 이후, 물 문제와 생물종 다양성 문제

지구에 생명체가 살 수 있는 것은 물이 있기 때문이다. 지구의 4분의 1, 지구표면의 4분의 3이 물이다. 그러나 우리가 유용할 수 있는 물은 이것의 단 3%밖에 되지 않는다. 2050년이 되면 현재보다 23억 명, 즉 전 세계 인구의 40% 이상에 해당하는 인구가 심한 물 부족을 겪으면서 강 유역에서 생활할 것으로 예측되며, 이는 특히 남·북 아프리카와 남아시아, 중앙아시아에서 대두될 것이라고 보고서는 말한다.

또한 도시폐수와 농업에 나오는 영양염류는 대부분의 지역에서 부영양화를 심화하고 수생태 다양성을 파괴할 것이며, 전 세계적으로 2억 4000만 명 이상의 사람들이 2050년까지 이러한 혜택을 받지 못할 것으로 예상한다. 우리나라는 물 수요관리에 성공하지 못한 나라 가운데 하나다. 물 스트레스가 가장 심한 국가로 분류되기도 했다. 2050년까지 가지 않더라도 2050년 전망되는 문제들이 이미 현실로 나타나고 있는 실정이다.

생물다양성 분야 관련하여 보고서는 또한 2010년 기준으로 2050년까지 육상생태계의 경우 생물다양성이 10% 줄 것으로 전망한다. 또한 이와 같은 손실 대부분이 2030년에 일어날 것으로 밝혔다. 보고서는 생물다양성 감소의 원인으로 16%라는 높은 비율을 차지하는 것이 토지 이용관리로 인한 것이라고 말했다.

이러한 전망에 대응하는 현재의 정책과 OECD에서 제시하는 바는 무엇일까? 이 보고서는 규정과 경제적 도구, 정보화 도구로의 접근법을 제시한다. 생물다양성과 다른 정책을 연계시키는 것이 바람직하다고 강조하고 있는데, 특히 기후변화 저감노력과의 연계 필요성을 강조했다. 또 다른 한편으로 농약 제품의 사용에 대해 보조금을 지원하고 있는 한국의 사례를 지적하기도 했다.

기업의 새로운 화두, WBCSD 비전 2050

세계지속가능발전기업협의회WBCSD의 비전 2050 프로젝트는 29개의 회원사가 2050년까지 지속가능한 미래 구현을 위해 갖추어야 할 비전을 공동 개발한 것으로, 거버넌스 구조, 경제 프레임워크, 비즈니스 및 인간 행동에 대한 근본적인 변화를 통해 지속가능한 세계로 거듭나기 위한 지침과 방법을 제시한 것이다. 이 보고서는 '지속가능한 세계는 어떤 모습인가? 지속가능한 세계를 현실화하는 방법은 무엇인가? 이러한 세계로 신속하게 도약하기 위해 기업에 기대되는 역할은 무엇인가?'라는 세 가지 질문에 대한 해답을 제시하고자 작성되었다.

2050년 지구 경제는 지속될 것인가?

WBCSD 비전 2050 보고서는, 2050년이 되면 전 세계 90억 인구가 지구의 제한적 여건 속에서도 충족한 삶을 영위하게 될 것이다.

지금부터 40년 후에는 현재보다 30% 많은 인구가 지구상에 존재할 것이다. 기업의 입장에서 볼 때 이러한 인구 증가는 수십억 명의 새로운 소비자를 창출한다는 점에서 좋은 소식이긴 하나, 점점 줄어드는 자원과 기후변화로 인해 90억 명의 인구가 오늘날 풍족한 시장에서 누리고 있는 소비 행태를 영위 또는 지속하기가 힘들어진다는 것을 동시에 의미한다. 지속가능한 미래세계로 나아갈 비전 2050 시나리오는 다음과 같다.

1) 수십억 인구에 대한 개발 요구 해결, 교육 및 경제 강화 시책 시행, 여권 신장, 근본적인 에코효율성 및 행동양식에 대한 해결책 마련
2) 탄소, 생태계 서비스 및 수자원 등 외부효과에 대한 가격 책정
3) 토지 또는 물 사용량을 현재수준으로 유지하면서 농업 생산량 배가 방법 구현
4) 벌목 억제 및 조림지 내 작물 수확량 증대
5) 저탄소 에너지 시스템 구축 및 고도로 향상된 에너지 효율성 달성과 같은 획기적인 전환을 통해 2020년 온실가스 배출량을 정점으로 하여 2050년까지 전 세계 탄소 배출량을 절반으로 감축(2005년 수준 대비)
6) 저탄소 교통 수단 low-carbon mobility의 보편화
7) 자원 및 재료 활용률을 4~10배 향상

이상의 과제들을 성공적으로 추진한다면, 2050년이 되었을 때 지구 전체 생태계 자원의 가치를 살짝 넘는 양의 자원을 소비할 것으로

예측된다. 그러나 현재와 같은 태도를 고수하는 BAU^(Business As Usual) 시나리오 하에서는 현 지구 역량의 2.3배나 많은 엄청난 자원을 소비하는 사태가 벌어질 것이다.

지속가능한 발전의 조건들

우리 앞에 놓인 이러한 혁신은 기업의 다양한 사업 분야에서 실로 엄청난 기회를 제공할 것이다. 성장, 도시화, 희소성, 환경적 변화 등 글로벌 과제들이 향후 10년간 기업이 시장을 이끄는데 있어서 전략적인 핵심 동인으로 작용할 것이기 때문이다. 자연자원, 건강 및 교육 부문의 가치만 고려해도 현재 물가 대비 2020년까지 연간 미화 0.5~1.5조 달러, 2050년에는 3~10조 달러에 이를 것으로 예상된다. 이는 2050년 세계 GDP의 1.5~4.5%에 해당되는 수치다.

이러한 기회에는 폐기물 제로의 저탄소 도시와 인프라를 개발·유지하는 것에서부터, 생태용량^{biocapacity}, 생태계, 행동양식, 생계를 개선·관리하는 것에 이르기까지 매우 다양하다.

여기에 그치지 않고 이러한 변화는 재정, 정보통신 기술 및 파트너십에 대한 새로운 기회를 창출할 것이다. 여기에는 현실화해야 할 새로운 기회들, 긴밀한 관계를 유지해야 할 다양한 외부요소 및 파트너, 변화의 모색 및 적용에 따르는 무수한 위험 등이 따른다. 시스템은 물론 사람과 설계 그리고 기업 비즈니스에까지도 지능화가 보편화될 것이다.

새로운 도전과 응전

이러한 상황 속에서 우리는 새로운 아젠다에 주목할 필요가 있다. 정치 및 경제계 구성원들의 기후변화와 자원부족에 대한 시각은 환경문제가 아닌 기회와 비용 공유의 경제적 문제로 바뀔 것이다. 성장과 발전 모델 역시 신재생 자원을 균형 있게 사용하는 방법과 재생이 가능하지 않은 자원의 재활용이라는 측면에 기반하여 개발될 것이다. 이는 곧 세계 각 국가와 기업이 서로 협력하면서도 동시에 경쟁 우위를 점하기 위해 열띤 경쟁을 벌이는 녹색경주green race를 활성화 시킬 것이다. 기업 리더들은 지역적, 세계적 과제를 단순한 비용상의 문제라는 기존의 사고방식에서 벗어나, 적극적인 해결책 모색 및 기회 실현을 위한 투자의 추진체로 활용함으로써 이러한 변화에 대한 혜택을 누릴 수 있다(WBCSD, 비전 2050).

이러한 혁신은 또한 규제, 시장, 소비자 선호, 원가 책정, 손익 계산 등의 측면에 커다란 전환을 가져오게 되고 자연히 기업의 비즈니스에도 상당한 영향을 주게 된다. 따라서 기업들은 이러한 변화를 단순히 뒤따라갈 것이 아니라 기업이 가장 잘 하는 것, 즉 사람들이 필요로 하고 원하는 비용 효율적인 해결책을 선도적으로 개발함으로써 이러한 혁신을 주도해야 한다. 기업이 개발한 새로운 해결책은 "진정한 가치와 비용"을 가진 시장에 기반을 둔다는 점에서 차이가 있다. 여기서 "진정"하다는 것은 지구의 한계 내에서 지구와 더불어 충족하게 살아가는 것을 의미한다. 기업은 소비자 및 정책입안자, 그리고 다양한 이해관계자와의 협력, 체계적인 사고와 공동 혁신을 통해 지속가능한 세계 달성에 한걸음 더 다가갈 수 있는 해결책을 모색할 것이다. 이것이 바로 최상의 기회주의적 비즈니스 전략이다.

기업리더들의 책무

기업 리더들은 현 체제 속에서 기업을 성공적으로 운영하는 동시에, 지속가능성을 고려한 새로운 체제로 전환할 수 있도록 사회를 이끌어야 한다. 물론 이를 위해서는 정치, 사회 리더들과 긴밀한 협력이 필수적이다. 다시 말하면, 기업이 정부와 민간사회단체와 새로운 파트너십 관계를 구축하여 보다 체계적인 사고와 접근 방식을 통해 2050년 도시인구 2배 증가와 같은 수많은 난제와 기회를 관리할 수 있어야 한다. 올바른 정책과 인센티브를 추진하려는 정부의 노력에 발맞추어, 기업 리더들은 전례 없는 혁신을 통해 기업을 효과적으로 운영해야 할 것이다.

WBCSD 비전 2050 프로젝트에 참여한 기업들은 비전 2050 달성을 위해 필요한 지식, 과학, 기술 및 재무 등의 자원이 이미 확보된 상태라고 강력히 믿고 있지만 이 모든 것도 앞으로 10년간 달성을 위한 추진 속도와 규모가 절대적으로 뒷받침되어야 가능한 이야기이다. 여전히 갈 길은 멀고도 험하다. 거버넌스, 무역, 역할 및 책임을 위한 글로벌 프레임워크와 위험성에 관한 풀리지 않은 중요한 문제가 여전히 많기 때문이다. 그러나 지속가능한 미래 구현을 위해 이러한 문제는 적시에 해결 가능하리라 믿는다.

인구의 변화 : 저출산 고령화 현상

유엔 '고령화보고서'에 의하면, 2050년에는 전 세계의 60세 이상 고령인구가 20억명에 이르러 15세 이하 어린이보다 연금생활에 의존하는 노령층이 많을 것으로 전망됐다. 100살 넘게 장수하는 인구도 2011년 31만6천600명에서 320만명으로 10배 넘게 증가할 것으로 분석됐다(연합뉴스, 2012년 10월 2일).

영국의 일간지 텔레그래프는 유엔의 '21세기의 고령화 Ageing in the 21st Century' 보고서를 인용해 38년 후 세계 인구 상황을 이같이 소개하고 인구 노령화로 각국의 복지와 연금, 의료 체계가 중대한 도전에 직면할 전망이라고 보도했다. 보고서는 인구 고령화를 경제와 사회의 급격한 변화를 몰고 올 '메가트렌드'로 규정하고 노령화 문제에 대한 접근과 투자를 혁신하는 국가만이 강하고 부유한 사회를 만들 수 있다고 강조했다. 보고서에 따르면 전 세계 60세 이상 연령층은 10년 안에 2억 명이 증가해 10억 명을 돌파할 것으로 나타났다.

60세 이상 노년층이 전체 인구의 30%를 넘는 나라는 현재 일본이 유일하지만 2050년에는 64개국이 이 대열에 합류할 것으로 분석됐다. 영국은 100세 이상 인구가 2066년에 50만 명에 이르고, 2012년 태어난 신생아의 3분의 1이 100세 이상 장수할 것으로 전망하고 있는데, 이러한 국제사회의 인구변동 요인도 2050년 기업생태계 변화의 주요 동인이 될 것이다.

한반도 변수 : 남·북간의 긴장과 협력

한반도 정세 변수는 우리나라의 2050년 발전 비전에서 매우 중요한 요소다. 몇 군데 연구소에서는 남북이 2013년 경제 통합을 실현해 단계적 통일을 이뤄나갈 경우 2050년 통일한국은 세계 10위의 국가로 부상한다는 예측이 나왔다.

현대경제연구원은 2012년 8월 12일 '통일 한국의 미래상, 한민족 공동체의 세계적 부상'이란 주제의 경제 주평에서 통일 '한반도 건설을 위한 국민적 공감대가 필요하다'며 이 같은 전망을 제시했다. 보고서는 2050년 통일 한국의 인구는 7350만 명으로 41위인 한국보다 높은 세계 26위가 될 것이라며 생산 가능 인구는 전체인구의 58%로 한국의 54%보다 4%p 증가할 것으로 내다봤다. 또한 통일한국의 인구가 7000만명에 도달하면 노동시장과 내수시장이 확대되면서 인구 강국으로 부상할 수 있다고 밝혔다.

2050년 세계 인구 1위는 인도로 16억 9200만 명, 2위는 중국 12억 9600만 명, 미국 4억 300만 명, 나이지리아 3억 9000만 명, 인도네시아 2억 9300만 명으로 추산됐다. 경제적 측면에서는 명목 GDP가 6조 560억 달러로 세계 9위로 올라설 것으로 전망됐다. 앞서 2015년에는 1조 6430억 달러, 2030년엔 3조 2800억 달러를 기록하고 2040년부터는 영국과 프랑스를 앞지른다는 것이다. 이에 따라 1인당 GDP는 2015년 2만 2000달러, 2030년 4만 3000달러, 2050년엔 8만 6000달러로 높아져 영국, 러시아, 프랑스, 일본보다 높을 것이라고 보고서는 관측했다. 지하자원에서도 북한 광물자원 활용효과가 연간 153억 6000만 달러 상당의 수입 대체효과를 가져올 것으로 기대됐다. 북한의 주요 광물자원 잠재가치는 3조 9033억 달러로 한국이 내수에 1/2만 이용해도 자원 효율화를 기할 수 있다는 것이다. 아울러 통일 한국의 국방비 절감 효과는 2013년부터 2050년까지 누적으로 1조 8862억 달러에 달한다고 보고서는 예상했다(현대경제연구원, 통일한국의 미래상, 2012년 8월 12일).

한국은 2010년 현재 GDP의 2.7%를 국방비로 지출하고 있는데 2013년부터 점차 줄여나갈 경우 2027년 이후에는 GDP 대비 1.4%로 축소될 것으로 전망됐다.

이런 점을 감안할 때 보고서는 통일한국의 국력지수가 2050년 1.71로 세계 10위의 위상을 보일 것이라고 전망했다. 국력지수는 각국이 세계 전체 GDP, 인구, 군사력 등에서 차지하는 비율을 종합한 지수다. 국력지수 1위는 중국으로 19.5, 2위인 인도는 14.8, 3위는 미국 13.8, 4위 브라질 2.5, 5위 일본 2.3으로 각각 예상됐다.

사회·문화표준 : ISO26000의 시대

21세기는 이미 '녹색경영', '윤리경영', '지속가능경영', '사회책임경영'의 시대로 진입하였다. 이러한 경영이론들은 대부분 '공공의 가치'를 추구하지만, 그 연원과 방법론이 조금씩 다르다. 환경위기 극복과 소비자 보호를 위한 하나의 대안으로서 CSR이 제기된 후, 2010년 들어 SR로 국제적 논의가 모아지게 되었다.

2010년 11월 1일, 우리나라를 포함하여 세계 70여개 나라는 5년여 동안 8차 총회를 개최한 끝에 ISO26000(SR) 국제표준을 93%의 찬성으로 채택한 바 있다. ISO26000이 제정됨에 따라 기업은 물론, 공공기관, 정부, 지자체, 대학교, 병원, 사회단체에 이르기까지 모든 조직들은 지배구조, 인권, 노동, 환경, 소비자, 공정경쟁, 지역사회참여발전 등 7개 핵심 주제Core Subjects별로 국제적 가이드라인에 따라 운영 규범을 만들 필요가 있다.

ISO26000이 추구하는 목표는 무엇일까? 바로, 지속가능한 발전이다. GRI 가이드라인에 따라 보고서를 만드는 것도 중요하지만, 기업을 포함한 이제 우리사회의 주요 조직들은 국제표준이 된 ISO26000에 따라 다양한 이해관계자들과 커뮤니케이션을 하고, 7대 주제별로 사회적 보고를 하는 시스템을 마련해야 할 때다.

그동안 기업 경영은 이익창출과 주주이익 실현이 가장 중요한 과제였지만, 앞으로는 주주를 포함하여 근로자, 소비자, 고객, 지역주민, 환경단체 등 다양한 이해관계자들의 이해를 반영하는 경영이 필요한 시대가 되었다. 이런 트렌드를 감안할 때 앞으로 국제표준으로 부상하고 있는 ISO26000의 중요성은 더욱 커질 것으로 예상된다.

2050년을 향한 새로운 패러다임

모든 사회적 존재는 홀로 생존해갈 수 없다. 모든 조직은 환경적·경제적·사회적 관점에서 다른 요소들과 호흡하고 상호작용하면서 변화, 발전한다. 2050년 이후의 기업생태계를 진단하는 것이 쉬운 일은 아니지만, 과학기술의 발전, 사회·문화적 맥락과 조건, 환경·생태계의 한계, 인구의 발전과 동향이라는 틀을 가지고 학제 간 연구 관점을 적용하면 개략적인 흐름을 진단할 수 있다.

거시적으로 보면, 2050년대를 향한 가장 큰 변화는 인류 보편적인 가치 위에 양적 성장주의가 막을 내리고, 삶의 질Quality of Life을 중시하는 사회로 발전해 갈 것으로 예측된다(아래 표 참조).

기업생태계 패러다임의 전환

분야	현재	미래
가치	양적 성장 중심	삶의 질 중심
사회가치	정치·경제 중심	사회·문화 중심
소통	일방향	쌍방향
의사결정	집중적	분산적, 다원적
작용	탑 다운 Top Down	보톰 업과 인터액티브 Bottom Up & Interactive
사회성격	조직 및 집단주의 강조	개인 및 창의성 강조
민주주의	간접민주주의	직접민주주의
문화	남성주의, 권위문화	살핌·배려 문화
사고방식	개발주의	생태주의
정보	불투명, 불균형	투명성, 균형
기업경영	주주 중심	이해관계자 중심
경영방식	경쟁 지향	공생 가치 지향
경쟁방식	생존경쟁, 적자생존	협력적 경쟁, 공진화
경영성과	이익 중시	사회적 책임 중시
국제관계	일국적–다국적	초超국경
에너지	경성hard에너지	연성soft에너지
환경	개발 활용 관점	지속가능성 관점
제도	지역표준	국제표준
중심가치	힘, 무력, 전쟁	정당성, 지성, 평화

2050년의 사회는 과학기술과 통신기술의 발달로 모든 분야가 체계적으로 연결되어 투명한 사회가 되고, 각 분야의 합리성이 최고도로 발현되는 사회가 될 것이다. 이것은 기존의 전통적·권위적·관료적 '구체제'가 마감되고, 새로운 체제가 들어섬을 의미한다. 성Gender평등 의식도 발전하여 생태적으로 여성성과 생태주의가 주류를 형성하게 된다.

기업경영 측면에서 보면, 소통하고 협력하는 능력이 뛰어난 기업이 보다 많은 성과를 내고, 사회적으로 존중받게 된다. 인터넷 및 온라인 경제가 활성화하여 기존의 국경과 관세장벽 등은 무의미해지고, 다양한 공동체가 발현할 것이다.

모든 조직의 '사회적 책임'을 규정한 ISO26000 국제표준은 이러한 패러다임 전환 과정에서 인류 보편적 지침으로 활용될 가능성이 높다. 정부의 조직과 기업의 조직, 공공기관, 교육기관, 종교기관, 병원, 노동조합, NGO 등 모든 단위에서 '사회적 책임' 관점에서 경영되고 운영될 필요가 있다.

기업을 포함한 모든 조직들이 투명성의 원칙, 설명책임의 원칙, 윤리적 행동, 이해관계자 이해 존중, 법규 준수, 국제적 규범 준수, 인권 존중의 원칙에 충실하고, '경영'과 '경제'와 '직장'과 '일상생활'에서 이러한 원칙이 적용되는 사회가 되어야 한다. 2050년의 기업경영 생태계는 바로 이 토양 위에서 뿌리내리게 될 것이다.

참 고 문 헌

〈단행본〉

권기헌, 미래예측학, 법문사, 2008

김광웅, 국가의 미래: 미래창조사회, 매일경제신문사, 2008

박영숙, 미래예측리포트, 랜덤하우스중앙, 2004

앨빈토플러·하이디토플러, 부의미래, 청림출판, 2006

정보통신정책연구원, 미래인터넷 산업 생태계 분석, 2011.12

토마스 쿤, 과학혁명의 구조, 1962

황상규, 지속가능한 경영과 투자, 한솜미디어, 2005

〈논문 및 보고서〉

WBCSD, 비전 2050 : 기업의 새로운 화두, 2010.2

권기석, 영국포사이트 프로그램의 특징과 시사점, 한국산업기술재단, 2006

김성태, 또 다른 미래를 향하여 - 미래예측과 미래전략, 2008년 겨울호

한국농촌경제연구원, 농업·농촌 2050 : 비전과 과제, 2010.7

현대경제연구원, 통일한국의 미래상, 2012.8.12

ISO(국제표준화기구), ISO26000 사회적 책임에 관한 지침, 2010.11

〈신문·보도자료〉

데일리NK, 2012.8.12

미래뉴스, 2050년에 우리나라 없어진다, 2008.1.29

미래환경(34호), 2012.7.9

연합뉴스, 2012.10.2

패션저널, 2012.9.17

한국경제, 2008.2.24

한국고용정보원, 10년 후 미래엔 어떤 직업들이 뜰까, 2012.10.31

〈참고자료〉

기술표준원(2007), 『사회적 책임(SR) 국제표준화 국내 영향 및 대응방안 연구』, 산업자원부 기술표준원, 과천.

김성천(2008), 『ISO26000 국제표준화 주요 이슈 및 환경경영 선진화 방안(소비자관점의 대응전략)』, 한국인정원 기후변화 최신 동향과 환경 및 사회책임경영 설명회 자료.

김종열(2008), 『ISO26000 SR 국제표준 동향과 우리 기업의 대응전략』, 전경련 통권 523호.

노한균(2008a), 『사회적 책임의 국제표준, ISO 26000에 대한 이해』, 2007 CSR 노동포럼 논문집, 242-265쪽.

문국현, 조동성, 유한킴벌리, IDS & Associates Consulting(2005), 『세계가 배우는 한국기업의 희망』, 한스미디어.

박정훈(2004), 『환경의 역습』, 김영사.

박희철(2008), 『녹색성장과 금융』, 외한은행 경제연구팀.

양춘승(2007), 『지속가능성을 위한 이니셔티브, 사회책임투자』, 2007 SRI 국제컨퍼런스 발표자료.

외교통상부(2006), 『알기 쉬운 조약업무』, 외교통상부., 서울.

중소기업청(2007), "중기 뉴 블루오션, 사회적 책임경영(CSR)," 보도자료(2007.8.23).

한국경제신문(2007), "인턴들도 기업 평가한다는데", 2007년 8월 24일자.

한국산업은행(2007), 『산업은행 사회책임금융』, KDB 사회책임금융 설명회 자료.

환경운동연합, 지속가능한 경영과 투자 가이드라인(SMILE-1), 2005.6

〈주요 웹사이트〉

AccountAbility(2005), 『AA1000SES (Stakeholder Engagement Standard)』.

AFNOR(2003), 『Sustainable development - Corporate social responsibility. SD 21000』.

BSI(2006), 『Guidance for managing sustainable development. BS 8900』.

GRI(2006), 『Sustainability Reporting Guidelines(한국어판 "지속가능경영 보고서 가이드라인 - G3 버전")』.

GRI/UN Global Compact(2007), 『Making the Connection: The GRI Guidelines and the UNGC Communication on Progress』.

ILO website(2007), 『Labour standards』, (http://www.ilo.org, 2007. 8.11).

협약총괄, http://www.tufts.edu/, http://www.iisd.ca/lincages/

기후변화협약, http://www.unfccc.de/, http://www.ipcc.ch/

람사협약, http://www.ramsar.org

몬트리올의정서, http://www.unep.org/ozone/

CITES협약, http://www.cites.org/, http://www.wcmc.org.uk/cites/

생물다양성협약, http://www.biodiv.org/

바젤협약, http://www.unep.ch/basel/

사막화방지협약, http://www.unccd.ch/

AccountAbility, http://www.accountability21.net/

Climate Savers Computing Initiative, http://www.climatesaverscomputing.org/

Ethical Consumer Research Association, http://www.ethicalconsumer.org/

Homeworker Code Committee, http://www.nosweatshoplabel.com/

Global Reporting Initiative, http://www.globalreporting.org/

International Labour Organization, http://www.ilo.org/

International Organization for Standardization, http://www.iso.org/

Organization for Economic Co-operation and Development, http://www.oecd.org/

World Trade Organization, http://www.wto.org/

〈저자 기고문〉

1) 대한가스협회보 2011.11월호, 우리나라의 지속가능한 에너지 전망

2) 환경과생명 2005년 가을호 (2005.11.15)

3) 아시아엔뉴스, 2012. 2. 12

4) 황상규, 지속가능한 경영과 투자, 2005.1, 한솜미디어, 29p

5) 이투뉴스 칼럼, 2010.9.15

6) 황상규 사회책임(SR) 국제표준 실행에 대비한 환경분야 대응방안 연구, 기술표준원, 2008.11,

7) 이투뉴스 칼럼, 2012.10.19

8) 경향신문 2012. 3. 8 , 이투뉴스 2012. 3. 5

9) 머니투데이 칼럼, 2012. 2. 8

10) 이투뉴스 칼럼, 2012. 4. 2

11) 이투뉴스 칼럼, 2012. 7. 13

12) 황상규, 2050년을 향한 기업생태계 패러다임의 전환, 환경경영학회, 2012.12

13) 아시아 N뉴스 칼럼, 2012. 11. 9, 2013. 1. 4

14) 황상규(1999), 국내기업의 에너지 환경경영성과를 평가하기 위한 지표의 개발과 적용, 1999.2, 서울대 환경대학원

사회책임의 시대
ISO 26000
이해와 활용

지은이　황상규

이 책의 편집과 교정은 장현지가, 디자인은 노영현이, 출력과 인쇄 및 제본은 꽃피는 청춘의 임형준이, 종이 선택과 공급은 대현지류의 이병로가 진행해 주셨습니다. 이 책의 성공적인 발행을 위해 애써주신 다른 모든 분들께도 감사드립니다. 틔움출판의 발행인은 장인형입니다.

초판 1쇄 인쇄 2013년 4월 25일
초판 1쇄 발행 2013년 5월 10일

펴낸 곳　틔움출판
출판등록　제313-2010-141호
주소　　　서울특별시 마포구 서교동 441-13 호원빌딩 4층
전화　　　02-6409-9585
팩스　　　0505-508-0248
홈페이지　http://www.tiumbooks.com　www.facebook.com/tiumbooks

ISBN 978-89-98171-05-6 03320

잘못된 책은 구입한 곳에서 바꾸실 수 있습니다.

틔움은 책을 사랑하는 독자, 콘텐츠 창조자, 제작과 유통에 참여하고 있는 모든 파트너들과 함께 성장합니다.